多源数据支持下旅游者行为的时空模式及其应用研究

——以张家界为例

杨　靖◎著

中国商业出版社

图书在版编目（CIP）数据

多源数据支持下旅游者行为的时空模式及其应用研究：以张家界为例 / 杨靖著. -- 北京：中国商业出版社，2024. 12. -- ISBN 978-7-5208-3300-4

Ⅰ. F592.764.3

中国国家版本馆CIP数据核字第20242ZX691号

责任编辑：陈　皓
策划编辑：常　松

中国商业出版社出版发行

（www.zgsycb.com　100053　北京广安门内报国寺1号）

总编室：010-63180647　编辑室：010-83114579

发行部：010-83120835/8286

新华书店经销

河北万卷印刷有限公司印刷

＊

710毫米×1000毫米　16开　15.25印张　240千字

2024年12月第1版　2024年12月第1次印刷

定价：88.00元

＊　＊　＊　＊

（如有印装质量问题可更换）

前　言

在"以人为本"作为城市规划与建设基本理念的背景下，以旅游者行为视角进行研究对丰富行为与空间相关理论、优化旅游城市空间布局具有重要意义。既有文献大多关注的是景区和区域层面的旅游者空间游览行为，而对城市中观层面的旅游者时空行为的研究目前较为欠缺。

本书以旅游地理学、时间地理学和行为地理学等为基础，以问卷调查、网络游记、GPS轨迹、兴趣点（Point of Interest, POI）和手机信令等多源数据为支撑，基于多种尺度、多维变量研究旅游者行为时空模式，并将其应用于旅游城市空间布局优化，理论上揭示了旅游者行为的主客体相互作用原理，构建了基于个体时空特征与整体时空结构、融合感知意识和制约因素的时空模式框架。方法上基于时间利用、空间选择和时空路径，运用K均值聚类（K-means）、基于密度的空间聚类（Density-Based Spatial Clustering of Applications with Noise, DBSCAN）、社区发现算法（Fast Unfolding）等多维聚类以及基于遗传算法（Genetic Algorithm, GA）的集成聚类解析行为时空特征；运用地理信息系统（Geographical Information System, GIS）核密度分析、数理统计分析等揭示时空互现和时空分配规律以解析行为时空结构。

本书以典型旅游城市张家界为实证地域，通过聚类集成结果揭示了旅游者行为时空特征可归纳为中心区单点短时聚游、区域内多点长时串游、目的地单点快捷遍游、主地域多点紧凑混游和次地域单点舒缓偏游这五类；旅游者行为时空结构中时间与空间失衡问题突出；旅游者行为时空基础共性体现在游览节点趋同、城市旅游缺失、活动分布集中和住宿选择多样等方面；旅游者行为时空模式包括单级聚焦放射型、双心联动点轴型和多点均衡条链型这三类。在此基础上，本书还依据制约理论揭示旅游者行为时空模式背后旅游与城市方面存在的系统性和结构性问题，并结合行为视角的空间生长逻辑和规划对行为的干预机制，认为张家界存在"城即依景而生、城未因人而新"的问题，从功能节点培育、空间结构调整和交通网络构建等方面对旅游空间优化提出了建议，这对地方城市规划，尤其是旅游规划、社会经济发展具有一定意义。

本书在以下方面有所创新：一是在揭示旅游者行为的主客体相互作用原理的基础上，提出了旅游者行为时空模式的构建框架，由基于个体行为属性的时空特征和基于整体时空关系的时空结构递进构成，具有外在表征和内在机制双重内涵；二是依据多源数据特征提出了基于多维变量的旅游者行为聚类，针对不同数据源和不同聚类方法得出的聚类结果，提出了基于遗传算法的聚类集成优化，在时空特征基础上构建了 VGI 时空轨迹，实现了从汇总到非汇总的初步探索；三是基于多学科融合的理论与实证研究，在尊重规律、解决问题和顺应趋势的应用目标导向下，提出行为视角的旅游城市空间优化的实践应用路径，为人本主义在旅游规划创新中的应用提供了思路。

由于作者水平有限，书中难免存在不足，恳请广大读者不吝批评和指正。

目　录

1

第一章 绪 论

第一节 研究背景与现实问题

一、研究背景

人是城市的灵魂。以人为本的城市规划以关心人和陶冶人作为指导思想，认为城市规划永远是为人服务的。19世纪中叶工业革命后，英国等国相继爆发的一系列公共卫生事件推动了现代城市规划的诞生。《国家新型城镇化规划（2014—2020年）》强调人的城镇化，走以人为本的中国特色新型城镇化之路。2015年底，中央城市工作会议指出："城市工作是一个系统工程。做好城市工作，要顺应城市工作新形势、改革发展新要求、人民群众新期待，坚持以人民为中心的发展思想，坚持人民城市为人民。这是我们做好城市工作的出发点和落脚点。"随着我国城镇化工作的推进，聚焦于"物"的技术逻辑思维逐渐被聚焦于"人"的人本逻辑思维所取代，"以人为本"成为城市高质量发展建设的出发点。

城市中"人"的内涵也是丰富的。马克思主义人本观将"人"看成现实、丰富的人而非抽象的人。2016年，第三届联合国住房和城市可持续发展大会通过的《新城市议程》创新性地提出城市人的权利，呼吁秉持所有人的城市的基本理念，目的是应对当代城市在环境、社会和空间上面临的种种挑战。由当前城市发展现状可知，城市中存在差异化的社会群体，因此，城乡规划工作者应把握不同社会群体的需求。而把"城市人"当作社会学意义上有差异的社会群体显然要比把其当作统计学意义上的人口规模更有助于学者以及城市规划工作者从人本角度出发认识、规划城市。"人本"即城市满足所有人的需求，同一个城市中来自不同社会群体的人，对城市有着不同角度的认知和理解，其行为特征、关注焦点和期待诉求也不相同。城市人的多层次和多元化需求直指多样群体期望的多样化空间格局。因此，一个城市及其城市规划要真正做到从人出发、以人为本，就应精细化面向不同社会群体的人本诉求，找出其活动特征与规律，并将其反馈和应用于城乡规划与建设中。

随着我国经济发展水平的提高，近年来旅游已经从特定人群的奢侈性消费变成社会公众和全体国民的常态刚需消费。作为旅游经济主要载体的旅游城市拥有名胜风光、历史文化和交通区位等良好的旅游资源，能提供专业化功能与服务设施，是旅游者开展旅游活动的重要场所。随着旅游业的发展，旅游者逐渐成为旅游城市日常生活的重要社会群体。旅游者行为是透视和把握旅游者在旅游城市中活动规律的重要视角。包括吃、住、行、游、购、娱等在内的旅游者时空行为特征与规律不仅涉及旅游资源保护与开发、旅游服务设施建设，也涉及城市功能结构和城市形象风貌等一系列城市规划与建设内容。因此，旅游者来与不来、来了停留多久等都与旅游城市发展息息相关。在以人为本、重视人的需求的背景下，以旅游者的行为活动作为对象，从城市空间中"发生了什么"的视角出发，结合城市物质空间规划和社会经济规划的旅游空间优化将是未来旅游城市规划转型的落脚点，这对于有效应对旅游者多样化需求、精准和有效配置社会公共资源、推进旅游者参与的自下而上式城乡规划具有重要意义。

二、现实问题

张家界，位于湖南省西北部，武陵山区腹地，以独特的石英砂岩峰林地貌著称，旅游资源禀赋上乘，是享誉全球的风景旅游城市。张家界连续十余年成为全国山岳型风景旅游的热点，知名度和影响力持续快速提升，旅游人次大幅增长，旅游收入不断增加，旅游经济高位增长。2023年，张家界接待游客4200万人次，实现旅游总收入700亿元，游客接待量、旅游总收入较2022年分别增长 105.3%、154.4%，同比历史最高的 2019 年分别增长 16.2%、12.6%，在全国除直辖市、副省级城市和省会城市外的旅游目的地城市中位居前列。

然而，在巨大的旅游人次规模的背后，却显示出张家界旅游者与城市之间的关联较弱。这主要表现在以下几个方面：张家界的峰林地貌成为旅游者来张家界的主要目的，所以，旅游者在张家界的旅游类型单一，主要是集中于武陵源核心景区的纯观光游；旅游者长期过于集中于自然景区和世界自然遗产保护地，给景区生态环境承载量带来了巨大压力，也给遗产保护地及其周边的可持续发展带来了一定的风险；旅游者向城市渗透有限，旅游对地方经济发展带动不足，多年来张家界从旅游者的规模红利中获得地方经济与社会发展的动能较为有限。

以张家界为缘由，在多年的规划设计实践与理论研究中，笔者有机会涉足多个旅游城市，通过进一步观察和研究发现，上述问题不只是个案，是部分旅游城市普遍存在的现实情况。即旅游者未能充分融入当地，在旅游城市中主要是奔赴目标景区和为解决游览目标景区而必须实施生活性活动安排；旅游城市仅从旅游者的门票、住宿、餐饮和交通等刚性消费中获利。旅游者在旅游城市极其有限的"散点"式选择性时空位移是旅游者对旅游城市偏好选择的直接表征，反映了旅游者身在旅游城市却与旅游城市关联微弱的矛盾事实。对于旅游者而言，其对旅游多样化的期望与需求并未在这些旅游城市中得到实现和满足；对于旅游城市而言，空间上的随众选择和扎堆集聚常常带来地方发展的不充分和不均衡，导致如旅游资源保护面临挑战、城市功能布局逐利化和短视化、旅游城市旅游可持续发展困难等问题。

在城市旅游迅速发展、多样化需求日益成为人们选择的今天，旅游者与旅游城市之间产生这种"功利性"的交换，其原因是复杂多样的，往往与地方经济发展、社会环境、地理区位、管理服务、社会治安和城市建设等多种综合因素相关。从城市和城市规划的角度来看，该现象直指旅游城市对旅游者吸引力不足这一问题，从深层次暴露的问题则是旅游城市资源供给与旅游者选择偏好之间的错位与失调。例如，规划中过于重视对分散的、眼前的旅游项目进行开发而忽略了整体、长远的城市规划；过于重观光而轻休闲；过于重景区而轻城市；"经济增长速度至上"导致忽略了对本地人文资源的挖掘和培育；等等。凡此种种，归根结底是旅游城市规划与建设中的人本缺失和社会群体面向模糊问题。旅游者行为是引发各类旅游现象的根源，是人本视角下剖析旅游城市旅游空间问题的切入点，也是城市规划工作者在关于城市空间问题的理论研究和实践探索中需要正视的命题，这是本书研究的初衷。

第二节　研究目标与研究意义

一、研究目标

人的行为是洞察社会与空间关系较为重要的切入点之一。旅游者行为有广义和狭义之分。广义的旅游者行为包括所有与旅游有关的心理行为和活动行为，如陈健昌等认为旅游者行为不仅包括空间行为，还包括进行空间行为之前的决策行为。狭义的旅游者行为是指实施的空间行为活动。本书根据其狭义定义并强调时间维度，认为旅游者行为是加上时间维度的旅游者空间行为，即时空行为。

本书聚焦于旅游城市的旅游者行为，目的是从特定群体的行为研究中解读和理解城市地域空间，探寻行为视角下的空间优化路径，为城市规划与设计中践行和深化人本主义的行为论提供理论思路、解析方法和实践路径。旅游者行为的相关研究成果目前大多集中在人文地理和旅游地理领域，鲜有涉及城乡规划领域。旅游者的出行活动路径、行为选择偏好等是旅游城市空间布局、功能优化和结构调整的指南针与风向标，是旅游城市空间布局响应旅游者需求的突破口和着力点。研究成果可作为城市规划工作者的指导思想和学术启示，留给人们的问题是如何将关于旅游者行为的研究应用于旅游城市空间优化。

二、研究意义

（一）理论意义

行为是理解和研究城市空间的切入点之一，因此，从人的视角丰富城市空间研究理论以及城市空间规划体系具有重要意义。对人的活动和空间使用行为的分析是空间使用及其组织的基础。目前，有关旅游者行为的研究多集中在宏观区域和微观景区层面，而有关中观城市层面的旅游者行为的研究尚较少。对旅游城市的旅游者行为进行研究能克服过去城市空间规划中价值取向与目标确定的片面性，不仅可以揭示旅游者行为特征规律，还可以将个体行为扩展到集体行为和社会行为系统，为城市空间优化提供启示，补充现有城市空间布局理论。

本书从时空与行为的双重视角提出旅游城市旅游者行为的时空模式理论框架及其解析方法，将时空与行为相互作用内嵌到旅游者行为时空模式中，丰富和深化旅游者行为的内涵，为中观城市层面的旅游者行为和行为模式研究提供思路。基于时空的视角是从整体上对旅游者行为的时空结构关系特征进行汇总分析，揭示时空对行为的客观制约作用；基于行为的视角是从对旅游者在旅游城市中行为活动路径的关注中识别个体微观层面的旅游者时空行为活动的属性特征，揭示行为对时空的主观选择作用。两种视角的结合，既能把握旅游者行为的分布特征与一般规律，也可弥补传统静态的城市规划方法中常常忽视现实人群活动动态的问题，体现以人为本的城市规划理念。

（二）实践意义

首先，旅游者行为时空模式的提炼使旅游城市对旅游者为什么来、来了在哪里活动、怎么活动等问题有了较清晰的认知，为未来旅游资源的开发、旅游产品的提供、城市相应配套设施的补充、城市功能的完善以及城市品质的提升等提供了启示。

其次，基于旅游者行为时空模式的旅游城市空间优化有助于城市规划工作者从根本上重新审视旅游城市发展中的价值导向，权衡旅游城市空间规划与发展建设中的利弊，科学指导未来旅游空间布局。

最后，规划的实质是对各类空间使用行为的公共干预。基于旅游者行为的城市空间规划告诉我们，未来应在尊重旅游者选择偏好和行为需求的基础上优化城市空间。事实上，这是将人本理念贯穿规划实践工作中的一次探索，从这个角度来看本书提出的视角、思路和方法等具有普适性的实践应用价值。

基于旅游者行为的旅游城市空间优化调整，能使旅游资源和设施分布更合理，城市功能结构更协调，旅游者旅游更丰富和便捷。旅游者行为研究可在顺应技术进步与社会发展的基础上，为未来城市功能的复合化和城市空间的适应化提供一种预见性、前瞻性的参考与引导。利用行为时空模式研究，分析和理解旅游者在旅游城市的全方位活动特征与规律，可以使城市空间布局在满足城市基本功能运转的前提下，通过空间资源的适当优化调整吸引和留住更多人，还可以从旅游者角度为旅游城市空间优化提供决策支持。

第三节　研究内容与实证范围

一、研究内容

现有旅游者行为研究成果大多关注的是旅游者在旅游城市中的游览行为，忽视了非游览行为。

首先，本书界定旅游者在旅游城市内的时空行为，如全周期和全行为，以时间地理学、行为地理学、活动分析法和旅游地理学中相关的概念、理论与方法为基础，在揭示旅游者时空行为特征的前提下，突破了现有城市居民空间行为的研究路径，论证了旅游者行为主客体相互作用的原理。其次，在多源数据支撑下，一方面基于时间利用、空间选择和时空路径等多维变量的聚类及聚类集成解析旅游者行为的时空特征，从时空互现和时空分配两方面解析旅游者行为的时空结构，并在此基础上归纳旅游者行为的时空基础共性；另一方面，从过程感知、制约分析、旅游评价和差异分析等方面解析旅游者时空行为的内在影响因素。最后，在外在表征和内在机制分析的基础上，归纳和构建旅游者行为的时空模式，并将其应用于旅游城市的旅游空间优化。

本书以张家界为实证研究对象，围绕时间、空间与行为三个核心概念及其关系展开，用基于个体行为视角下的行为时空特征和整体时空视角下的行为时空结构来理解和把握行为时空模式的内涵，尝试从旅游者角度切入，探讨行为与时空相互作用的关系，旨在为旅游城市的人本导向规划提供启示。

二、实证范围

（一）城市地域和旅游城市地域

为了更好地阐释和科学地界定实证研究范围，首先需要解释城市地域和旅游城市地域的内涵。城市地域作为城市地理学重要的研究单元，其内涵在我国较为复杂，所以不同的视角有不同的解读。周一星等将城市地域概念界定为行政地域、实体地域和功能地域三类。其中，行政地域实质上是区域层面的概念，实体地域则主要是指城市建成区，功能地域是以一日为周期的城市基本功能所波及的范围。陈为邦认为，我国的城市可分为行政区城市和实体城市。其中，前者是按国家行政建制设立的城市，是现行的行政管理法定概念，后者是指城市化水平达到相当高度、非农产业和非农人口集中达到相当程度的地段和聚落。2015 年，胡序威在《致规划界的一封公开信》中提出："不能把设市城市的市域都看成城市。"即不能把行政区城市和实体城市混淆。2021 年公布的《城乡规划学名词》指出，城市是指"以非农产业和一定规模的非农人口集聚为主要特征的聚落"，同时指出"在中国通常也指按国家行政建制设立的市，或其所辖的市区"。该释义的第一部分，突出的是"实体城市"，反映了国际普遍认可的城市概念；第二部分突出的是具有中国特色的"行政区城市"的概念。除此之外，《中华人民共和国城乡规划法》中的规划区是指"城市、镇和村庄的建成区以及因城乡建设和发展需要，必须实行规划控制的区域"。这个定义可理解为规划意义上的城市地域概念，其范围介于实体城市和行政区城市之间。

旅游城市地域是一个偏功能的城市地域概念，是旅游者行为活动的地域空间范围，是旅游者活动与移动的行为在地理空间上的投影，与城市实体地域即城市建成区有部分重叠，但不完全相同。旅游城市地域主要包括作为公共空间、景区空间等在内的旅游资源空间以及作为配套服务设施的旅游产业空间，如游憩区、商业区、住宿区、旅游道路交通空间等，如图 1-1 所示。

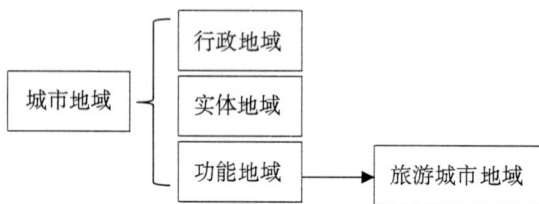

图 1-1　城市地域划分

如果把旅游城市地域和城市建成区分别看作一个集合，那么两者则存在大部分交集，但不完全相交，如图 1-2 所示。城市建成区中如工业、办公区等一般不是旅游者的行为活动空间，而旅游者主要到访的景区常常也不包含在城市建成区中。因此，旅游城市地域包含了大部分建成区和建成区外围的旅游者活动空间。

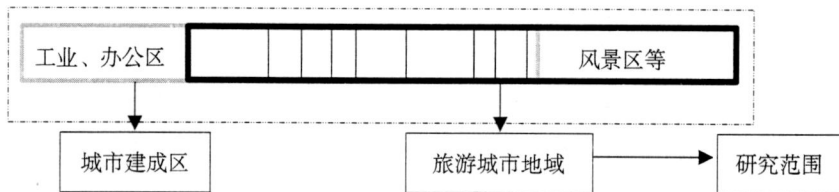

图 1-2　旅游城市地域与城市建成区的关系

（二）实证研究范围

综上分析，旅游城市地域不同于行政地域、实体地域、功能地域和规划区的范围。实证研究范围需要研究者依据旅游者行为活动分布，结合地域空间来综合划定，其与行政地域、实体地域和规划意义上的旅游城市范围均存在一定的偏差。

实证研究范围是研究者人为界定的旅游者行为活动空间范围。需要强调的是，研究者可以对旅游者行为的时空活动范围进行界定，但是对一次完整旅游中旅游者行为的整体路径范围却不能预先界定。以张家界为例，旅游者来张家界旅游的目的地大致可分为只在张家界市区旅游，在张家界市区及慈利县、桑植县等张家界行政辖区内旅游，在以张家界市域为节点之一的区域旅游，如旅游者依次到访长沙、凤凰古城等。旅游者的整体旅游路径范围并未在中观城市层面的研究中框定，框定的只是本书研究中所涉及的旅游者活动范围。无论旅游者的旅游路径是市区、辖区还是区域，本书重点研究的是旅游者在旅游城市地域内的时空行为及其模式，如图1-3所示。研究范围之外的地域及其活动本书将做适当补充分析。

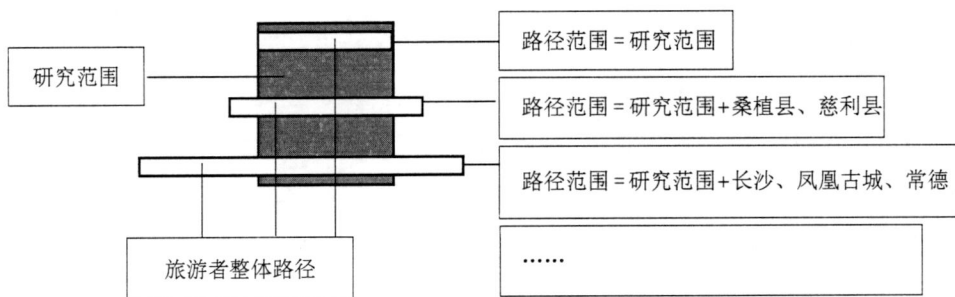

图 1-3　旅游者行为整体路径与本书研究范围

　　本书实证研究范围主要包括张家界市区范围内的现状建成区、旅游者分布较多的主要景区和乡村民宿集中区。其中，大峡谷是离张家界市区最近的景区，而且在与张家界市区范围内各景区密切关联的其他行政辖区所属的景区中，大峡谷是比较典型的一个。大峡谷虽在行政管辖上隶属慈利县，但与慈利县城相距近 70 千米，而与武陵源区相距仅 30 千米。据调查，旅游者常常将该景区作为在张家界旅游线路的重要节点，到访大峡谷景区的旅游者的旅游服务与接待也主要由市区承担。而茅岩河风景区因到访占比较小（网络游记中不到3%，调查问卷中不到 1%），同时远离主城区，周边以乡村非建设用地为主，故不纳入本书研究范围。综上所述，实际划定的实证范围总面积共计 531.73 平方千米。

　　为表述简便，本书中"旅游城市地域"简称为"旅游城市"，实证研究范围简称"张家界"。该"张家界"与张家界实体地域空间范围有所区别，选取的是其中旅游者行为活动较为活跃和频繁的区域空间，是张家界旅游职能发挥的主要空间。在优化应用阶段，则根据实证结果和研究需要将范围扩大到城市规划区、行政辖区和区域层面。

第四节　研究方法与研究框架

一、研究方法

本书主要通过时空路径调查、网络数据挖掘和定位信息采集等方法获取旅游者行为活动数据，利用人文地理、高等数学、统计学等学科中的概念模型和研究方法对旅游者行为进行建模。研究过程中注重量化与质性研究相结合，理论建构与实践应用相结合，综合吸取了旅游学、地理学、社会学、心理学、环境行为学、高等数学和计算机科学等多学科知识与研究成果，提出了多源数据、多级尺度、多维变量和多元聚类的解析框架。围绕旅游者行为时空模式，展开基于多维变量的行为聚类分析，并对不同数据源与不同方法得出的基聚类结果进行集成探索，采用网络游记、在线问卷、高德 POI、手机信令、GPS、志愿者自发地理信息（Volunteered Geographic Information, VGI）数据、开放街道地图（Open Street Map, OSM）数据、社会经济统计资料以及土地利用等多源数据开展研究，可对现有基于旅游者行为的城市空间研究理论形成有益补充。具体方法运用如下。

（一）构建旅游者行为基础模型

本书主要基于时间地理学、活动分析法等理论与方法构建旅游者规则性时空游走模型，用于旅游情景构建与时间利用聚类分析；综合时间地理学与高等代数等相关概念构建旅游者向量时空路径模型，进一步用于动态时间归整（Dynamic Time Warping, DTW）建模和时空路径聚类分析。

（二）不同聚类方法的应用与集成探索

通过 DTW 算法得到时空路径的相似性，在此基础上运用 DBSCAN 进行时空路径聚类；基于旅游者弹性时间与专注度，运用 K 均值聚类进行时间利用聚类；基于空间节点关系，运用社区发现算法进行空间选择聚类。在此基础上，运用 GA 遗传算法，在 Microsoft Visual Studio 2019 软件中进行 C++ 语言编程，对不同数据源和不同聚类方法得出的不同格式的基聚类结果进行组合优化，实现集成聚类。

（三）城市人群识别与 GIS 空间分析

结合高德 POI 分布、土地利用现状和土地权属等进行功能单元格划分，依据人群活动的节律特征识别城市中的旅游者人群；采用手机信令数据，运用 ArcGIS 核密度分析实现对旅游者时空互现集聚特征的可视化。

（四）GPS 数据与 VGI 时空轨迹应用

运用带有 GPS 定位设备的手机应用程序（App）获取志愿者地理信息数据；通过 ArcGIS、ArcMap 和 ArcSence 对志愿者的 GPS 轨迹分别进行数据转换、属性赋予和三维可视化，生成 VGI 时空轨迹，用于旅游者过程感知分析。

（五）数理统计分析

通过 IBM SPSS Statistics 25 等统计分析软件，运用卡方检验等对聚类结果进行差异性分析，运用数理统计对旅游者时空分配进行统计分析。

需要强调的是，行为研究任何时候都不能脱离面向个体的问卷和访谈调查。这是因为包括大数据在内的诸多新数据揭示的多为宏观整体特征与趋势，而要深入理解行为的发生和行为的过程，则必须深入微观个体本身。因此，质性与量化分析在行为研究中都是必不可少的。柴彦威就两者在行为研究中的区别做了比较，认为两者在研究的目的、导向、情景和方法等方面均存在差异。本书在研究框架和路径的搭建中，也充分考虑了微观个体的行为要素与特征，以及各类数据的适用范围与可操作性。

二、研究框架

本书的研究框架如图 1-4 所示。

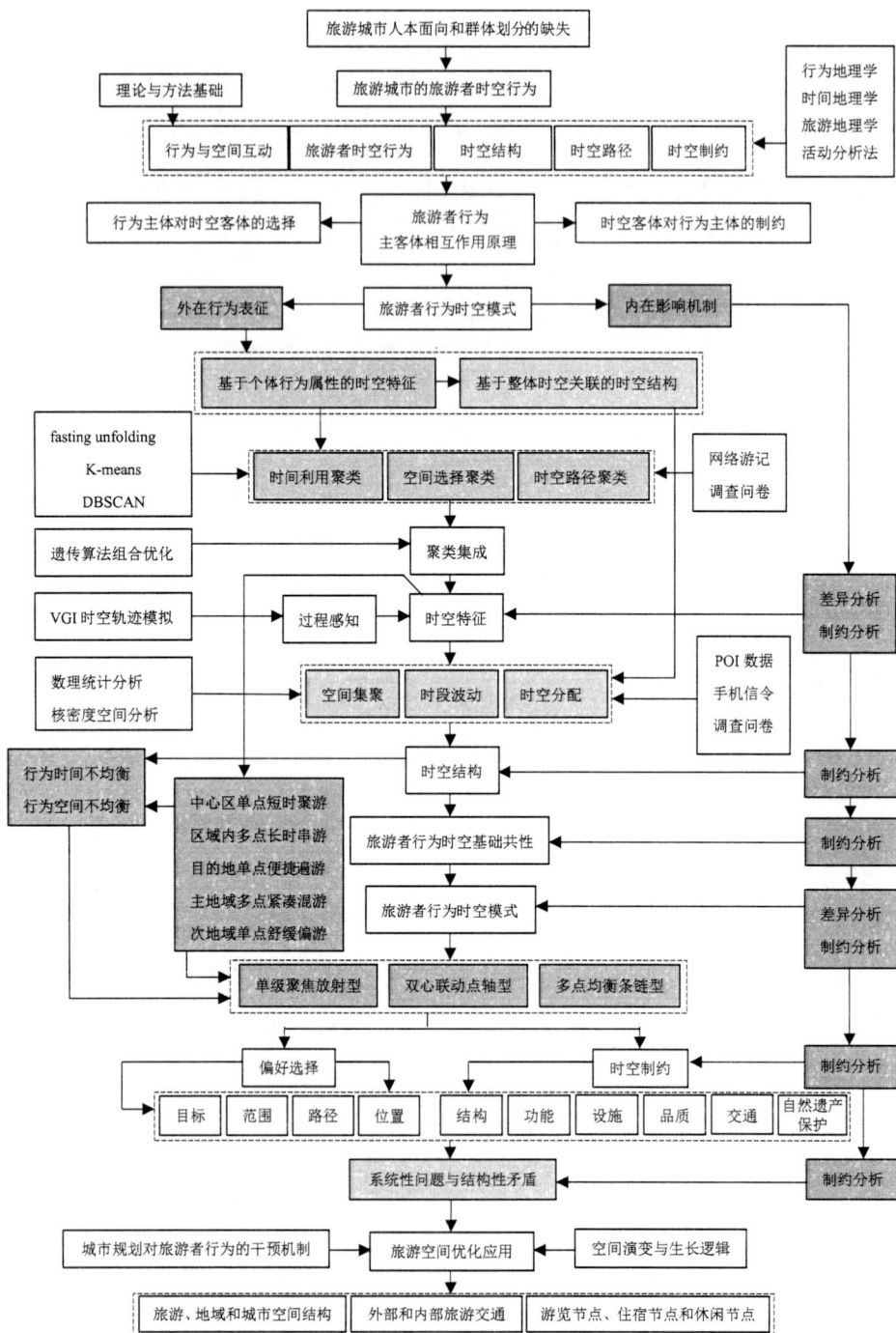

图 1-4　研究框架

第二章　理论基础与研究综述

　　行为与行为时空模式主要涉及行为、空间与时间及其相互关系，因此其研究需回归行为、时间与空间三个基本要素。本章将时间地理学、行为地理学和旅游地理学等关于行为与空间的相关研究成果作为理论基础，论述目前国内外有关行为和旅游者行为的理论与实证研究动态，系统梳理目前研究中已取得的成果和存在的问题。本章分为概念界定、理论基础与研究动态、相关实证研究综述和研究评述四个部分，对旅游与旅行、行为与旅游者行为、旅游目的地与旅游城市地域、旅游者与旅游者单元四组和研究内容密切相关的概念进行辨析，围绕行为与空间互动、时空行为和旅游者行为涉及的相关理论基础与理论研究动态展开了论述，从居民和旅游者行为以及多源数据支持下的旅游者行为三方面进行了实证研究综述，并对已有研究存在的问题进行了分析。

第一节　概念界定

一、旅游与旅行

　　旅游是人类行为活动的一种方式，不同的视角对其有不同的理解和定义。国际组织为了衡量出行者对地方经济所做的贡献，将各种出行目的囊括在旅游中，从而泛化了旅游的概念。例如，世界旅游组织（United Nations World Tourism Organization, UNWTO）认为，旅游是指一个人到某个其惯常居住环境以外的地方且逗留不超过一年的各种活动，且不以获取报酬为目的。徐菊凤认为，旅游是人们利用余暇在异地进行的一种休闲体验活动。杨振之认为旅游的本质不是体验而是诗意的栖居，侧重于旅游的心灵感受。

"旅行"一词的含义较旅游而言更为丰富。广义的旅行是指出于各种目的和方式的出行；中义的旅行接近于旅游之义，即旅游与旅行几乎没有差别，旅行可以有一个或多个动机；狭义的旅行指不参团的自助游。如张凌云认为，旅行是在流动的惯常环境和两个惯常环境之间移动，旅游是由惯常环境进入非惯常环境。

基于旅游与旅行概念的区别，结合本书的研究内容，笔者从行为角度对旅游进行了定义，即旅游是指旅游者以游览为主要目的，在非惯常环境内发生的全部行为活动。其中，全部行为活动既包括旅游者的游览行为活动，也包括支撑游览行为的其他行为活动，如住宿、出行、餐饮、购物、休闲等。而非游览目的旅行中顺带产生的旅游活动，如参与会议期间的游览行为、来旅游城市探亲访友、商务出差和开会参观等不是本书的研究对象。

二、行为与旅游者行为

人类行为是在一定的物质条件下，不同的个体或社会群体在外部环境因素和内在价值观念的综合影响下做出的能动反应。广义的行为可分为心理认知层面的决策行为和实践活动层面的空间行为，前者属于内隐行为，是行为产生前的反应，后者属于外显行为。在外界环境和自身因素的双重影响下，个体会形成对环境的感知，再经由理性层面的信息与情感过滤，形成认知，进而做出决策，产生空间行为。狭义的行为仅指外显行为，即可被他人直接观察到的行为活动，如一个人的言谈举止、参与某项活动的过程等，是情感、认知和环境等相互作用的动态过程与结果。一般认为，具有认知和思考能力和情感、意志等心理活动的人是行为的主体。

旅游者行为的行为主体是城市中的旅游者，与城市居民行为和城市居民相对应。在旅游研究中，旅游者行为又经常被称作游客行为、旅游者消费行为和旅游消费行为等，为避免游客行为的口语化表述，以及消费行为对旅游者行为的单一化框定，本书用旅游者行为这一概念进行表达。

旅游者行为在本书中取行为的狭义，即指被旅游者实施的时空行为活动，是旅游者在旅游城市地域实施的包括游览和与游览有关的生活性活动，如旅游者的"食""住""行""游""购""娱"等均属于旅游者行为。

三、旅游目的地与旅游城市地域

"旅游目的地"这一概念的内涵比较广泛。李伟等认为，旅游目的地是各种吸引物、旅游设施和服务体系的空间集合，具有明确的行政区域界线，能吸引一定规模的旅游者并满足其旅游目的。

出于统一管理的需要，旅游目的地通常按地理界线和行政归属来划分。但是，这种划分却未考虑消费者的偏好和旅游业的功能。旅游目的地应是被旅游者接纳的独特和确定的地理区域实体。我国也存在一些旅游目的地与行政划分不一致的实例，小到一个景区，大到一个区域，旅游者的实际行为活动往往不受行政划分的限制而更多受旅游形象和旅游线路的影响。因此，单纯以行政界线划分的旅游目的地（如旅游城市）和以管理权属界线划分的旅游目的地（如景区），都不能客观地反映旅游者实际活动范围，笔者赞同 Buhalis 的观点，即应依据旅游者实际所接纳和分布的范围来划分旅游目的地。

城市及其周边地域作为统一和整体的形象被旅游者选择，是旅游者实际活动的空间范围。基于旅游者行为活动实际范围，提出了旅游城市地域的概念，即以某个旅游城市为依托，由旅游者的实际到访而产生紧密功能联系的空间集合范围。旅游城市地域与旅游城市建成区、旅游城市市域行政管辖范围无一一对应关系，范围可大可小，一般介于两者之间。

综上所述，笔者认为，旅游目的地和旅游城市地域两个概念本质上是一致的，即旅游者在旅游城市中的实际活动范围。阐述与旅游者行为活动相关的概念时，为突出旅游者的行为目的和行为特征，一般使用"旅游目的地"一词；在表达与研究范围相关以及行为时空模式的优化应用时，为突出行为研究与地方的关联，使用"旅游城市地域"一词，两者内涵一致。

四、旅游者与旅游者单元

按照旅游目的划分，旅游者可以分为观光游旅游者、体验游旅游者等；按照旅游组织形式划分，旅游者可以分为自助游旅游者、参团游旅游者等。

旅游者是旅游活动的主体。现实中常见的情况是三五成群的旅游者共同完成一次旅游，即旅游的主体不是单个的旅游者个体，而是包含一个或一个以上旅游者个体的旅游者单元，如图2-1所示。作为单元的旅游者集体在时空中的整体行为活动以及这种活动带来的时空现象和成因，是旅游者单元的时空行为，而非旅游者单元中单个旅游者的行为活动。当然，当旅游者仅为一人时，也可看作旅游者单元。为简化表述，若无特别说明，下文以旅游者指代旅游者单元，旅游者个体指的是旅游者单元个体。

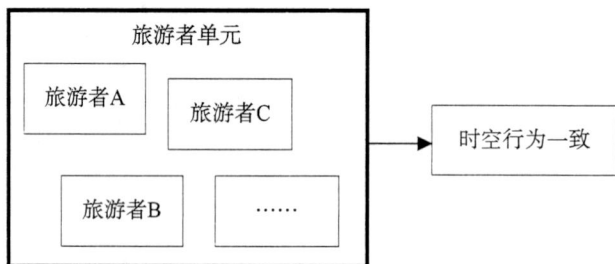

图 2-1　旅游者单元

第二节　理论基础与研究动态

一、行为与空间互动

行为与空间的互动即行为与空间的相互作用，包括行为作用于空间和空间作用于行为。行为与空间互动是时空行为研究中的核心问题。在20世纪60年代西方地理学转向社会、行为和人本的趋势背景下，行为与空间的互动研究逐渐成为地理学界关注的问题。20世纪60年代在行为主义学派对地理学实证主义的空间分析方法进行批判与修正中，出现了地理学的社会科学化趋势，其研究领域不再局限于空间描述与现象分析，而是开始深入社会各个层面。在这个过程中，人的主体性开始受到关注，地理学开始从注重空间的物质和经济层面转向重视个体的精神和社会层面的面向人的研究，致力寻找人类活动模式以及承载这些模式的宏观维度。这一阶段学者关注的多是空间行为的汇总模式。20世纪60—70年代，被称为人本主义方法的行为研究开始从汇总向非汇总转变，主要关注微观层面行为个体的认知、想象力和价值观等。从20世纪80年代开始，受时间地理学的影响，行为学派逐渐将行为放在更大的社会结构背景下研究，将行为主体的偏好与选择视为所处社会制约下的结果。20世纪90年代以后，行为与空间互动开始受到城市社会空间研究学者的关注，成为地理学和社会学共同关注的研究热点，其目的是从人的视角理解空间，把握空间特征与规律。总体而言，与其他传统学科相比，作为交叉研究领域的行为与空间互动研究历史不长，方兴未艾，主要由行为地理学、时间地理学和活动分析法等从不同的方面分析和阐释行为与空间关系，为当代的时空行为研究奠定了理论基础。行为与空间互动的基础理论和方法归纳如表2-1所示。

表2-1　行为与空间互动的基础理论和方法归纳

基础理论／方法	主要观点
行为地理学	面向微观个体，强调行为主体的能动性与个体差异认知，揭示行为既是空间作用的结果，也在重构空间，侧重于行为与空间相互作用的过程解释
时间地理学	综合的生态世界观，强调从微观个体出发，强调时间与空间的整体性与统一性，强调物质世界与社会系统对个体行为的制约
活动分析法	最早提出城市活动系统，后来总结为活动—移动系统，认为出行是行为活动的派生，注重分析按先后次序连接的活动与出行全过程，为城市规划提供了非汇总规划思路

人类行为与地理空间的互动关系是西方行为学派关注和研究的核心内容之一。诞生于20世纪70年代的行为地理学主要研究人在空间中的行为以及人对空间的感知，且注重微观个体和行为过程，对行为与空间关系的解释体现在强

调对人的正面思考和从人的主观能动性角度理解行为及其空间的关系。行为学派一方面揭示了行为作为空间的结果，另一方面认为行为能重构未来空间，即个体处在认知空间的同时能对空间进行重塑，行为不仅是事件与环境的结果，还是重构空间的前置条件。感知被认为是个体行为空间的重要因素。20世纪60—70年代，对特定环境的感知效用以及如何划定自己所熟悉或进行交互作用的空间范围成为行为地理学关注的焦点。如杰克尔（Jakle）等人认为行为空间可分为活动和交流两个有意义的部分，这样行为空间能够被最有效地利用。

有别于行为地理学强调个体的能动性作用，时间地理学在理解行为与空间时强调时空中人类行为与客观环境之间的关系，注重改善城市空间资源配置从而改变个体所受的制约，围绕影响个体行为的制约机制，通过模拟与调整制约来实现对行为结果的优化。时间地理学是由瑞典地理学家哈格斯特朗（Hägerstrand）及其领导的隆德学派于20世纪60年代后期提出并发展起来的，是致力理解时空过程中的人类行为与客观环境之间关系的一种综合方法论。在经历了20世纪70年代的应用热潮以及20世纪80年代的相对低迷之后，时间地理学与GIS技术紧密结合起来，用于三维时空表达与分析，并持续应用于城市交通规划和城市问题，于20世纪90年代中后期进入全新发展的复兴期，成为跨学科跨领域广泛应用的一种研究方法。出于对人的思考，时间地理学提出了理解个体行为的完整时空系统，将时间看作一种稀缺资源，构建了个体行为从空间到时空的动态研究框架，提供了关注个体活动的人的视角，将关于行为的研究从基于空间的汇总层面扩展到基于人的非汇总层面。尤为重要的是，时间地理学建立了时空行为的制约理论，认为个体从一个住所移动到另一个住所的过程中会受到各种制约，并将这些制约归为能力制约、组合制约和权威制约。米勒（Miller）则认为时间地理学关注的焦点并非空间行为，而是行为在时空中的制约。

20世纪70年代以后，后计量时代的实证分析更加注重日常化、结构化的行为与社会、经济和文化等多种环境因素的影响及其之间的关系。在这样的背景下，过去注重的特定空间行为开始转向普通、日常的空间中的行为，有关个人行为与空间环境互动及其作用机制的研究应运而生。20世纪80年代，在时间地理学和活动系统理论框架的基础上，根据行为地理学而发展形成的活动分析法构建了活动—移动系统，即通过移动出行将位于不同空间位置的各类日常活动在时空中统一起来，出行不是独立的行为活动而是活动的派生。在活动分析法的框架下，描述和研究城市空间的思路开始从静态的土地利用类型特征转向动态的人类行为活动规律，从空间是什么转向空间中发生了什么，为从人的角度认识和理解城市空间提供了启示和途径。

随着我国社会经济水平的迅速提高，生产性社会向消费性社会转变，多样化的生活方式与选择不断出现，学界也开始逐渐关注人、人的行为及其与城市的关系。这主要表现为城市空间研究的视角逐渐由城市物质空间转向社会空间，从功能空间转向行为空间，关注点从土地利用的合理配置转向人类行为的空间表现。柴彦威等人提出了基于行为的城市空间研究理论，其核心内容即空间与行为互动论，包括基于空间与基于人两种研究范式。前者立足于空间位置在行为研究中起到的整体性和综合性理解途径作用，将相互独立的多学科视角下的现象整合起来，后者则突破了传统基于空间汇总的范式，转向时空中基于人的汇总。

在空间与行为互动理论框架构建的基础上，基于行为的复杂性，柴彦威等提出应从不同空间尺度、不同时间和不同人群的实证研究中分别验证空间与行为互动模式，如空间尺度上模式的多样性、时间尺度上模式的动态性等。基于时间与空间的活动分析法框架、基于时空间行为的城市生活圈规划理论模式以及建立基于个体行为的多尺度城市空间重构与规划应用框架，极大地丰富了行为与空间理论研究成果。

目前，国内部分学者将行为与空间互动理论进一步应用于城市设计、街区设计和健康城市等领域，提出了不少富有创见性的观点。基于微观层面的空间—行为互动关系，有学者研究了共处空间的时空特征。如以北京清河街道为案例，从活动密度表面、时间利用特征以及出行特征等方面描述了不同住房来源居民的活动—移动模式。在空间与行为互动研究注重行为过程的创新与发展中，还出现了对感知、学习、记忆等的研究，这些研究通过定性分析和空间推理等，解释了不同空间中人类的不同行为差异，如梁嘉祺等通过网络语义分析和 GIS 空间分析，研究了游客时空行为与情绪的关系。

二、时空行为

（一）空间行为

空间行为是人类诸多行为中的一种。赫维人等认为，在人类各种行为活动中，空间移动占有非常重要的位置，因为它是人类最重要、最经常和最广泛的行为之一。20世纪60年代，人文地理学从对"表面现象进行分类""形态导向"是什么的研究开始转向了"事物怎样及其为什么在其所在的地方""过程导向"的"为什么"的研究，"空间行为"研究由此走向"空间中的行为"研究。戈列奇等人强调感知以及方向性需求，认为是意识或潜意识导向的生命过程使区位随时间发生改变，从而产生了空间行为。

空间行为是空间中发生的行为，空间行为表现为空间上的位移，影响位移的因素也包含在空间行为的内涵中。空间行为是由一个个微观个体产生的，对空间行为的研究目前可大致分为汇总层面和非汇总层面。

1. 汇总层面的空间行为

空间行为的汇总模式是基于空间视角的行为研究，通常是地理学关注的焦点。汇总层面的空间行为分析重视形式与结构的描述，可在整体上揭示其一般规律与趋势，有利于在整体层面把握行为的空间分布特征与分布规律。早期阶段的人文地理学将大多数空间行为研究集中于汇总层面，如人流和物流的区位特征、数量和密度的空间变化等。汇总层面的行为研究在整体层面洞察空间行为特征的同时，将空间环境与之发生关联。行为主体的决策是在一个动态的运行环境中进行的，这一环境受到社会、经济、科技等因素变化的影响，因此空间行为往往受到宏观层面因素的影响。这些社会大图景构成了人类行为和区位决策的动态环境背景，为空间行为与行为空间之间架设了联系的桥梁，从而为空间优化应用提供了直接的线索。然而，汇总层面客观反映的宏观格局，实际上是空间行为在空间分布的表象，研究者知其然而不知其所以然，并不足以反映空间行为背后的个体选择与活动特征。此外，简单的汇总结果往往会忽略或遗漏多维度、差异化的非汇总个体行为信息。这也促使研究者从过程和机理的非汇总角度去研究更多的行为决策信息和相互作用关系，从而更深层次地分析空间行为的特征与规律。

2.非汇总层面的空间行为

非汇总层面的空间行为与汇总层面相对应，即个人或微观层面，是基于人的视角的行为研究，可以深度透视和挖掘路径特征、选择偏好以及决策影响因素等，有助于深入理解空间行为的形成机制。非汇总层面将空间行为从宏观汇总放大到个体微观，更加关注对行为个体在实施空间行为前空间知识的获取、空间感知和空间认知等心理层面的研究，同时关注空间行为本身的某些特征，如行为空间区位、行为空间序列等。与汇总层面相比，对非汇总层面的研究可获得对行为更深层次的理解和解释。例如，时间地理学提出的时空路径就是从非汇总层面，个体在某个周期内空间行为的完整表达。通过对时空路径及其行为主体关联属性特征的研究，可获知时空路径的序列特征、选择偏好与群体关联以及时空路径所揭示的空间客观制约等，从微观细节层面为空间优化应用提供线索。

空间行为是空间中的行为，行为与空间是空间行为的两大基本要素。在空间行为研究中，汇总和非汇总层面犹如一枚硬币的两面，对于完全透视空间行为特征与规律是缺一不可的。汇总层面把握整体特征，是作为个体行为的汇聚结果；非汇总层面能够深入个体行为，了解个体行为背后蕴藏的细节信息。不过，研究单个个体的具体行为是没有意义的，如时间地理学虽重视从微观个体出发，但更强调从地域综合的角度分析行为活动与自然、社会等互动的过程，即最终必然要从个体上升、汇总到群体乃至人类社会。因此，即使是非汇总行为，也要通过一定的方法加以归纳。已有的研究在这个过程中常常会丢失一部分特征，成为行为学界的难点之一。

（二）时空行为

空间与时间不可分离。古希腊哲学家亚里士多德对时间和空间性质做出了较为全面的论述，即运动存在于时间中，时间是事物运动过程或运动持续性的量度。立足于自然辩证法和唯物主义、经验批判主义的传统哲学教科书根除了牛顿"时空与运动无关"的绝对时空观，否定了黑格尔认为自然界的发展是在空间以内、时间之外的观点，强调时空与运动不可分离。爱因斯坦的相对论也揭示了时空对物质存在状态的依赖关系，如狭义相对论认为时空的特性随着物质运动速度的变化而改变。马克思在此基础上超越了抽象的物质运动，将时空建立在人类实践活动的基础上，认为人类自由自觉的实践活动是时空的载体，由此将时间、空间和人类行为活动统一起来。

时空与空间以行为作为载体，而行为具有时空双重特性。实践、运动等都是人类行为的某种形式，无论是汇总层面的空间行为，还是非汇总层面的空间行为，都是在客观的时间与空间中得以发生和存在的，空间行为实质上是时空行为。时间与空间是行为固有的特征，时间与空间的结合是一种测量相对空间的有效方法，在行为研究中必须加入时间的方法来研究人类对客观空间环境的动态利用过程。时间地理学提供了一个分析个体行为与时空作用的基本框架，即在时空连续轴上构造人的所有行为。在时间地理学中，时间和空间不仅是行为发生的容器，更是一种资源，不仅有限，而且不可转移。个体在时空中的运动是一个连续、不可分和不可逆的行为过程，时间和空间不能分开处理，且时间具有不可逆转性，时间地理学由此构建出"时空间"的概念。时间地理学将时间与空间在微观个体层面建立了密切关联，揭示了行为序列的本质，即微观个体行为必然在一定的时间和空间中形成次序不可变更的活动序列，所有依照一定序列构成个体存在的行动和事件均同时拥有时间与空间双重属性。当把时间纳入行为研究中，时间除了具有表面的统计意义外，还具有事件发生路径的序列意义。这种序列意义可以揭示出更深刻的因果关系。

地理学和社会学中关于人类空间行为的相关文献大多聚焦于空间行为的时空特征，从时间和空间维度研究与把握行为特征与规律，尤其是随着20世纪70年代末时间地理学作为行为论方法被提出后，与结构化理论、GIS与地理可视化和新型信息技术等相结合，将空间行为置于统一的时间轴中考察，使传统的城市规划从单纯、静态的空间规划走向复杂、动态的时空间规划，在诸如城市空间、城市生活圈、智慧城市规划与管理、社会公平、交通规划等方面得到了充分探索与应用。

时空行为为理解人类行为活动与时空环境的复杂关系提供了独特的视角。国外时空间行为研究始于 20 世纪 70—80 年代，刚开始以时间地理学中的相关概念和方法理论研究为主，后来逐渐转向实证研究。如国外学者利用个体固定的活动与选择的活动两种分类来描述活动节奏，强调个体行为中的社会与文化因素，认为它们在个人活动中具有长期的稳定性，能够自我延续和加强。

从居民日常活动方面上看，可将活动分为维持生计活动、维护生活活动和娱乐休闲活动三大类。在此基础上进一步修正，将活动分为强制性活动、维护性活动和可支配活动。后期调查的样本规模开始扩大，这种大样本的调查往往由政府或一些非政府机构实施。

在数据和方法应用方面，通过时间分配来洞察新信息技术对人类活动模式和城市经济的潜在影响。在宏观、中观和微观三个层面上探讨了通信与出行的关系，提出基于活动分析法来进行行为建模。信息通信技术的发展带来了位置感知设备的广泛应用，这使获取长时间和高精度的个体移动轨迹以及挖掘行为移动模式成为可能。国外学者通过统计居民的通话和移动频率，发现居民在 24 小时内的活动强度具有明显的差异性和规律性。通过 GPS 数据研究人们在较小空间尺度下的空间移动特征，发现具有较强的莱维（Lévy）移动特点。将行为看作向量，用特征行为来表征行为的主要结构。

时空行为研究是动态研究城市空间结构的重要视角，目前呈现研究数据走向多源、研究方法走向科学、研究对象走向个体、研究主题走向应用等趋势。国内学者依据行为作用对象，将时空行为分为空间行为、属性行为、关系行为及复合行为四类。国内学者总结了人类空间运动的多种共性特征，即行程分布不均匀、明显的局域性、较强的规则性和可预测性。

（三）时空路径

时空路径最初源于统计学中生命线的概念，生命线加上空间轴构成生命路径，用来连续表达时空坐标轴上的个体行为。大到生命历程，小到小时，通过改变时空的坐标范围和单位刻度，均可实现空间尺度和时间尺度的自由设定。时空路径是时间地理学方法论中的核心内容。时空路径描述的是个体已经发生的活动轨迹的时空信息。如图 2-2 所示，纵轴代表时间，横轴代表空间，个体因开展某种活动所停留的地点 S_1、S_2、S_3 等称为住所。不考虑现代通信技术和虚拟设备，在现实的物理空间中，微观个体不能在同一时间内存在于两个不同的空间中，因此其路径总是形成一条不间断的轨迹。如果表示路径的线是垂直的，则表示未发生空间上的移动；如果路径是倾斜的，则表示个体在发生位移，且斜率越大速度越快。

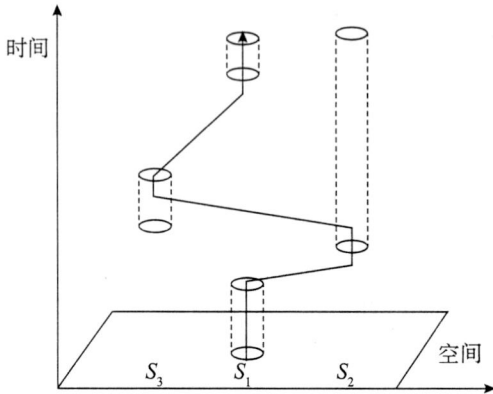

图 2-2　个体时空路径

时空路径概括的是活动中的时间、空间以及以时间流逝换空间位移等约束因素。时空路径表达行为轨迹在时空中的集聚与变化，充分整合了时间、空间与行为，不仅记录了个体停留空间即住所的位置，更重要的是保持了这些住所的时间序列。同时，时空路径将微观个体行为与宏观时空环境关联起来，提供了关注个体活动的人的视角。除了时空路径，哈格斯特朗等还提出了时空棱柱的概念，用来表达一定时间内个体的潜在可达范围，在此不作赘述。

鉴于时空路径在二维表达中无法将活动开始时间、持续时间以及活动序列等展示出来，关（Kwan）长期利用 GIS 研究时空路径的三维地理可视化，首次使用个人层次的活动出行日志数据在三维 GIS 环境中呈现时空路径。在个体时空信息的集成表达方面，罗智德对时空路径中时空数据的一体化表达和时空节点规划做了深入研究。

（四）时空制约

有别于行为地理学强调个体的能动性作用，时间地理学注重改善城市空间资源的配置以改变个体所受的制约，围绕影响个体行为的制约机制，通过模拟与调整制约来实现对行为结果的优化。时间地理学认为个体从一个住所移动到另一个住所的过程中会受到各种时空制约，并将这些制约归为能力制约、组合制约和权威制约。其中，能力制约通过饮食、睡眠与护理等必要的生理需求占据大量时间来限制行为的开展；组合制约是指个人为了从事某项活动而必须同其他人或物的路径同时存在于同一场所，表现为何时、何地以及需要多久才能参与其他个体的活动；权威制约是根据法律、习惯、社会规范等把人或物从特定时间或特定空间中排除的制约，它限制了对空间和时间位置的进入，包括规则、物质障碍以及决定个人是否能在特定时间进入特定领域的权利关系。

对制约的测度与刻画是对人类时空行为进行模拟的重要方向。通过研究物质环境中限制人的行为制约条件来理解人的时空行为是时间地理学方法的一大特色。时空制约是时空间影响在时空间中的行为形式，通过时空制约可以透视时空行为特征背后的影响因素与作用机制，同时为时空行为研究成果应用于时空间优化提供启示。近年来也相继出现了将时空制约原理融入时空行为模型的构建、时空行为研究框架，用来研究制约要素与家庭成员组合之间的关系、时空弹性等。

（五）时空间结构

时空间结构与时空行为是两个关联紧密的概念。时空行为研究的人的行为是处于一定时空间中的，已有研究将时空行为作为理解城市时空间结构的表征，通过时空行为特征与规律来反映时空间结构。国外较少使用时空间结构而一般使用时空行为；国内两者都有涉及，一般在侧重于通过时空行为反映城市空间结构或反映城市空间结构的时间维度特征时会采用时空间结构。

时空间结构是在时间地理学提供的研究框架下出现和发展的。与传统的空间结构相比，时空间结构在二维平面空间上加入了时间轴形成了城市三维空间，包含二维空间平面、居民行为、影响居民行为的各种要素和时间等。在时空框架下，城市中大量人口移动形成路径，由路径和路径之间各个驻点空间连接而成的网络即城市时空间结构。与注重长期性和非可逆性的宏大的城市空间结构相比，城市时空间结构更具有短期性、周期性、动态性和可逆性，对应于城市中各类群体的时空活动方式。时空间结构能够在时空统一的框架下动态地描述各类行为活动，同时其关于活动中的种种制约也能够充分解释活动背后的原因，从而推动城市地理学从静态走向动态。随着研究方法和时空模拟、数据挖掘等方法的不断创新可视化等技术手段的进步，时空关联视角将拓宽既有城市空间结构研究，构建基于不同类型时空间活动的区位关系模型来解释城市时空间结构，丰富既有空间的内涵。

国内关于城市时空间结构的研究以柴彦威等人为代表，他们建立了以居民活动分析为基础的城市时空间结构研究方法论，提出了个人日常活动节奏与城市节奏形成动态的时空研究系统和行为研究的整体框架。此外，他们将行为研究分为个体行为空间、特定空间特定人群、社会空间结构和个体活动空间，指出从宏观到微观、从描述到解释是当前行为研究的两大趋势。

已有关于时空间结构的文献研究强调居民活动的时空连续性，对日常行为的时空间特征进行了全面而系统的研究。早期多研究城市居民的迁居活动和消费活动，目前则以通勤活动、休闲娱乐活动等为主。还有学者基于社交媒体数据、手机信令数据从宏观整体层面识别城市空间。近年来关于时空间结构的研究开始从无差别人群转向从特定人群或特定行为出发，出现了按性别、阶层、区位等来划分的研究情况。

三、旅游者行为

旅游者行为的含义丰富而广泛。旅游者行为是旅游者在认识、购买、消费和评估旅游产品全过程中所反映出来的心理过程、心理特征和行为表现。由于选择目的地行为本身也是一种消费行为，所以，旅游的过程是旅游者不断选择、消费的过程，旅游者行为经常与旅游者消费行为混在一起。旅游者行为研究涵盖了管理学、心理学和社会学等诸多学科，属于多学科交叉研究内容。

广义的旅游者行为分为决策行为和空间行为两大类，狭义的旅游者行为仅指旅游者空间行为。广义的旅游者空间行为包括动机行为、决策选择行为、旅行行为及体验行为四个过程，其中旅行行为是旅游者空间行为的实施阶段，而狭义的旅游者空间行为仅指旅行行为的地域移动游览过程。本书所指的旅游者行为是狭义的旅游者空间行为或时空行为。旅游者空间行为是旅游者在异地旅行和游玩的一切行为总和,是旅游者行为的主要表现,是外显行为中与空间位置的分布和改变有关的那一部分。钟士恩等人认为,旅游者空间行为是旅游地理学流动性范式研究内容之一,这种流动性促发的诸如空间节点、层次、网络等新空间形式是未来研究的热点之一。

旅游者空间行为研究理论上能够揭示旅游者行为规律,实践上能够优化旅游空间布局和城市空间结构,指导旅游节点空间的选址、旅游资源的培育和旅游线路的设计等。时间地理学、行为地理学和定量分析等为旅游地理学中的旅游者空间行为研究提供了更多的方法和工具。下面从旅游者空间行为分类和旅游者空间行为中的时间特征两方面论述相关理论成果。

(一)旅游者空间行为分类

旅游者空间行为分类一般按地理跨度来划分。例如,佐尔坦(Zoltan)等人将旅游者空间行为分为从客源地到目的地城市之间和在城市内部的地域位移两种。保继刚等人将旅游者空间行为分为大尺度、中尺度和小尺度三类。李渊等从研究尺度和空间范围上将旅游者空间行为分为宏观层面的目的地间、中观层面的目的地内部以及微观层面的景区内部。其中,城市内部的空间行为分为两个层面:一个是作为旅游目的地的城市内部;另一个是各个旅游景区内部,且城市内部和景区内部的旅游者行为在研究尺度、研究侧重点和空间行为特征方面都存在较大差异。

(二)旅游者空间行为中的时间特征

旅游是与空间相关的概念。张凌云在归纳了关于旅游的多个具有代表性的定义后认为,旅游的本质是人的空间位置的移动,是由客源地、通道和目的地构成的完整的空间系统。

旅游不仅与空间相关,还与时间相关。时间和空间不可分割,旅游者行为也应从时空统一的角度去理解,旅游者的行程安排实际上是对时间和空间的统筹安排。随着全球化进程和旅游规模的扩大,旅游者行为研究与地理空间的结合逐渐成为近年学界关注的热点。其中,时间地理学以微观个体作为研究对象,以微观个体在时间和空间上的同时运动作为研究出发点,为旅游者行为研究提供了新的视角和方法。

时间地理学提出的时空间、时空路径、时空制约等一系列相关概念，从理论和实践应用两方面更深层次地拓展了旅游者空间行为研究的成果和意义。国内最早将时间地理学引入旅游者空间行为研究的黄潇婷指出，由于时空路径可从时间和空间两个维度对旅游者行为信息进行捕获，因此旅游者时空行为研究是时间地理学与旅游规划的结合点。时间地理学认为时间和空间在个体行为运动中不可分离，是行为尺度中同等重要的稀缺且唯一的资源。时间地理学中的旅游者空间行为实质上是旅游者时空行为，是旅游者在时间和空间双维度下的运动过程。

时间地理学视角下的旅游者时空行为研究之所以成为近年来地理学尤其是旅游地理学界的热点，与个体行为数据的获取、分析及可视化技术的进步是分不开的。传统的空间行为研究大多基于观察、访谈和活动日志调查，通过研究者或被访者自己记录、填写来实现。随着现代通信技术的快速发展，基于GPS设备定位、手机追踪等新型移动数据源为个体真实位置和运动信息的获取提供了方便，提高了数据的地理精度以及出行数据库的质量。其中，手机追踪是用户在通话、短信等过程中产生了无线网络聚合记录并自动存储在移动运营商的内存中，由此产生了海量的被动式手机信令数据，可真实记录用户的位置及位置改变信息；而社交媒体平台中旅游者也会自发留下照片、文字等互联网时空元数据，如网络游记等。地理信息空间分析技术可视化为辨识、解释这些海量数据特征与规律提供了可能。有学者将时空路径与GIS结合实现了三维可视化，并在近景可视化、景观真实性、时空间活动相互作用等方面不断将GIS工具系统进行优化改进，开发了不同的工具包。

第三节　相关实证研究综述

相对于居民，目前国内外关于旅游者时空行为的理论研究、实际应用等方面的成果在数量和类型上普遍偏少，前者的相关研究更为成熟和丰富。然而两者的主体均为"城市人"，在时空行为或行为路径等方面存在一定的联系，在居民行为研究中涉及的概念、方法对旅游者行为研究具有一定的启示和指导意义。因此，为系统、全面梳理行为研究现状，实证综述部分仍然引入居民时空行为的研究成果，旨在为旅游者时空行为研究提供参考。

一、居民行为研究

目前居民时空行为实证研究是基于人的行为视角的空间分析和应用，相关研究成果较旅游者更为丰富和成熟，多围绕消费、通勤和休闲等单一行为展开，现以通勤和消费两类为例对时空行为的特征、机制等进行综述。

（一）行为特征

通勤方面，绝大多数文献以发达地区大城市为研究对象，如北京、上海、福州、武汉和成都等，中小城市鲜有涉及。这些成果多采用计量统计对通勤特征进行描述性分析与预测，主要集中在通勤方式、通勤时间、通勤距离、通勤感知和通勤流等方面。部分采用模型量化，如李祖芬等人设计了提取居民出行时空分布特征的方法。高硕等人针对网络位置大数据提出基于密度的聚类算法。在特征分析基础上，刘耀林等人通过构建出行模型、职住地识别规则和职住平衡测度，识别职住通勤群体和武汉市职住通勤模式。马昕琳等人从职住空间位置的关系归纳出了三种郊区就业者通勤模式。

早期的通勤行为特征研究以无差别的城市居民作为研究对象，后期逐渐针对不同群体，如儿童、老年人、低收入群体、不同社区的居民等开展研究。消费行为特征研究集中于圈层结构、等级结构、时段和时长特征以及以同济大学王德等人为代表的步行街与商业综合体消费特征研究等。同时，还有根据年龄、职业、区位等，对特定弱势群体、农户、小城镇和新城居民以消费行为差异区分的跨境消费等展开的研究。

（二）行为机制

空间行为机制主要采用定性或定量与定性相结合的方法。量化分析模型主要有结构方程模型、线性回归分析和 Logit 模型等，结合定性分析以描述特征为变量探讨背后的影响机制。另外，有部分学者从某一类因子，如不同年龄段居民居住偏好、通勤时空弹性、城市公共空间和绿地形态等入手，研究其对时空行为的影响。

二、旅游者行为研究

国内外对行为的研究始于居民日常生活行为，旅游活动通常被理解为日常生活的溢出。作为行为研究中社会群体角度的分支，旅游者行为研究是从20世纪60年代末随着地理学界的人本转向而兴起的，开始主要是地理学领域从国际、大区域的空间角度来探讨旅游空间行为，随后旅游者行为成为社会心理学、消费者行为学和经济学等学科关注的问题。国外侧重于研究影响旅游者行为及其模式的某一项因素与行为之间的关系，如洛萨达（Losada）等人关注跨文化和周边环境对老年人旅游行为的影响。国内多数研究则从旅游者的人口学统计特征，如性别、年龄、职业等进行分析，结论具有相似性。研究方法早期以抽样调查、问卷调查和基础统计分析为主，近年来随着信息通信技术的发展，开始运用手机信令、社交媒体平台等大数据、GPS定位设备以及GIS平台等进行相关定量分析。

（一）基于时间地理学的旅游者时空行为特征

目前，将时间地理学作为旅游者时空行为研究的理论基础成果较少。有学者通过挖掘澳大利亚菲利浦岛的旅游者的时空运动方式数据，模拟跟踪游客动向。黄潇婷最早将时间地理学引入旅游者行为研究，如将时空路径应用于北京颐和园游客与居民对游憩设施竞争的分析中。近年来，受到新时间地理学的影响，刘萌将时空路径应用于景区层面的旅游者情感体验研究中。

（二）旅游者行为模式研究

旅游者行为的时空模式是研究旅游空间结构的基础。按照地理跨度来划分，可大致将目前的研究成果分为宏观区域、中观城市和微观景区三个层面。国外多集中于宏观区域层面的研究，国外学者提出区域间的多目的旅游的空间配置模式。有的学者在梳理大量研究的基础上，将旅游者空间运动抽象为单目的地型、途中型、大本营型、区域型和旅行链型等五种模式。有的学者提出多目的地旅行线路的五种模式，有的学者提出游憩路径、进入路径和返回路径。随着 GPS 定位设备和现代通信技术的进步，其使小范围内精确捕捉旅游者轨迹成为可能，因此近年来国内逐渐从区域层面扩展到景区层面。有学者认为景区内的空间行为的随机性和多样性较大，在精度上更精细，客观需要具有更高时间和空间精度的行为数据作支撑。旅游者行为模式相关研究成果如表 2-2 所示。

表2-2　旅游者行为模式相关研究成果

研究层面	作者	核心论点	理论与方法
区域层面	杨新军等人	在总结国内外旅游行为空间模式基础上，提出区域层面旅游行为的空间选择模式，包括单一、线性、基营、环形和链式五种	旅游地生命周期理论、区域旅游行为理论、距离衰减、相互作用、空间层次的等级性等
	朱明等人	将旅游者的线路空间模式分为单目的地、往返、中心集散、区域环游以及完全环游五类	旅行模式理论；以旅行社网站的线路报价单为数据源、数理统计分析、O—D 关系表达
	陆林等人	珠三角都市圈旅游者空间行为模式和目的地类型以营区基地式和完全环游式为主，不同客源地空间行为模式存在差异	LCF 模型、旅游行为理论；珠三角 100 强旅行社官网旅游线路报价单、频数统计方法
	吴建伟	新疆游客的空间行为模式分为茎瓣式、串游点对点模式等四种，主要旅游节点有全疆综合性节点、区域综合性节点等六种角色类型	行为地理学、旅游者空间行为理论；社会网络分析和聚类分析法
景区层面	李渊等人	鼓浪屿旅游者的空间行为模式有历史文化—海岛沙滩型、美食购物型、历史文化—美食购物型和美食购物—历史文化—海岛沙滩混合型等四类	基于 GPS 的景区旅游者行为，利用卫星定位导航数据中的 GPS 轨迹，构建行为链和采用 K-means 聚类算法
	黄潇婷	北京颐和园旅游者时空行为存在六种模式，时间、空间、活动和路径是景区内部旅游者时空行为模式汇总的重要因素	时间地理学的时空路径；问卷调查、K-means Cluster 快速聚类方法

续表

研究层面	作者	核心论点	理论与方法
景区层面	郎月华等人	提出基于 GPS 轨迹栅格化的旅游行为空间模式表达方法，九寨沟游客旅游行为的空间分布模式为观光、休憩、乘车和主导四种	旅游时空行为；网络爬虫获取九寨沟 GPS 轨迹、栅格化 GPS 轨迹数据、景区旅游者行为分类法
	祖武等人	通过聚类分析发现消费者在到访空间组合上的典型路径，揭示商业业态、建筑空间与消费者行为模式三者之间的关联	消费者空间行为、商业业态；鼓浪屿龙头路问卷调查结合 GPS/K-means 算法
	朱玮等人	青岛世园会参观者五种路径模式、六种偏好模式，偏好差异是决定路径模式的内在因素，利用时间效用模型可得到时空行为的更一般规律	时空路径/青岛世界园艺博览会问卷调查/路径相似度算法、吸引子传播算法、时间效用模型
	张珍珍	华山景区的游客日内变化规律呈现"3M"模式，体现出对强吸引力旅游节点和交通枢纽的空间偏好	旅游者行为理论、时间地理学、时空数据挖掘/华山景区微博、游记和调查等多源数据/马尔科夫链

从表 2-2 可以看出，目前旅游者行为模式研究多集中于区域和景区层面，区域层面以旅行社线路、网络游记为主要数据源，景区层面以 GPS 数据源应用居多。城市层面的旅游者行为模式研究成果不多，比较有代表性的如伊普（Yip）等人从旅游者购物、住宿等方面研究香港回归后到访香港的内地游客从国际游客向国内游客的演变。黄潇婷指出，目的地内部的旅游者行为的研究目前仍处于起步阶段，但是时间要素对旅游者行为的影响越来越受到重视。然而，无论是时空轨迹还是时空模式，关注的往往是游览节点之间的移动。人类行为的时空模式具有复杂性与多样性，时空间行为研究需要将空间与行为互动理论应用在更深刻的层面。

（三）旅游设施与旅游者行为

旅游设施作为旅游者行为节点中的一类，其与旅游者行为之间的关系也是诸如时间地理学等领域关注的问题。斯莫尔伍德（Smallwood）等人发现大多数旅游者的旅行距离他们的住宿地点不到 20 千米。道格拉斯（Douglas）在区分酒店的基础上，根据三个时间要素参考曲线差异，提出了不同的旅游者时空行为模式。保利诺（Paulino）等人认为，旅游者在旅游目的地的住宿地位置以及周围旅游景点的空间分布和数量等共同影响着旅游者的空间行为模式。以自然和乡村景观作为游览节点的旅游中，旅游服务的基础设施一般较少，这类旅游活动更依赖与提供旅游服务的住宿地的共生关系。此外，自驾游的广泛兴起可以更方便地到达空间中的分散景点和小众景点，这也在一定程度上促使旅游者依据住宿地建立自己的行程。

三、多源数据支持下的旅游者行为研究

早期研究受限于行为数据获取的难度，对时空行为的研究多集中在行为更可观测和感知的空间特征，一般采用问卷、观察、访谈和统计资料等获取数据。运用数理统计分析和描述性定性分析等方法得出行为特征规律，分析手段单一，时间动态研究不足。近年来，旅游者时空行为研究充分利用互联网通信技术产生的海量数据信息、GPS 技术和 GIS 空间分析方法等，在数据样本规模、研究的广度和深度上均有突出表现，集中于旅游者行为的时空特征、时空演变。

目前旅游者行为研究多集中于 GPS 定位数据、地理标记照片和网络游记三类数据。① GPS 定位数据：利用手机 App 自带的 GPS 设备记录旅游者的轨迹和脚印数据，结合 GIS 空间分析方法揭示城市、景区层面旅游者时空行为特征。②地理标记照片：基于图片大数据和计算机视觉技术对旅游者行为足迹的演变进行了分析。③网络游记：以网络游记为数据源，从时间、空间特征和旅游流网络特征三方面对国内游客的时空行为进行了分析。

目前，实证研究虽开始普遍将 GPS 定位数据、地理标记照片和网络游记等新数据运用到行为分析中，但多为单一数据源。单一数据源反映的时空行为角度、尺度不一，其结果亦不同，容易引起有偏颇的研究结果。多源时空数据研究结果的集成学习，如交叉分析、机器学习和时空推理等逐渐逼近全覆盖的城市动态感知，这也是目前行为研究中尚未克服的难点。

第四节　研究评述

　　旅游者行为的时空模式是一个复杂和多元的概念，其研究既需要拆解、回归到行为、空间和时间等原始、基本概念，从本质和源头去把握其本质与内涵，又需要在此前提下将这些基本概念加以整合和提升，结合旅游者这一行为主体特征以发展和摸索出新的要义，涉及时间地理学、行为地理学、活动分析法、旅游地理学等理论与方法。其中，时间地理学中时空路径、时空制约和时空间结构等概念是研究旅游者时空行为及其模式的重要基础。通过对现有文献的梳理，已有的理论和实证研究对于旅游者行为时空模式研究具有很多重要启示，尽管如此，已有研究在研究内容、概念逻辑、数据源和方法运用等方面仍存在以下问题。

　　第一，时空行为特征的相关研究比较单薄。目前，关于时空行为特征的研究总体上较为单薄：一方面，这些研究多针对某一类行为，对行为与行为之间融贯的整体路径研究比较缺失；另一方面，这些研究在描述某类行为特征时从时间、方式和距离等方面将行为做进一步细分，使同一行为的各项特征之间亦缺乏联系，无法真实地透视原本连贯发生的行为，如消费行为特征研究成果更多是作为行为结果的空间特征而非行为本身。

　　第二，旅游者时空行为特征的相关研究比较片面。目前，旅游者个体的空间行为和时空行为多聚焦于单纯的旅游线路，即用景点、景区之间的位移来概括旅游者在旅游城市内部的全部空间行为，旅游城市仅作为行为发生的背景。事实上，旅游者的空间行为是一个连续、完整和综合的过程，旅游线路研究仅仅是"游"这部分，多数相关成果未能反映其真实行为涉及的城市旅游配套设施、服务等，其应用也就有所局限，无法真正对旅游城市空间进行整体优化。同时，时间地理学目前在旅游者行为中的应用多局限于景区层面，对于中观层面的旅游者行为研究，还有很大的探索空间。

　　第三，旅游者行为时空模式的系统建构比较浅显。行为模式的建构首先应该在行为和行为模式之间建立基础的逻辑关联，而从大多数实证研究结果来看，目前旅游者行为的时空特征和时空模式研究要么相互独立，缺少关联，要么相互替代，即从时间特征和空间特征两方面结论直接归纳得出时空模式，尚缺少逻辑上的深层次联系；此外，由片面时空特征归纳出的时空模式实质上仅关乎旅游者游览的行为，不能客观地概括旅游者在旅游城市的行为特征与规律。

第四，多源数据在时空行为研究中的适用有待进一步探索。早期研究大多利用的是传统小数据，近年来基于 GPS、网络游记、地理标记照片等新兴数据的研究不断涌现，但大多基于单一数据源。要知道，不同数据源的适用范围与反映的特征侧重点不同，单一数据源在揭示旅游者行为特征方面比较有限，而且人类行为具有复杂性与多样性，因此，时空行为的特征与规律研究需要基于多种数据源，从不同角度、不同层面通过一定的逻辑相互补充和相互验证。同时，需注意不同数据源获取的可行性和可操作性，综合制定科学合理的研究路径和研究方法。

第五，聚类方法较为单一，聚类结果以偏概全。目前，旅游者行为模式的构建中多基于一类或几类特征再运用 K-means 简单快速聚类得出模式结构，在聚类方法上进行探索和创新的文献尚不多见。聚类方法的选择需基于数据源性质及数据分析目的，不同的维度应采取不同的聚类方法。而且，通过不同聚类方法得到的结果之间也需要进一步整合，并利用聚类集成方法提高结果的普适性和说服力。

第三章　旅游者行为的时空模式理论框架

通过概念辨析、理论基础和研究动态等分析可知，旅游者行为的时空模式理论研究主要有两个难点：一是突破目前多以旅游者游览行为取代旅游者在旅游目的地内全部行为的认知与研究局限，真正围绕旅游者全行为来揭示其时空模式；二是从时空间与行为的互动视角，更深刻地剖析行为发生的机制、行为时空模式的内涵和构成。旅游者行为的时空模式理论框架，主要内容包括作为解析时空特征、时空结构和时空模式的基本依据的旅游者行为主客体相互作用原理，旅游者行为的时空特征、时空结构以及时空模式构建。旅游者行为时空特征是基本特征中的时空维度体现，反映了旅游者行为中主体对客体选择的时空属性；旅游者行为时空结构包括时空互现和时空分配，反映了客体时空间作用于行为结果的时空关系；旅游者行为时空模式的理论框架是理解旅游者行为时空内涵、解析旅游者行为时空规律和建构旅游者行为时空模式的基础。

第一节　旅游者行为主客体

一、旅游者行为主客体的内涵

马克思唯物辩证法认为，实践是人类改造世界的现实感性活动，是能动的革命批判活动。实践是检验真理的唯一标准，是社会生活的基础。主客体是实践活动中的基本要素，也一直是哲学上的重要范畴。其中，主体是从事实践活动和认识活动的人。同主体相对立的是客体，客体是在主体的对象性活动中，同主体发生功能关系的外部客观事物，它是主体实践和认识活动指向的对象。

客体首先属于客观世界，是客观世界的一部分。主体具有能动性，客体对主体具有客观制约，这是两者之间关系的辩证法。

旅游者行为本质上是旅游者在旅游目的地的社会实践活动。结合唯物辩证法、行为地理学和时间地理学等理论方法，笔者认为旅游者行为的主体是指旅游者，客体是指旅游者行为活动中接触的物质空间环境以及时间。旅游者在旅游者行为活动中处于能动和主导地位，而空间与时间在旅游者行为活动中处于基础和受动地位。旅游者行为活动主客体之间的基本关系表现为对立统一的实践关系与交互作用的价值关系。相互对立表现在两者具有不同的本质，是旅游者实践活动关系中对立的两端，两者地位不同，作为主体的旅游者在活动中起主导作用，作为客体的时空则受主体所支配，但时空作为物质条件和物质手段，对主体能动性的发挥也起到制约作用。交互作用的价值关系则体现在主体旅游者在行为活动中对客体时空的需要以及客体时空满足主体旅游者需要的关系上。

旅游者作为旅游者行为活动主体，在行为活动实践中具有主导和支配作用。旅游者选择去哪里，可以为客体空间带来生机和活力，如果没有主体，那么客体空间只是单纯的功能化空间，不能成为真正的行为化空间。客体空间主要包括旅游目的地、住宿休憩空间、餐饮娱乐空间、休闲购物空间和道路交通空间等。旅游者行为客体除了空间还有时间，时间同空间一样是行为固有的特征，而且时间与空间的结合是一种测量相对空间的有效方法。时间自始至终都作为重要的自变量存在于行为的整个过程中。根据时间地理学，时间是一种资源，是旅游者行为选择的重要影响因素，包括停留旅游目的地的总时间、各类旅游和服务设施的开放时间和各种活动花费的时间等。

二、旅游者行为主客体相互作用原理

柴彦威主要针对城市居民从认识论、方法论和实践指导三方面提出空间与行为互动理论构建的基本思路，就空间对行为的作用以及行为对空间的作用开展研究，在此基础上对两者加以整合和提升，将其凝练为空间行为互动理论。这是近年来国内关于空间与行为研究的集大成者和后续研究的基本框架，为行为研究提供了很好的启示。在此基础上，笔者结合行为主客体的基本辩证关系，对旅游者行为主客体相互作用原理进行了以下分析。

（一）主体作用于客体

旅游者行为主体作用于客体即主体对客体的选择，体现在微观短期和宏观长期两方面，即在微观、短期层面上主体为客体赋予效用和功能，在宏观、长期层面上主体促进客体的重构和优化。

在微观个体层面上，旅游者主体通过赋予既定的时空一个效用或功能，使作为客体的时空有了主体所认同的明确的目的指向或行为指向，该时空就成为该主体的某一行为时空。这些被赋予了主观效用的时空客体对每个行为主体就有了不同的意义。例如，某一时刻的同一个公园，有的人用来路过，有的人用来社交，有的人用来娱乐，有的人用来锻炼，因此，对于不同的主体来说，其会形成具有不同意义的空间。又如，不同的主体在同一个旅游目的地中，因主观能动性和客观制约的不同，会选择不同的时空路径，游览节点、休憩节点等也都存在差异，即使在某点部分重叠也会因顺序不同而使其时空路径不一致。微观个体的选择差异能够深刻地折射行为主体对时空客体的影响。

微观个体的空间选择行为导致宏观社会行为的空间定向趋势。这种汇总层面的空间趋势特征是理解和透视旅游者行为的关键。表现在宏观整体层面上，即大量旅游者主体在将主观选择付诸行为之后，会使客体呈现出聚集、关联、波动和锁定等特征。例如，绝大多数旅游者因猎奇心理和社会认同而选择集中到访某一景区，会使这里的旅游者剧增，甚至出现拥挤和交通堵塞的状况。所有旅游者的行为活动通过积累叠加，形成并固化为旅游目的地的旅游时空间布局。这种长期、持续的固化就可能影响和重塑整体层面的旅游城市空间结构。而从推拉理论角度来看，旅游者行为活动空间的固化和锁定正是在旅游者的满意度"推力"和空间的供给"拉力"共同作用下完成的。

需要指出的是，旅游者行为主体作用于客体的短期性与长期性是对立而又统一的。关于短期与长期的辩证关系，自古以来就集中了许多领域的思考与智慧。德国哲学家尼采（Nietzsche）认为，人类的生命不能以时间长短来衡量，心中充满爱时，刹那即为永恒。时间地理学的代表人物哈格斯特朗认为，时空路径中的所有要素都必须在全部时间内达到某一局部尺度上的汇集和匹配，正是这种短期的匹配关系决定了个人长期的生命路径。行为学派则认为可用时间地理学框架分析个人的社会化过程，因为日常生活中的种种细节植根于过去的个人路径和制度性企划，同时它们也是未来行为的潜在基础。

旅游者短期行为是长期行为的缩影，在某个时刻反映了之前长期延续下来的特征与规律，同时无数旅游者的短期行为累加起来通过传播也影响着未来旅游者的选择；长期行为是短期行为的伏笔和积累，是短期行为持续作用的结果，长期行为锁定的旅游形象等又反过来潜在影响着未来旅游者的选择。因此，旅游者行为研究既可以从短期缩影深层次、全方位地挖掘其特征规律，也可以从长期阶段持续观察和总结其演变的基本规律。

（二）客体作用于主体

依据时间地理学，客体作用于主体即客体时空对主体的制约，体现在客体通过时空的各种要素影响主体的选择。一是被行为化之前的单纯功能化的客体时空，其客观物理要素作用于主体；二是被行为化以后的客体时空作用于主体。为了更好地体现客体对主体的作用，下文均用时空制约代替行为制约。

人们针对不同的客观环境会形成不同的认知模式来指导决策。主体在做出行为决策之前，会考虑客观物理要素，如区位、功能、规模、环境、交通、容量、设施与服务的开放时间、季节、天气等，因为这些会影响主题行为活动的发生时间、持续时间、行为类别和行为位置等，对行为形成客观制约；同时，大量行为的集聚形成了行为化的时空，如聚集度、知名度等作为情景变量，又在不断影响着主体的行为决策。例如，城市中某家餐厅生意火爆，进而导致了更多人就餐时间的刻意错开；热门景区因旅游者太多，反而导致旅游者有意避开或者选择错峰出行；网络传播中关于某个旅游景区评分较低，舆论的负面影响可能也会成为部分本来想到访的旅游者做出不到访决策的原因。

（三）旅游者行为主客体相互作用的框架

建立在唯物辩证法和时间地理学基础上的旅游者行为主客体之间的相互作用内涵是丰富和深刻的，其框架如图 3-1 所示。功能化和行为化的时空间作为客体，通过空间、时间以及时间与空间的关系不断影响、制约着主体行为选择；同时，作为客体的时空间也在被作为主体的个体短时赋能和整体长期塑造，主客体之间通过制约与选择不断相互作用，形成旅游者行为和旅游目的地的时空间现实状态。旅游者行为的主客体相互作用原理是理解旅游者行为成因和表征的基本依据。

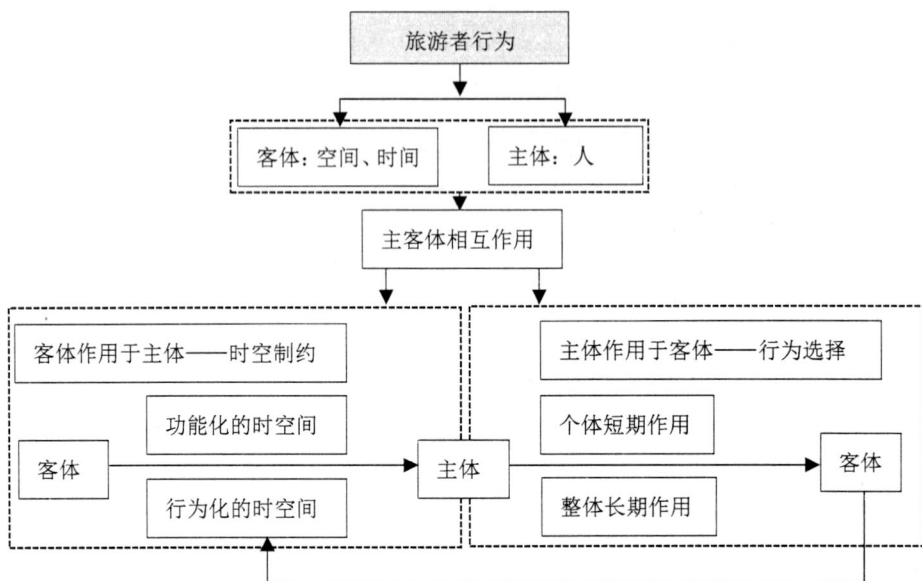

图 3-1　旅游者行为主客体相互作用框架

第二节　旅游者行为的时空特征

在揭示旅游者行为主客体相互作用原理的基础上，认识和分析旅游者行为的主要构成、基本特征和时空特征是构建旅游者行为时空模式的必要前提和主要内容。

一、旅游者行为的主要构成

旅游者行为可理解为旅游者在旅游目的地旅游的全周期中按时间顺序实施的一系列时空间行为。旅游者在旅游目的地活动具有一般规律性。按照时间地理学理论，对旅游者在旅游目的地内一日时空间行为活动进行大量观察，其时空路径可依据行为的先后次序简化为上午游览、吃中餐、下午游览、吃晚餐、餐后休闲和睡眠休息这一基本序列。除了这几项主要活动，还存在出行交通、商业购物、娱乐、临时休憩等行为活动，因此旅游者时空行为内容包括游览、餐饮、休闲、睡眠、出行、购物、娱乐和小憩等。

受安德烈夫（Andreev）等人对居民行为活动划分的启示，将包含上述活动要素的旅游者一日时空行为分为可支配时空行为和维护性时空行为两类。其中，可支配时空行为是旅游者自主选择的目的性行为活动，在旅游过程中起主导作用；维护性时空行为是旅游者为了实现可支配行为而必须开展的吃、住、行等活动，活动分析法将出行视作活动的派生，出行即属于维护性时空行为之一。如表 3-1 所示，游览是旅游者的可支配时空行为，也是旅游者在旅游目的地的核心时空行为。围绕游览，旅游者需要在旅游目的地开展住宿、餐饮、休闲和小憩等活动，这些活动可认为是旅游者的维护性时空行为。

表3-1 旅游者行为的主要构成

分类	内容
可支配时空行为	游览
维护性时空行为	住宿、餐饮、休闲、小憩、购物、出行

二、旅游者行为的基本特征

尽管旅游者在旅游目的地内去哪里、怎么去、停留多长时间等均存在差异，但根据相关文献研究，结合长期观察，旅游者时空行为可归纳为八大基本共同特征，即承载性、组合性、序列性、指向性、短时性、节律性、积累性和相对性。这些共同特征区别于居民行为，是理解旅游者行为时空特征和构建时空模式的重要前提和基础。

（一）承载性

地理物象是人类时空行为的决策依据。旅游者对旅游目的地地理物象的感知来源与居民有所不同，旅游者主要借助到访过的旅游者感知或认知形成的二手信息，如文献记载、互联网上的点评及网络游记以及旅游城市官方宣传中的旅游形象等对旅游目的地地理物象进行感知。旅游者时空行为承载了旅游信息传播中的间接感知与评价以及旅游者在接收这些感知和评价后自己的认知和思考，一般是他人或集体感知与个人认知相互作用于旅游行为决策的结果。

（二）组合性

对于同一家庭的居民来说，其日常工作、娱乐和家务等活动也存在差异。与居民个体独立的时空行为相比，旅游者时空行为更具有组合性。同一旅游者单元内部可能存在个体性别、年龄等差异，但在旅游目的地内的时空行为基本一致。因此，文献研究中无差别的社会经济属性统计就不再适合作为旅游者时空行为的相关性因素，而更应以组合方式来区别。

（三）序列性

周期性和规则性是人类个体日常空间运动模型的关键特征。在工作日，城市中大多数人出行活动相似，以几乎相同的顺序进行他们的活动。旅游者时空行为的规则性集中体现序列性，即基本遵循住宿→交通→游览→餐饮→休闲→住宿的活动轨迹。这些完整的时空路径为通过时间点和时间段来划分旅游者行为提供了可能。

（四）指向性

相对于城市居民，旅游者时空行为的目的性和指向性更强，可将其看作在旅游目的地全周期中的一次完整通勤，这主要体现在旅游者到访的各个节点具有明确的功能指向，如游览、休闲、娱乐、体验、餐饮和住宿等。这些到访节点一般是旅游者出发前预先计划的，不属于旅游者到访范围的节点，如办公区、工业区等一般不会出现在旅游者时空路径中，这就为通过特定空间和时间来识别旅游者与居民群体提供了依据。

（五）短时性

旅游者在旅游目的地中的行为活动周期受到游览总时间的限制和影响，这与居民在城市中长期居住形成鲜明对比。与居民通勤等不同，这种短时性体现在旅游者时空行为通常没有重复，同一次旅游中旅游者一般不会重复到访除了住宿地以外的其他空间节点。

（六）节律性

无论是可支配时空行为还是维护性时空行为，都具有明显的时间节律性，如景区开放时间、公共交通运行时间、服务设施运营时间等都会影响旅游者时空行为。舍普考特与斯迪德曼认为形成日常生活行为的节律性是社会中存在的有规则性的时间利用体系，而这种体系在长时期内是稳定不变的。旅游者行为的节律性可视为由规则性社会时间利用体系决定的。

（七）积累性

个人视角的旅游者行为是短期的、偶然的，但城市视角的旅游者行为则是长期的、必然的，是有规律可探究的。对于旅游目的地来说，一个旅游者离开了，下一个旅游者还在来的路上，在一个长的时间轴中，旅游者来来往往，不断迭代更新，他们虽不是同一个体，却是同一群体——旅游者。每个旅游者行为是短时的，但持续不断的旅游者行为累积起来形成了节律性、常态化的城市活动特征。

（八）相对性

旅游者行为的相对性主要是指时空相对性。其中，空间相对性体现在旅游者在行为决策阶段选择住宿地、游览节点和其他休憩节点的到访顺序是自由的，如旅游者既可以选择离第一个游览节点较近的住宿地，也可以选择位于几个游览节点均较近的住宿地，通过自由选择将绝对空间关系转化为相对空间关系，如图3-2所示。时间相对性则主要体现在旅游者选择在某一节点停留的时长和出行的时刻是灵活的，如选择一日到访一个节点还是几个节点，其在各个节点花费的时间是不一样的，如图3-3所示。

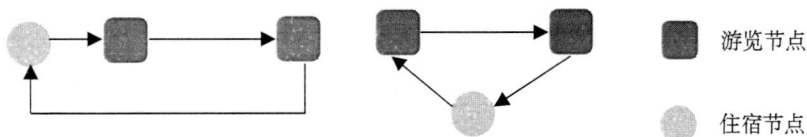

图3-2　旅游者行为的空间相对性

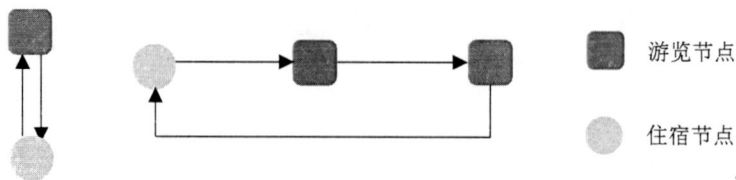

图 3-3　旅游者行为的时间相对性

三、旅游者行为的时空特征

旅游者行为的基本特征是旅游者在旅游目的地行为的全面刻画，具有普适性，是理解和分析旅游者行为规律的基础。例如，旅游者行为研究方法的选择和模型的建构等需要以基本特征作为依据。旅游者行为的时空特征建立在基本特征的基础上，是基本特征中带有时间和空间维度的刻画，涉及序列性、指向性、短时性、节律性和相对性。依据旅游者行为主客体相互作用原理，下面从行为选择和时空制约两方面，分时间、空间和旅游者三个维度进行阐释。

（一）旅游者行为的时空辩证关系

居民与旅游者两类群体行为的差异性特征决定了两者时空构成要素有所不同。居民在行为活动中，更多是受时间支配，即在既定时间内选择活动的空间范围。如每天上下班时间、休息睡眠时间是固定的，而居住地与工作地点的距离，以及工作之外的外出活动地点却是可以选择的。工作娱乐型居民与娱乐专一型居民的外出活动在时间和离家范围方面有较大差异，工作娱乐型居民的外出活动时间具有绝对性，空间具有相对性。

旅游者行为的时空相对性建立在旅游者可自由选择到访的空间节点和自由支配到访时间的基础上，取决于旅游者决策阶段的取舍偏好。旅游者行为在实施阶段则具有空间绝对性和时间相对性。该阶段可认为空间节点的位置被固定，空间节点之间的空间距离也就随之确定，旅游者围绕这些空间节点开展行为活动，此时旅游者行为的空间具有绝对性；旅游者行为的时间相对性体现在同一时间对每个旅游者的意义是不同的；某一日对某个旅游者来说是第一日，对另一个旅游者来说可能是第二日或第三日。因此，旅游者行为的时间维度需要根据其在旅游目的地内的相对行为活动周期，即停留时间来把握。

（二）时间维度

旅游者行为的时间维度特征包含行为的发生时间和行为的持续时间。前者是旅游者实施该行为的时间点，具有相对性；后者是旅游者实施该行为的时间段，具有绝对性。

1. 行为时间点

从主客体相互作用的角度理解，行为时间点一方面承载了行为主体对景区之间进行比较、选择、取舍的结果和对明确目标节点的选择偏好，另一方面在很大程度上受制于景区开放时间、旅游者生理作息时间、设施与景区之间的交通距离与交通方式等因素。行为时间点的相对性内涵体现在两方面：其一，行为发生在旅游者来旅游城市旅游的某一日中的某一刻，是相对于该旅游者到达旅游城市的那一刻开始的；其二，行为发生点之间存在先后顺序，涵盖了不同行为之间的序列关系。行为时间点的统计可在整体上揭示空间节点之间的时间序列关系。

2. 行为时间段

行为时间段是行为主体愿意在某个空间节点花费的时间。从主客体相互作用来看，行为时间段受到行为主体主观偏好的影响，同时受到来自行为主体和行为客体各种制约的影响。行为时间段可分为刚性时间段和弹性时间段两类。刚性时间段是行为主体为满足其生理和安全需求的必要时间花费，包括休闲睡眠和一日三餐；弹性时间段是除刚性需求外，行为主体可自由选择的时间花费。对弹性时间段的测度可揭示旅游者对某一类空间节点的偏好。

（三）空间维度

旅游者行为的空间维度是旅游者对旅游城市内各个空间节点的选择偏好，从主客体相互作用的角度看，可认为是行为主体对行为客体，即旅游目的地或旅游城市地域所赋予的效用或功能。与其他城市相比，旅游城市地域中容纳的不仅有居民时空行为，还有大量的旅游者时空行为，后者在空间维度上和作为客体的旅游城市地域之间具有紧密关联。

首先，被旅游者赋能的旅游城市地域空间，如服务设施、旅游景区、交通门户等可认为是旅游城市的主要就业空间。旅游业是旅游城市地域的主要支柱产业，从事旅游业的本地居民占旅游城市地域从业人口的大多数。旅游业从事者大致可分为两类：一类是从事为旅游者提供面对面的服务的工作，如餐饮业、住宿业和休闲业等，一般为景区管理人员、文化演艺服务人员、住宿和餐饮的服务人员等；另一类则偏重旅游管理，如旅行社从业人员，主要负责宣传、联络和线路安排等。旅游业是面对面的第三产业，因此，旅游者时空行为的实施客观上依赖从事相关行业的广大本地居民。信息技术的发展使居家工作成为可能，信息点的空间切换提升了多地点工作的可能性。负责联络和线路安排的旅行社管理人员的工作一般无须与旅游者亲身接触，通过互联网与移动电话即可实现远程化办公，因此工作地点灵活，且无固定场所，但其数量相对于旅游服务人员而言可忽略不计。从这个意义上理解，被旅游者作用的空间客体同时是大部分旅游服务与管理人员的就业空间。对于居民而言，工作地和居住地是个人日常行为空间中的重要节点，其他日常活动绝大多数发生在居住地和工作地以及通勤空间中。在职住平衡的动态趋势下，可以预见的是旅游城市地域内包括居住区在内的其他功能空间分布会受到旅游者时空行为的影响而逐渐发生演变。

其次，按照城市规划中功能分区的习惯表达，一般将城市地域分为居住区、工业区、行政区、商业区、文教和风景区等。旅游者休闲节点、住宿节点、餐饮节点等分布在城市商业区、居住区等城市空间是惯常的现象，如图3-4所示。从时间地理学的视角将旅游者时空行为从可支配的游览扩展到维护性的住宿、餐饮、休闲、小憩、购物之后不难发现，在旅游者时空行为中所占用和消耗的空间占据了旅游城市地域内的城市建成区和建成区周边的绝大部分，两者"你中有我，我中有你"，相互之间存在着紧密的联系。

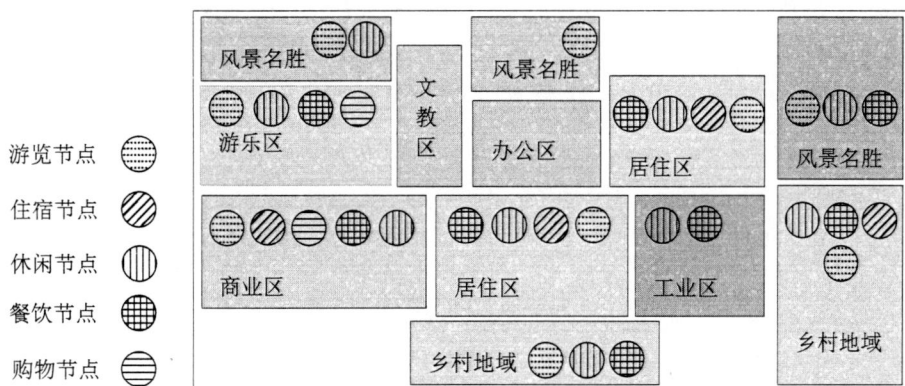

图例：
游览节点
住宿节点
休闲节点
餐饮节点
购物节点

图 3-4　旅游者行为空间节点与旅游城市地域的重叠

最后，旅游城市地域空间布局中的影响因素一般比其他城市少而单纯。旅游及其相关行业是旅游城市的主要行业，各项功能运转包括经济、社会、文化和交通等，各项活动中的人口流动、集聚和扩散等主要围绕旅游者行为活动展开。作为旅游者可支配时空行为的各类游览节点，尤其是以风景名胜而闻名的自然生态景区，因其空间的不可移动和资源保护要求而成为城市地域空间诸多要素及其构成的背景、底色或支架，起到了主导旅游城市地域功能组织和空间布局的关键作用。

综上所述，空间维度的旅游者时空行为从职住演进、深度互渗和框架支撑三方面深层次影响着旅游城市地域的功能组织与空间布局。

（四）旅游者维度

旅游者行为包括行为主体旅游者和行为客体时空，旅游者行为时空特征的旅游者维度也是不可忽视的重要组成部分。旅游者维度是关于旅游者基本特征的描述，与旅游者行为关联，可从旅游者属性和旅游者评价两方面来理解。

1. 旅游者属性

旅游者属性作为影响旅游者感知、认知和旅游者时空行为决策背后的客观因素，自始至终贯穿旅游者旅游的全部过程。一方面，旅游者单元是一个集体概念，与旅游者个体的社会经济属性存在差异，如旅游者个体的性别、年龄、职业、学历等要素难以在单元中统一；另一方面，不能直接反映旅游者行为的时空特征。旅游者单元是一个行为共同体，与旅游者单元行为相关的属性因素有很多，如到访次数、交通方式、组织方式和在旅游城市的停留时间等。属性因素对行为研究更有直接的意义。

2. 旅游者评价

旅游者评价是洞察旅游者满意度的窗口，也是行为时空特征和时空模式背后潜在的影响因素之一。旅游者评价可分为对旅游城市和旅游本身的评价，反映的是行为主体对旅游行为和旅游行为所在客观环境的主观认知，可能成为旅游者时空特征背后的影响因素。

第三节 旅游者行为的时空结构

一、旅游者行为的时空结构内涵

（一）表述

1. 时空结构的主语

已有研究表明，时空结构与时空行为关联密切，时空行为是时空间结构的基本内涵和外在表征。时间地理学最初就是从研究处于时空间结构中的人的时空行为而开始逐渐深入研究时空间结构本身的。国外学者一般使用时空行为而较少使用时空间结构。国内学者使用两者的情况都有，但以时空行为居多。其中，时空行为的主体比较明确，一般为某一类群体，时空间结构的主体则分为两类，如表 3-2 所示。

表3-2 时空行为与时空间结构的主语表述

学术名词	主语	部分文献
时空行为	群体	朱玮等人《基于时间效用模型的大型展会游客时空行为模式研究——以 2014 青岛世园会为例》；张珍珍《基于多源数据的华山景区游客时空行为研究》

学术名词	主语	部分文献
时空间结构	活动群体	刘玉亭等人《南京城市贫困群体的日常活动时空间结构分析》；兰宗敏等人《城中村流动人口的时间利用以及生活活动时空间结构——对北京 5 个城中村的调查》
	城市	柴彦威等人《中国城市的时空间结构》；古杰等人《国内外城市时空间结构研究的渊源及述评》

通过分析目前关于时空间结构的相关文章的研究内容与研究结论，可以看出无论其主语是群体、活动还是城市，均以某一群体的时空行为特征作为研究对象，并无实质区别。目前，时空行为与时空间结构的概念及其研究尚未区分开来，这是导致时空间结构主语出现不同的主要原因。当侧重于行为特征的表达时，用行为作为主语；当侧重于城市结构的表达时，用城市作为主语，两种表达没有本质差异。事实上相关研究成果中大多并未严格区分其表述，时空间结构与时空结构出现在同一篇文献和文献中同一小节中的情况亦比较常见。

2. 时空间结构与时空结构

时空间或时空间结构的最早提法是出于强调其在城市空间和城市空间结构上的时间维度叠加，在表达上鲜明地对比时空间和空间所分别蕴含的三维和二维空间意义。在后续的研究中，国内学者均习惯以时空间结构、时空间行为等表达这些概念以及这些概念与传统的空间结构、空间行为的区别，即突出时间属性。本书以旅游者行为的时空模式为研究对象，为统一表述，同时为了表述更加简洁，用时空结构来代表时空间结构，时空行为代表时空间行为。

（二）内涵

时空结构是加上时间维度的空间结构，与传统的空间结构相比，时空结构具有短期性、周期性、动态性和可逆性等特征。城市时空结构是在城市地域内确定了某一个周期，如一日 24 小时，在该时空界定的范围内，由所有居民的行为活动状态及其关系构成的具有动态属性的空间，与城市居民的生活方式相对应。目前，学界对城市时空结构的研究尚处在初始阶段，主要还是选择性地通过时空行为中的某些特征变量来反映时空结构。

回归时空结构的本质内涵，时空结构不是简单的空间和时间特征的二元拼合，也不仅仅是行为的时空特征所能够充分表达的。时空结构是从行为出发、带有时间轴的空间结构审视，是关于行为、时间与空间相互关系的概念，应体现行为、时间和空间三者的融贯与综合。因此，旅游者行为的时空结构是旅游目的地中由整体层面的旅游者行为活动以及时间、空间要素构成的关系集合。

二、旅游者行为的时空结构要素

在时空结构内涵基础上，依据旅游者行为主客体相互作用原理，提出旅游行为的时空结构要素主要表现为行为的时空互现以及行为的时空分配。

（一）行为的时空互现

行为的时空互现是指在时间中表达空间，在空间中表达时间。其中时间包括瞬时性的时刻（时间点）与持续性的时段（时间段），空间则包括特定的某一类空间和非特定的任一类空间。依据时空行为的主客体相互作用原理，时间中的空间表达与空间中的时间表达（时空互现）是客体时空间客观、整体的时空分布综合特征，体现的是受客体时空间制约下的主体选择结果。

1. 行为在时间中表达空间

时间中的空间表达可分为时刻的瞬时空间分布和时段的累时空间分布。前者指的是在某个特定的时刻，旅游目的地各类空间中不同人群活动的空间集聚瞬间图景；后者指的是某个特定的时段，旅游目的地内部各类空间中所有人群活动的集聚累加。

2. 行为在空间中表达时间

空间中的时间表达可分为特定空间和非特定空间中的时刻片段和时段演变。旅游目的地中若干特定空间在同一时刻和时段的集聚和叠加，分别形成了时刻和时段中的空间集聚，也就是时间中的空间表达；而旅游目的地中若干非特定空间的汇总即旅游目的地的整体空间，其时刻片段和时段演变可表达为旅游目的地各类空间整体层面的瞬时片段和时段变化。

时空结构的本质是旅游者行为时空关系的基本表达，具有稳定性。任何瞬时的集聚图景和任一空间的时刻片段是不足以说明旅游城市地域时空结构的。因此，在时空互现中，进一步选择采用不同时段的累时空间集聚和不同空间的时段变化来反映时空结构是比较合理的。

（二）行为的时空分配

依据时空行为的主客体相互作用原理，主体旅游者对客体时空的选择安排在统计学上能够最大限度地从时空融贯的角度揭示主体对客体的作用特征。而虽然时空路径中包括沿时间顺序的空间节点选择，但时空路径的轨迹拓扑属性无法从统计学意义上予以表达。因此，提出时空分配的概念来表达主体对客体的能动选择作用，即旅游者个体在其旅游过程中随着时间顺序而做出的空间选择至关重要。一段时间内所有旅游者的时空选择经过数理统计汇总后得到的整体时空分配，表征的就是作为个体行为选择结果汇总的时空关系特征，是客体时空对主体行为制约作用的宏观体现。

第四节 旅游者行为的时空模式

一、旅游者行为的时空模式内涵

（一）字面含义

《辞海：典藏本》对模式的解释为："一般指可以作为范式、模本、变本的式样。"《现代汉语词典》对模式的解释为："某种事物的标准形式或使人可以照着做的标准样式。"可见，"模式"一词是对事物经过归纳、梳理后呈现的本质特征的凝练和概括，其中蕴含着事物的主要特质。

在旅游者行为的时空模式中，旅游者行为是指旅游者时空行为。因此，旅游者行为的时空模式即旅游者时空行为的时空模式。旅游者时空行为中，时空是行为的载体，行为是在时空中产生的。将若干时空行为进行归纳整理，得出具有普适性的特征与规律，并用文字、数据加以概括，即时空模式。旅游者行为的时空模式还可理解为时空模式化的旅游者时空行为。与旅游者时空行为的瞬时性、个体性和随机性相比，时空模式化的旅游者时空行为是一个持续性、整体性和稳定性的复杂概念。除了保留时空行为概念中行为作用于时空间的内涵本质，时空模式化的旅游者时空行为同时将时空模式中内含的时空间作用于行为的内涵囊括进来，即更加强调时空间与行为的相互作用和相互关系。

（二）学术含义

人是社会的人，人的行为是社会空间的一部分。学术层面的行为时空模式往往因其汇总特征而强调群体属性。当社会行为活动与社会文化意识、环境和经验三个层面发生联系，就形成了社会空间模式，包括认识和行为两个范畴。社会空间模式实质上是对特定社会群体空间相互作用模式的描述，是指过程而非结果，并不和既有的空间模式完全吻合，如区域和城市空间。在地理学研究领域，行为地理学家于20世纪60年代就开始从强调作为结果的"形态"转向强调"过程"，实际上是他们认识到基于当时数学和统计模型在解释现实世界表象时是远远不够的，因而从"是什么"转向"怎么样"以及"为什么"，更加注重过程导向对空间存在不同方面的知识的寻求以及面对个体和非汇总的行为研究。综合社会学和地理学的相关论述，从中可得到启示，即行为的时空模式强调要素的相互作用过程以及要素之间的相互关系，涵盖了面向整体的汇总特征和面向个体的非汇总特征，所以只取其一的理解是片面的。

（三）与旅游行为空间模式的差异

杨新军等人认为旅游行为空间模式是研究旅游空间结构的基础，并提出了区域层面以城市为空间节点的旅游行为空间选择模式。郎月华等人通过栅格化GPS轨迹数据获取了九寨沟四种不同类型旅游行为的空间分布模式。旅游行为空间模式是旅游空间行为的空间模式。在现有的研究成果中，旅游行为或者旅游空间行为一般是指与游览活动有关的行为和行为空间，即旅游线路，也就是景点游览活动参与的先后顺序与连接方式的多种不同组合。

旅游者行为与旅游行为不同。旅游者行为是旅游者在旅游目的地旅游的全周期中的所有时空行为，其包含的内容更广泛，不仅仅指旅游中的游览行为。因此，旅游者行为时空模式与旅游行为空间模式的内涵也就不同，旅游者行为时空模式应该包含全周期的时空路径以及行为、时间和空间三个维度及其相互作用。

综上所述，旅游者行为的时空模式是指旅游者在旅游目的地实施时空行为的过程中形成的稳定特征与整体关系，是行为主客体之间相互作用的过程和结果。旅游者行为的时空模式不是时空特征的简单归纳，也不仅仅是旅游者的空间游览行为。旅游者行为的时空模式具有以下特征：①具有时空双重性，行为中带有时间和空间两个维度的属性特征；②具有时空关联性，行为中的时间与空间具有整体层面的关系特征；③个体与整体兼容，汇总与非汇总特征同时作为模式背后隐含的意义存在；④不仅限于旅游者游览行为。

二、旅游者行为的时空模式变量

旅游者行为的时空模式的内涵构成包含了时间、空间与行为三要素以及三要素之间的相互关系，具有时空双重性和时空关联性。其中时空双重性作为行为的基本属性存在于个体行为的时空特征中，时空关联性则作为行为主客体的相互关系存在于整体行为的时空结构中。时空特征与时空结构是旅游者行为的时空模式的两大构成要素，模式的构建需分别从这两大要素出发选择合适的变量来表征模式的内涵，如图 3-5 所示。旅游者行为的时空模式多维变量能够客观和全面描述旅游者时空行为，并通过一定的方法解析其所隐藏的特征与规律。

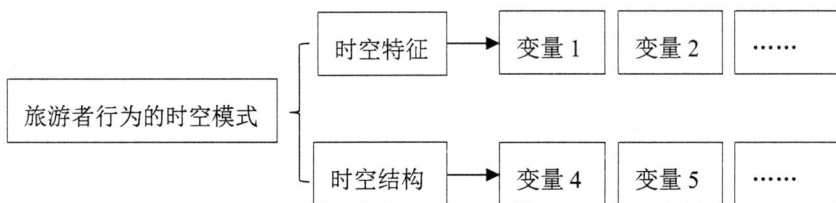

图 3-5　旅游者行为的时空模式构成

（一）时空特征变量

时空特征要素采用时间利用、空间选择和时空路径来依次表征旅游者行为的时间特征、空间特征和时空综合特征。旅游者行为的时空特征变量的理论、含义与目的如表3-3所示。

表3-3　旅游者行为的时空特征变量

变量	理论	含义	目的
时间利用	时间地理学	在旅游目的地停留期间，旅游者如何消费时间资源的记录与计划，表现为旅游者对空间的选择和在该空间中愿意花费的时间	从时间花费角度揭示旅游者行为的空间选择
空间选择	社会网络理论	从旅游者选择偏好角度反映空间节点与节点之间的关系特征以及节点本身的作用大小	从选择偏好角度揭示旅游者的空间选择
时空路径	时间地理学	依据时间顺序真实刻画某个周期内的全部行为，是个体非汇总层面的最佳表征，城市层面应涵盖更多的内容	将旅游者时间与空间维度统一到行为路径中

（二）时空结构变量

作为旅游者行为时空模式的要素之一，时空结构的子要素包括时空互现和时空分配，其中选择空间集聚和时段波动两个变量来反映时空互现。三个变量的含义及其在时空结构中的作用如表3-4所示。

表3-4　旅游者行为时空结构变量表

要素	变量	含义	目的
时空互现	空间集聚	旅游者在不同时段中的累时空间集聚，是旅游者行为在时间中的空间表达	反映整体层面时空间作用于行为的汇总结果
	时段波动	刻画不同空间中旅游者行为整体时段变化，是旅游者行为在空间上的时间表达	
时空分配		旅游者在特定时间中的空间安排	整体层面行为主体对时空间作用结果的统计学表达

（三）时空模式变量

时空特征和时空结构分别包含三项时空变量，它们统合构成了时空模式的六项变量，如表3-5所示。这六项变量从不同方面揭示了旅游者行为的特征与规律，并且需采用不同的数据源和不同的方法分别进行解析，以在旅游者行为时空模式构建中充分发挥作用（详细论述见本书第四章）。

表3-5 旅游者行为时空模式变量

要素	变量	内涵
时空特征	时间利用	表达旅游者对特定空间的时间花费
	空间选择	表达旅游者的空间选择偏好
	时空路径	包括全部行为活动，表达个体旅游者的时行为序列
时空结构	时段波动	表达旅游者时空行为的时间波动特征
	空间集聚	表达旅游者时空行为的空间位置特征
	时空分配	表达旅游者在特定时间中的空间安排

三、旅游者行为的时空模式构建

（一）时空特征与时空结构的关系

作为旅游者行为时空模式的要素，时空特征与时空结构分别从时空双重性和时空关联性方面进一步对时空模式的内涵予以阐释和丰富。时空特征是基于个体的选择得出的，是旅游者行为自带的时空属性特征，是静态的，分解的；而时空结构所包含的时空互现与时空分配，是在整体层面经行为时空汇总，作为时空间作用于行为结果的时空关系特征，是动态、组合的。时空特征与时空结构的比较，如表3-6所示。因此，时空结构是时空特征的整体呈现，是时空间客体作用于个体行为的宏观结果。时空特征与时空结构在时空模式的构建中不是并列关系，而是递进关系，是时空作用下的行为时空属性特征在整体上的呈现与组合，两者都是行为时空模式的外在表征。

表3-6　时空特征与时空结构的比较

	时空特征	时空结构
变量	时空路径、空间选择、时间利用	时空分配、空间集聚、时段波动
内涵	旅游者行为的时空属性特征	旅游者行为的时空关系特征
实质	主体对客体的选择	客体对主体的制约
性质	静态、分解	动态、组合
结果	基于行为个体选择的汇总	基于行为整体结果的汇总

（二）旅游者行为的时空模式构建

在构建时空模式的过程中，行为的外在表征和内在机制都是模式的主要内容，外在表征通过时空特征与时空结构的多维变量来解析，内在机制则需要依据相关理论、概念等针对表征进行解释。无论是哪个环节，都应从模式丰富而复杂的内涵出发，采取定性与定量相结合的方法从多角度予以综合归纳。旅游者行为时空模式的构建，如图3-6所示。

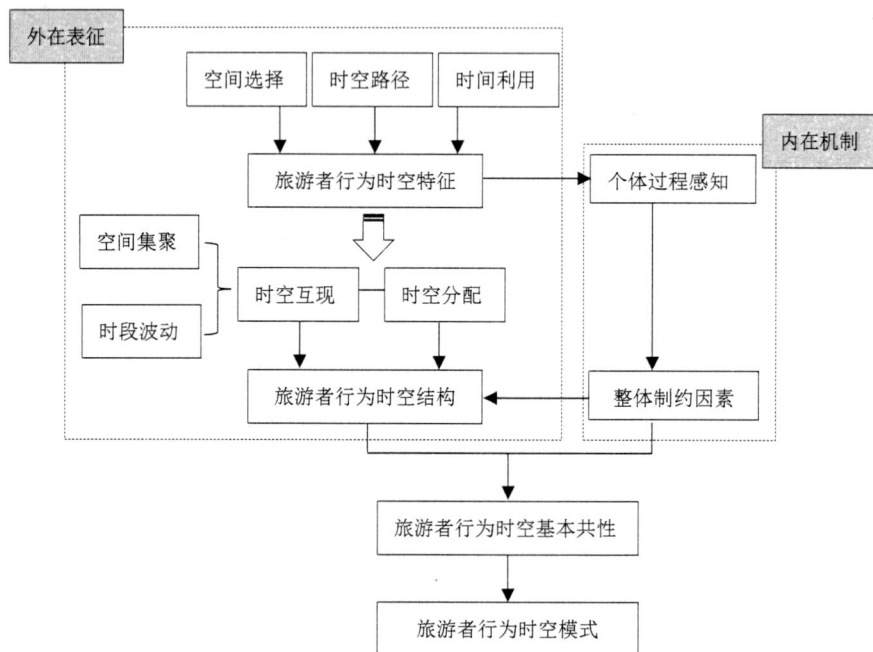

图3-6　旅游者行为时空模式的构建

1. 行为外在表征

旅游者行为的时空模式是一个复杂的概念，其构建是一个综合归纳和充分体现各类要素特征和要素之间相互作用的过程，任何单一维度、单一方法都不可能客观真实地反映旅游者行为特征规律。通过上文分析，时空双重性和时空关联性是旅游者行为时空模式的基本特征，分别对应时空特征和时空结构两大要素。其中六项时空变量的解析可为时空模式的构建提供必要依据和基础支撑。

2. 行为内在机制

时空特征与时空结构分别从个体行为和整体行为的现象表征层面构建时空模式，而现象背后的作用机制也是时空模式的重要组成内容。主客体相互作用原理，以及时间地理学中的制约理论和个体面向为机制挖掘提供了启示。在制约理论中，各项制约同时存在于同一行为中且相互作用，可用于分析整体层面时空结构所反映的时空关系特征背后的影响因素；时间地理学中的时空路径则关注行为主体的全部行为和个体面向，以透视个体行为背后丰富的感知与决策过程。

旅游者行为时空模式与已有成果中对于模式理解的主要差异在于其包揽了旅游过程中的非游览行为，因此选择能够全面概括行为活动和统领时空间的时空路径来予以表征。同时在特征、结构与模式的研究中都需要将其进行汇总以得到具有普适性的规律。然而简单的汇总过程往往会将丰富的个体非汇总信息去差异化。时空路径作为解析时空行为的变量之一，在不同目的的研究中具有较好的可塑性。通过 GPS 定位技术的轨迹捕获能够最大限度赋予个体时空路径丰富而详细的过程信息，使非汇总过程得以充分展现。

第五节 小 结

　　旅游者行为的主要构成和基本特征是研究旅游者行为的基础，旅游者行为主客体相互作用原理是时空模式构建的基本依据，也是贯穿研究过程的线索；旅游者行为的时空属性特征主要涉及时间、空间和旅游者三个维度；从主客体相互作用原理出发构建的时空结构本质上是旅游者行为整体层面时空关系的基本表达。

　　时空特征和时空结构分别从个体和整体层面构成行为时空模式的外在表征，包括时间利用、空间选择、时空路径、时空分配和时空互现五个维度。这五个维度和六项变量有其内在的逻辑组合联系，从时间、空间及时空间关系、个体与整体等不同方面描述和刻画旅游者行为规律；通过个体过程感知和整体制约分析可揭示行为时空模式的内在机制。旅游者行为的主客体相互作用，即主观选择与客观制约是贯穿全文的线索。

　　旅游者行为的时空模式是时空模式化的旅游者时空行为，具有持续性、整体性和稳定性，其内涵包括个体行为中的时空双重性、整体行为中的时空关联性，同时不仅限于旅游者游览行为，还包括行为外在表征和行为内在机制两个方面。

第四章　旅游者行为的时空模式解析方法

一直以来，学术界对于行为的研究见仁见智，不同的角度有不同的结论。登齐尔（Denzin）指出，由于每一种方法揭示的是经验现实的不同方面，因此应采用多种方法进行观察。旅游者行为及其时空模式作为研究对象较为复杂和多变，解析方法的难点主要在于，如何选取多元观测的角度，以及通过多元观测与研究得到的各个结果之间如何统一。为尽可能客观、全面地反映行为的丰富内涵和复杂特征，笔者在旅游者行为时空模式理论框架的基础上，针对旅游者行为时空模式所涵盖的多维变量，提出了基于多源数据观测、多级尺度表征、多种方法聚类以及聚类集成的旅游者行为时空模式解析方法。

第一节　基于多源数据的旅游者时空行为观测

在行为研究中影响行为发生的实际地域空间是复杂而不确定的。单一数据源往往无法满足行为研究中多尺度活动情境的构建，无法客观、全面地描述和解释行为与行为发生的时空间。如果用单一的划分尺度或静态的划分单元对其进行描述和分析，往往会出现各种不同的结果，无法辨别何种划分单元或尺度更好地揭示了行为特征。柯文前等人主张将作为行为主体的"人"置于真实的地理场景中，在时间与空间的多个尺度上对个体行为与群体模式等进行整体性和全方位的观测。近年来不断涌现出的基于"人"的多源新数据可在不同的尺度和层面构建出尽可能真实的个人活动情境。行为研究应对这些反映"人"的行为特征的多源数据进行有效梳理、整合与挖掘，在此基础上通过一定的研究方法归纳行为特征，总结行为模式，找出行为规律。

旅游者行为研究要求多源旅游者时空移动数据，这在很长一段时间内制约了该领域的进展。随着计算机技术、互联网信息技术、卫星定位技术和移动终端技术等迅速发展，基于"人"的尺度的多源数据如 GPS、手机信令和社交媒体网络等开始大量涌现在人们的日常生活中。龙瀛等人指出，这些数据带来的不只是单纯的城市规划信息化，也不是仅在规划设计中多了数据支持而已，而是一个迈向更人本的新机遇，是在多源数据环境的支持下，形成对"人"的行为特征和空间发展现状的精细化认识。涂伟等人指出，时空大数据下的城市研究呈现出从"地"到"人"，从"一"到"多"、从"静"到"动"和"虚实结合"的特征。采用手机信令数据、移动 GPS 定位和传统个人问卷等多源数据可以从不同角度和层面比较全面地展示行为主体的活动轨迹或路径。

　　然而，学界同时注意到这些新兴数据的出现并不能解决行为研究中的所有问题。如赵莹等人提出手机数据所表示的"总体样本"其实质为"有偏的总体样本"，是杂乱而无序的，且带有不同程度的局限性，因此充分利用大数据可提供的信息，结合传统数据源，对多源数据进行相互整合和验证是研究中必然的选择。柯文前等人提出大数据时代的时空行为研究总体框架应遵循"行为认知体系—基础研究系统—功能支撑系统—规律与应用系统"的基线。多源数据支撑是行为研究的基础和重要组成部分，能够反映基础研究系统中关于行为基本特征、行为分布结构和行为动态波动等内容。因此，笔者提出通过多源数据支撑行为时空模式解析研究，即通过多源数据观测旅游者行为，运用相关研究方法从不同的层次和角度刻画、描述和解释旅游者行为特征规律。其中涉及的多源数据主要有传统的调查统计数据和规划成果数据，近年来兴起的 GPS 定位数据、OSM 地图数据，以及部分大数据如手机信令、POI 数据及网络游记等。

第二节　基于多级尺度的旅游者行为研究

　　西蒙（Simon）等人指出，鉴于在不同的时空尺度上系统通常表现出不同的特征差异，研究应包括人的行为在内的生态现象，不能采用单一的自然尺度。人的行为分为随机行为与系统行为，由于行为数据统计特征上的平稳性与否是尺度依存的，因此，在时空多级尺度上，这两类行为的表征与行为的认知和预测密切相关。总体而言，当尺度增大时，非线性特征下降，线性特征增强。所以一般在高精细尺度下行为表现为噪声多和随机成分混杂，而在较大尺度下一般呈现结构性平稳特征。如以小时为单位的某功能区手机数据可保留24小时中该区整体活动的主要波动特征和变动振幅，而忽略个体活动变动较频繁的特征。因此，用于行为模式研究的第一手数据并非精度越高越好，数据源选择中适当地拉远距离、放大尺度，数据分析中合适的模糊化处理也是非常必要的。同时，"模式"既是小尺度单元特征的集合归纳，也在更大范围的限制条件下得到进一步的强化，其凝练总结也需要结合多尺度的观测以增强其适用性和针对性。

综上所述，对行为的研究需引入时空多级尺度，通过不同尺度上的行为观测数据，挖掘相应的行为特征，尽可能客观、全面地描述旅游者时空行为。关于旅游者行为的研究尺度应遵循科学性、经济型和可操作性原则来确定。观测行为的空间尺度分为个体、群体和整体，时间尺度则主要包括分秒、小时、三间和全周期。

一、行为的空间尺度

（一）个体尺度

个体尺度是行为研究的基础，个体尺度有利于精准捕获细微的个体行为路径，并将行为特征与旅游者单元属性等关联，从微观层面更深刻地透视和分析行为选择背后的相关影响因素。但随机抽取的个体旅游时空路径分析缺乏代表性和典型性。参考相关研究成果，需要通过合适的聚类分析对海量微观个体行为进行再归类和筛选等，综合定量与定性分析得出对研究具有普适意义的结论。

（二）群体尺度

群体尺度以个体尺度为基础，是在个体尺度的时空行为测度基础上，经由相关数理统计和聚类分析后得到的行为时空特征类别，是依据行为特征划分而非社会经济属性和行为类别划分的群体。群体尺度是行为时空模式建构中承上启下的关键组成部分。选取合适方法的群体尺度聚类能够最大限度地保留和凝练行为特征，帮助研究者在微观层面之上发现行为主体与时空间客体之间的映射关系，是微观与宏观之间联系的纽带。

（三）整体尺度

与个体相比，整体层面表现的汇总行为是比较规则和稳定的。通过进一步放大观测尺度，从不可预测、不可重复的个体时空特征移向行为规则的整体时空结构，运用综合解析泛化出某种规律，而不是陷入个体和群体的细枝末节中；同时，从旅游者行为时空模式的内涵出发，亦需要在个体观测和群体聚类的行为属性特征基础上，从宏观整体上分析行为的时空关系结构特征，以全面揭示行为时空模式的表征。

二、行为的时间尺度

（一）分秒尺度

分秒尺度是目前行为与行为研究中最细致的观测尺度。利用 GPS 定位来精准追踪旅游者个人的时空轨迹，从而实现个人路径的三维可视化效果，发现更小尺度上难以觉察的细微特征，结合问卷与访谈个人信息，开展特征描述和制约分析。分秒尺度作为行为时空模式构建的补充，可弥补汇总过程中重要信息丢失，同时还可从感知层面深刻把握行为背后的决策影响因素，为模式构成中的内在机制分析提供来源。

（二）小时尺度

从已有研究和现实经验可知，以小时为单位的时间利用符合旅游者的行为活动习惯，能够较为准确地捕捉和反映旅游者时空行为活动的大致变化。小时尺度通过对比前后行为活动，揭示个人行为活动在小时层面上的变动特征。利用手机信令数据统计以每小时为间隔的功能单元格中人流聚集的时空变化特征可以反映旅游者的时段波动特征。

（三）三间尺度

将一日划分为日间、晚间和夜间三间尺度，其中日间尺度又分为上午和下午。三间尺度是基于旅游者活动的生物节律特征和类别差异来确定的。小时尺度注重旅游者行为的停驻和变化，三间尺度则更侧重揭示旅游者在一日中时空行为的接替和序列，是对旅游者时空行为活动全部过程的客观描绘。三间尺度符合旅游者生物作息规律，能够去次存主，在忽略细节差异的基础上保留主要行为，有利于旅游者行为共性特征与基本规律的挖掘。

（四）全周期尺度

无论是分秒尺度、小时尺度还是三间尺度，最终都是从不同的侧面来刻画旅游者在旅游目的地停留期间的时空全周期行为，即包含主要行为的完整时空路径。较目前已有的旅游者行为研究，时空全周期尺度将研究焦点从游览扩大到游览和游览之外的吃、住、行、游、购、娱等全行为，能够更加全面和客观地反映旅游者的行为轨迹和行为规律。

第三节　多源数据特征与应用范围

作为旅游者行为研究的重要数据支撑，多源数据往往具有各不相同的属性特征和应用范围。在行为研究中应首先根据多源数据的差异特征来确定数据的具体适用范围、技术分析方法和整体应用路径。本节就其中的手机信令数据、GPS 定位数据、问卷数据和游记数据进行分析。

一、手机信令数据

在日常生活中几乎每个人都随身携带手机，其是捕捉个人轨迹的最佳工具。包括手机数据在内的移动定位数据可以帮助人们清楚地掌握城市中的个体时空行为。手机信令数据是手机用户与发射基站或微站之间的通信数据，在用户开机、关机、通话、短信和规律性位置请求时产生，自带时间和位置属性，是分析人群分布和活动特征的理想数据。

（一）手机信令数据中时间线索与活动类型的关联

手机数据分为被动数据和主动数据，目前主要应用的是被动数据。手机数据可用于从整体层面揭示群体活动特征，如巴乔（Baggio）等人利用移动手机数据和网络分析技术从空间实体维度和信息虚拟研究了瑞士弗里堡州的旅游者空间移动模式。在手机信令数据应用中，虽然无法直接从手机基站记录的用户数据本身区分活动类型或活动主体，但根据旅游者行为的节律性特征，可以发现旅游者游览、休闲、住宿和交通等活动在不同时段有一定的规律性。如果分别记录一日中日间、晚间和夜间的手机用户空间位置，就可以大致分析出旅游者不同的时空行为和时空分布。例如，可将夜间在同一空间位置周边重复出现概率大于 80% 的识别为旅游者住宿地。目前部分学者已将其应用于城市活动与人群行为研究，如利用手机数据分析不同类型活动时空分布、活动强度等，从而再根据分析结果来识别城市空间结构，借助网络 App 的位置服务大数据证明客观存在时间与活动内容间的对应关系，利用时间点来识别居民空间行为，等等。

（二）手机数据应用中人群类别的识别

目前，手机信令应用的文献大多应用于居民行为特征分析，较少应用于旅游者。手机信令数据在旅游者行为研究中的应用，其前提是区分城市中的旅游者与居民两大类社会群体，即在科学依据时空节律特征与差异前提下，采用合适的方法区分旅游者与居民行为活动空间。

需要明确旅游者活动的时间规律和行为空间。旅游者行为的时间规律相对容易归纳，旅游者行为活动空间则需要运用一定的方法进行划分。为此笔者提出采用旅游者功能单元格划分法来识别旅游者行为活动空间。功能单元格是手机信令数据在旅游者行为研究中的基础和起点。旅游者行为具有较强的节律性和指向性特征，因此可假设旅游者在特定时间内分布在特定空间，依据旅游者行为活动的时间节律性来判断特定时空中的活动来自旅游者而非居民。如景区开放时间内通过手机信令数据捕捉到的活动信息可认为来源于旅游者而非居民。依据旅游者行为时间尺度中的三间尺度即日间、晚间和夜间，将旅游者活动空间划分为景区、休闲区和住宿区三类。

二、GPS 定位数据

GPS 定位能够精确记录路径信息，为研究带来便利。但是通过 GPS 定位设备发放会给旅游者带来三个问题：一是成本花费问题，二是隐私泄露问题，三是信息有限问题。首先，旅游者行为调查需要基于大量的样本信息，而大规模地发放 GPS 定位设备成本过高，在研究中常常不切实际。雷希（Rhee）等人采用 GPS 研究人类活动性，参与人数只有 44 人，这显然达不到研究所需的样本数量。其次，采集个体移动信息需要配备大量 GPS 接收机并涉及隐私问题，相关研究和实践经验表明，大部分人不愿意自己的行踪被曝光，携带 GPS 设备全程记录其在旅游目的地内的到访节点则更难被初来非惯常环境的旅游者所接受。再次，GPS 定位并不具备行为活动信息和个人属性特征信息。刘瑜等人指出，大部分位置感知设备数据仍然需要借助调查问卷等获取活动信息。塔佳娜（Tatjana）、维斯瓦纳斯（Viswanath）等为追踪旅游者移动轨迹而开发的手机应用程序中对纯粹的 GPS 跟踪做了个性化的扩展，如对行程、餐厅和网站的评价等。GPS 获取的时空轨迹信息是一条连续不间断的轨迹线路，往往需要结合旅游者行为活动特征，通过较为复杂的分析提取得到轨迹中的主要空间节点。鉴于以上弊端，目前 GPS 在研究中主要用于微观景区层面的小范围调查，且多辅以旅游者问卷，中观城市层面的 GPS 应用存在较多制约因素。

三、问卷数据和游记数据

个体行为时空数据采集的传统方法主要是通过日志调查中的问卷调查表。随着互联网技术在生活中的普及，一些旅行社交平台上的网络游记也成为获取旅游者个体行为活动信息的另一个重要数据来源。根据相关文献总结和以往相关实证研究经验，调查问卷和网络游记两者产生的原因、生成的情景等均不一样，因此在内容上一般也会存在差异。

（一）问卷数据特征

旅游者行为调查问卷是由研究者根据调查研究内容有计划、有目的地制定的，内容主要围绕微观个体的社会经济属性、旅游活动属性和时空行为路径等。从调查的过程和旅游者行为特征分析，问卷调查的实施不是在旅游者旅游的过程中（现场问卷），就是在旅游者已返回客源地一段时间以后（在线问卷），前者无法提供尚未发生的完整信息，后者则由于非惯常环境和时过境迁，大多对详细的时间信息甚至是节点信息记忆不清。少数情况将现场问卷置于旅游者即将离开的机场、火车站和高速入口等交通门户位置，但往往由于时间紧张、行李较多而被拒绝，即使是在等候时间接受问卷调查，每一次活动具体时间的填写也是不准确的。其原因是旅游者在旅游过程中一般不太在意颗粒度较细、精确到分秒尺度的时间，在意的更多是带有目的性的空间到达，以及三间尺度上的时间安排。

（二）游记数据特征

从各大旅游网站上获取的网络游记与调查问卷数据可知，其特征是有所不同的。网络游记一般是旅游者在旅游过程中或旅游结束后，在某个空闲时间出于兴趣而自发、主动记载的，融进了个人的情感表达，其内容多基于个人回忆，按时间推移顺序将到访过的空间节点一一记录。因此，其节点信息往往比调查问卷更为详细，如休憩节点中的游憩节点一般会随着旅游过程的推进而被按顺序记载，但问卷调查中要求旅游者回忆细节是比较困难的。

经过认真比对分析调查问卷和网络游记数据，发现两者在诸多方面存在较大差异，如表4-1所示。调查问卷是调查者主动设置的提问和选项，收集的信息针对性较强，相关信息也较为具体，获取的信息整体而言更为丰富和完整，表现在旅游者社会经济属性和对城市、对旅游的满意度等主观评价，以及行程中的主要到访节点如游览节点和住宿节点。但由于网络游记是主动记叙，调查问卷是被动回答，因此网络游记在细节信息的提供上也会更丰富和全面一些。

表4-1　调查问卷和网络游记数据信息特征比较

数据内容	数据来源	
	网络游记	问卷调查
游览节点信息	游览景区、景点	时间划分及游览景区、景点
游览节点信息	游览景区、景点	时间划分及游览景区、景点
住宿节点信息	少	有
就餐节点信息	无	无
休闲节点信息	部分提供	少
娱乐节点信息	少	有
社会经济属性信息	无	旅游者性别、职业、年龄、收入、来自哪里等
交通信息	少	到达目的地的交通和目的地内部的交通方式
出行目的	少	有，较具体
旅游满意度	很少	有，量化打分较客观
旅游遗憾	少，零散	有，较具体
城市建设满意度	很少	有，较具体
城市建设有待改进	很少	有，较具体
完整性	完整，有从客源地出发返回客源地完整的路径	不一定，只有在目的地的行程信息

（三）数据应用

　　旅游者行为研究需要基于不同的维度通过相应的方法选取合适的自变量来实现行为的类型识别。自变量的设置需能够代表旅游者在旅游目的地停留期间的各类活动和关键信息，否则过于芜杂的数据会影响分析结果。基于上述两类数据的特征差异分析可知，个体层面的数据应用分析应因"数"制宜。

　　调查问卷数据的时空精度较高，是根据研究者的研究目的，通过旅游者的被动提供而获取的，但得到主要节点、节点序列信息以及旅游者属性信息和评价信息等，适用于构建旅游者在旅游目的地内的全部行为活动过程及其相关影响因素分析。网络游记的时空精度较问卷低，除了大部分被公认的节点以外，还能得到部分旅游者感兴趣而目前相对小众容易被忽视的空间信息，可用于更全面地挖掘被旅游者发现和偏好选择的时空节点，以及时空节点之间的联系强弱。

（四）问卷和游记中游览节点的界定

旅游者个体的行为活动空间主要包括酒店、民宿、景区、商场、餐馆、车站和机场等。理论上每一个行为的时空节点对应旅游者的一个活动场所，承载相应的时空行为活动。实践中旅游者的吃、住、行、购、娱等行为活动，其时空节点的确定也是比较明确。但对于旅游者游览行为来说，由于花费时间较长，加上游览本身又是时空移动的过程，因此节点的确定在实际调查尤其是网络语境中情况比较复杂。例如，某旅游者提到上午游览了张家界武陵源，但无法提供定位具体的位置，那么，这样的信息对研究是没有意义的。

旅游目的地内的各个游览节点在旅游者描述和旅游相关文献中常常用"景区""景点"来表达。目前的研究常常忽略了两者的区别，根据不同的需要往往以景点指代景区，以景区带过景点。研究的范围不同、层次不同，关注的内容也有所不同。在研究中观城市层面的旅游者行为无须达到景区内部的景点层面，但在概念上需将关系厘清，以区分出旅游者是在景区内部活动还是景区与景区之间位移。为此，笔者依据旅游者旅游过程中的可达性、景区管理权属及空间位置关系等，提出嵌套景区、独立景区、可达景点和眺望节点等概念用于识别问卷与游记中出现的多个名称关系，为厘清和生成旅游者在城市层面的实际活动路径做铺垫。

1. 景区

把与其他游览节点在空间上存在重叠关系，在管理上存在从属关系的游览节点称为嵌套景区。空间上的重叠关系意味着地理位置的相近，管理上的从属关系则因门票因素影响到旅游者行为。嵌套景区实质上是有着嵌套关系的景区与景点集合，如张家界国家森林公园与袁家界均为景区，袁家界在空间上与后者重叠，在管理上从属于后者；大峡谷与玻璃桥，前者是景区，后者是景点，后者在管理上从属于前者，在空间上与前者重叠。极少数景区在空间上和管理上都与其他游览节点没有包含和被包含关系，称为独立景区。

为方便数据分析，嵌套景区可进一步分为一级景区和二级景区。其中一级景区由在空间和管理上存在关联的全部游览节点组成，是一个完整的空间集合；二级景区是一级景区的真子集，二级景区与二级景区之间没有交集，而二级景区自身内部节点之间关联紧密。如张家界国家森林公园是一级景区，袁家界和黄石寨均是二级景区。一级景区可分为若干二级景区。

2. 景点

无论是面对面的问卷调查还是线上网络游记，旅游者告知的景点在研究分析的前期阶段也需加以概念上的区分和筛选。比如，在旅游者行为调查和研究中，一般是以旅游者实际到访过的景点作为其时空行为节点，但事实上旅游者在游览的过程中，部分景点虽被提及，但是，有相当一部分观光型景点并没有真正的到达。因此，根据旅游者提供的信息客观甄别真正的到达与非到达，是旅游者行为研究的必要前提。

根据旅游者在景区内能否通过步行到达，把景点分为可达景点和眺望景点。旅游者可置身可达景点中游玩、参与和体验，而眺望景点只能借助观景台、眺望点和其他可达景点观看和远眺。总体而言，可达景点和眺望景点在旅游中均比较常见，在观光型旅游中，眺望景点一般占有较大比重。一级景区、二级景区、可达景点和眺望景点共同组成的游览节点集合关系如图 4-1 所示。

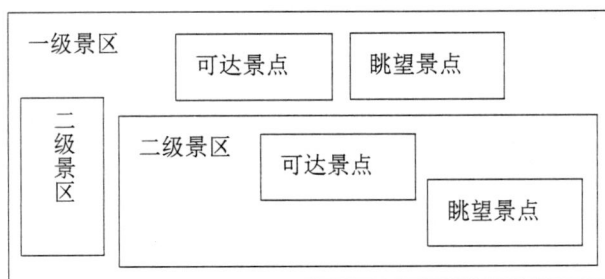

图 4-1 旅游者游览节点概念关系

为表述方便，进一步将上述游览节点归为 I 型节点、II 型节点与 III 型节点三类，如图 4-2 所示。其中 I 型节点主要是指景区，包括嵌套景区中的一级景区、二级景区以及独立景区，三者均是"面"的概念；II 型节点指可达景点，III 型节点指眺望景点，两者都是"点"的概念。

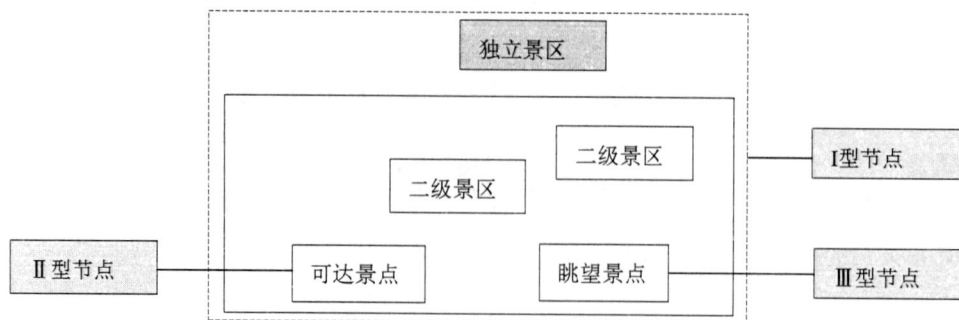

图 4-2 Ⅰ、Ⅱ、Ⅲ型节点逻辑关系

第四节 旅游者时空路径的构建

一、旅游者简化时空路径

相关文献研究成果表明，时空路径数据信息的获取目前除 GPS 定位设备以外，最为常见的仍然是通过活动日志调查即问卷调查。相关研究表明，采用面对面的个人问卷调查法获取时空行为路径，虽简单易行，但过分依赖被调查者的主观判断。一方面，无论是事前发放还是事后发放，被调查者填写的空间位置信息很难达到精确，同时时间颗粒度也不够高，加上无法真实记录旅游者交通路径，在一定程度上影响了路径表达的准确性，达不到建模的要求。另一方面，需要获取的是旅游者在旅游目的地内全周期的完整行程，若采取在旅游者尚未结束的旅行途中进行面对面的活动日志采访，则无法提供完整的行程。此外，与居民对惯常的居住地和工作地熟悉不同，旅游者对旅游目的地的空间认知也更加有限。

因此，通过问卷调查获取到的信息更多是关于"去哪里，再去哪里"的节点和节点序列信息，而非精确的单个节点时空信息，获得的是基于个人调查的时空简化路径。这种简化时空路径只有节点，没有精确到小时和分秒尺度的时间，反映的是行为空间节点的序列关系，是最主要的节点活动信息和出行信息，而过滤了零散、细微的干扰信息，对于三间尺度的旅游者时空行为一般规律来说恰恰是一种较为理想化的时空路径。

依据旅游者行为的主要构成，旅游者行为分为可支配时空行为和维护性时空行为。可支配行为主要是指游览行为，相应的游览节点是指旅游者到访并游览、体验的各个景区、景点等。维护性时空行为所占用的住宿、餐饮、购物、休闲等空间统称为休憩节点。休憩节点是旅游者在旅游目的地内除了游览和出行以外停驻的行为空间节点，可分为住宿节点、就餐节点、休闲节点、小憩节点和购物节点等。其中住宿节点一般为酒店、民宿和客栈等，是旅游者夜间停驻的主要地方；就餐节点包括一日三餐的就餐地点；休闲节点是晚餐后进行娱乐休闲活动的地点；小憩节点是旅游过程中临时休息的地点；购物节点是旅游者在旅游过程中购物的场所。

旅游者行为包括旅游者在旅游目的地旅游过程中的全部时空行为。为最大限度地全面考察旅游者行为，依据时间地理学在旅游者行为构成和特征研究基础上，按照行为发生的时间序列构建由休憩节点、游览节点和节点之间的出行组成的旅游者时空路径。旅游者时空路径按旅游者行为发生顺序连接而成，用来全面刻画和描述个体层面在旅游目的地的时空行为，如图 4-3 所示。

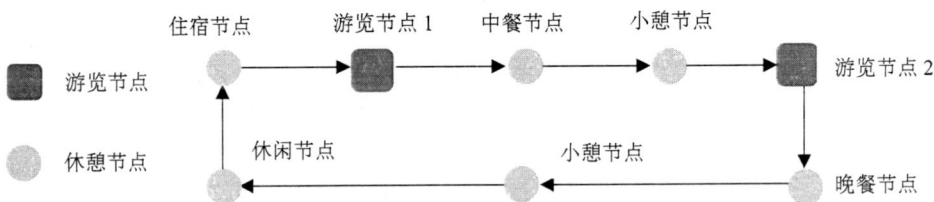

图 4-3　旅游者简化时空路径构成

二、旅游者 VGI 时空轨迹

根据活动分析法，个人时空路径可分为活动与出行，出行来源于活动。活动的主要数据包括活动类型、活动地点、活动序列和活动时间等，出行的主要数据包括交通方式、出行距离和出行时长等，如图 4-4 所示。问卷调查获取的路径信息包括活动类型、活动地点、活动序列和交通方式、出行时长等，涵盖了活动分析法中所要求的大部分数据，但是仍然无法真实地刻画出旅游者的行为轨迹。

图4-4 基于活动分析法的个人时空路径数据

鉴于 GPS 数据的不完整性，部分学者尝试将其与调查问卷相结合，如 East 等将 GPS 跟踪数据与调查数据相结合，研究不同类型的旅游者在游览景点时是否会有不同的行为。为获取完整的时空轨迹数据，进一步构建真实的个人时空路径，在 GPS 和问卷调查两类信息获取方式的现实制约下，提出通过个人问卷与 GPS 定位相结合的方式，把个人时空路径数据获取的过程分为两个阶段——调查和优化，构建基于简化时空路径的 VGI 时空轨迹。

VGI 的概念是由 Good Child 于 2007 年首次提出的，即普通用户而非政府机构和专业公司等参与、协作完成地理信息数据的创建、维护和更新，是大量非专业用户利用 3S 技术自发提供的地理信息。VGI 数据可以根据研究的需要有目的性地创建符合情景设置的地理信息数据，提高数据的使用效率，同时能够缩短数据传播和获取的时间，是一种比较便利高效的数据利用方式。GPS 轨迹即属于 VGI 数据的一种。

VGI 用于旅游者时空特征分析的根本目的是探讨行为研究中从汇总层面到非汇总层面的可能，通过再现旅游者真实经历过的旅游情景，发现简化时空路径和汇总过程中过滤、遗漏的细节信息，通过定性分析进一步补充行为时空特征结果和行为产生的制约因素。基于简化时空路径的 VGI 模拟意味着需要选取有代表性的旅游者时空路径，可设置一定的约束条件，依据基于多维变量的旅游者时空行为分类结果，遴选相关旅游者和旅游者时空路径，基于此构建差异化的旅游情景再实施模拟。通过 VGI 时空轨迹，能够得到比简化时空路径更为生动和细腻的真实路径并实现三维可视化。

第五节 基于多维变量的旅游者行为聚类算法

一、旅游者行为的聚类算法应用思路

由个体非汇总到整体汇总是行为研究中的一大难点。行为从非汇总到汇总的过程中一定会遇到去差异化带来的信息丢失问题，因此抛弃一部分信息，以另一部分信息为依据的聚类分析结果实际上难以完全体现时间地理学、活动分析法等个体非汇总的优势。目前，关于该难点的已有文献尚不多见，其中从多个维度对个体非汇总信息进行不同的聚类是解决方法之一。

聚类算法是在挖掘数据特征的前提下将数据进行分类，获取其价值的数理统计方法。在聚类算法中，反映变量之间特征远近的聚类统计量主要是距离和相似系数，通过两者来挖掘数据内在的类簇结构信息，使得同类中的样本尽可能相似，异类间的样本尽可能相异。在已有研究中无论从哪个方面研究旅游者空间行为或时空行为模式，多通过 K-Means 聚类算法。该算法是目前应用最广泛的高效率划分算法，也是基于距离来描述对象之间相似度的典型聚类算法，即通过多次无监督自我迭代，使得每个对象与其最终归属的簇中心的相似性最高。该算法通常采用均方差作为准则函数来判断收敛情况，均方差即最小化每个对象到最近簇中心距离的平方和。K-Means 聚类操作简单，处理数据集时表现出良好的可伸缩性和高效性。但是其初始值的指派对结果影响较大，因此每次聚类结果比较随机，存在差异，同时结果可能只是局部最优而不是全局最优，对于非凸数据集难以收敛。

鉴于时空行为本身的复杂性和动态性，K-Means 聚类在行为研究中并不完全适用。旅游者行为时空特征丰富而复杂，其构成包括时间利用、空间选择和时空路径三项变量，分别从时间、空间和时空三个角度来揭示行为的时间花费、选择偏好和时空序列。目前，常用的聚类算法可大致分为基于划分、基于层次、基于密度、基于网格、基于模型，以及基于顶点和边构成的图六类。不同算法的适用数据源及其研究目的也不同。依据不同变量所表达的不同内容，用 K-Means 聚类、Fast Unfolding 和基于密度的空间聚类（DBSCAN）来对以时间利用、空间选择和时空路径三项变量为基础的行为进行类别划分，如表4-2 所示。

表4-2　基于多维变量的不同聚类算法比较

特征变量	聚类算法	算法适用性	应用目的
时间利用	K-Means 聚类	适用于凸数据，处理大数据集	揭示行为对各点的时间占用选择类型
空间选择	Fast Unfolding	适用于网络中个体之间的关系数据	揭示行为对网络中点与点之间的偏好类型，可理解为图聚类
时空路径	DBSCAN	适用于任意形状的稠密数据，对异常点不敏感	基于时空路径的相似性，揭示其空间形态类型

二、基于时间利用的旅游者行为聚类

（一）旅游者规则性时空游走模型

多项研究表明，由周期性和规则性构成的律动特征是个体的时空行为具有较高的可预测性的根源。有学者基于经验观察，提出居民日常移动的简化模型来模拟日常出行，在假设个体具有恒定的运动速度和较低的工作时间限制等条件下，证明了个体的日运动空间是一个椭圆。冈萨雷斯（Gonzalez）等人用 6 个月时间跟踪 10 万名匿名手机用户的轨迹，发现人的轨迹显示出高度的时间和空间规律性，每个个体都有一个与时间无关的特征出行距离和返回几个频繁出没地点的显著概率。

旅游者时空行为特征亦符合律动规律，基本遵循住宿→出行→游览……餐饮→出行→游览……餐饮→休闲→住宿的活动轨迹。尽管在这种行为活动序列中，个体每天进行游览、休闲等活动的次数和地点有所差异，但是根据时间地理学和活动分析法，驻点的停留，以及由各种停留活动派生出的驻点与驻点之间的出行及其序列在旅游者时空行为中却是基本不变的。由此构建模拟旅游者个体全周期全行为的规则性时空游走模型。该模型假设每个旅游者在既定的旅游目的地内具有固定且唯一的住宿地。借鉴时间地理学时空路径表达方法，旅游者规则性时空游走模型，如图 4-5 所示。

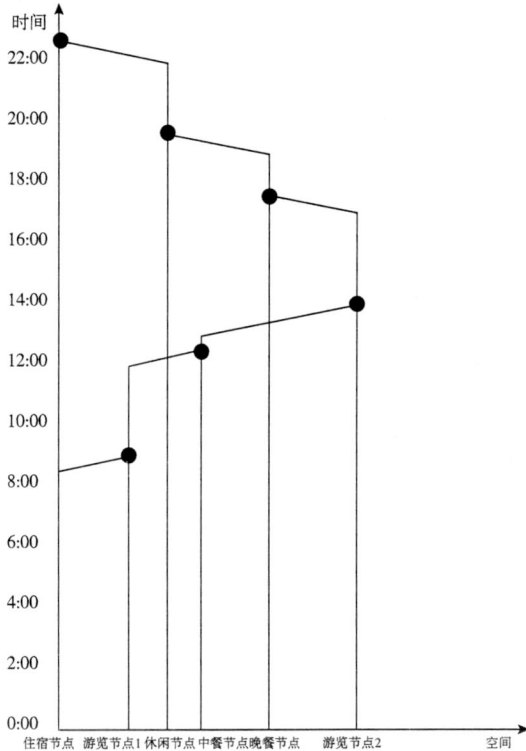

图 4-5　旅游者规则性时空游走模型

该模型解释如下：纵轴代表一日，24 小时；横轴代表以住宿地为起点的旅游城市空间。以某旅游者在旅游目的地内的一日行程为例，该旅游者吃完早餐后上午 8 点 30 分从酒店出发，9 点到达第一个游览节点，9 点到 12 点 30 分游览，12 点到 12 点 30 分出行前往中餐点，12 点 30 分至 13 点就餐，13 点结束午餐出发，14 点到达第二个游览节点，17 点结束游览前往晚餐点，17 点 30 分左右至 19 点结束晚餐，之后前往某一休闲节点至 22 点，22 点返回酒店至第二天清晨 8 点 30 分休息，包括睡眠和早餐。依据该模型，再结合实证中旅游者行为统计特征，可在建构旅游者旅游情景的基础上对旅游者时间利用做聚类分析。

（二）旅游者时间利用构成

时间利用是指一定时间内个人如何消费时间资源的记录或计划。根据旅游者时空行为特征和旅游者规则性时空游走模型，个体在旅游目的地内每日的时间利用可划分为三个部分，即用于休息和一日三餐的时间 t_m、用于游览和小憩的时间 $t_{游}$ 和用于出行的时间 $t_{出}$，以小时为表达单位，则有

$$t_m + t_{游} + t_{出} = 24 \qquad （4-1）$$

其中，t_m 是刚性时间；$t_{游}$ 与 $t_{出}$ 之和称为弹性时间 T_e。

定义：

$$t_{ci} = t_{ai} + t_{si} \qquad （4-2）$$

其中，t_{ci} 为旅游者在节点 i 的花费时间；t_{ai} 是旅游者到达节点 i 的出行时间，即从上一个节点 $i-1$ 到节点 i 所花费的交通时间；t_{si} 是旅游者在某节点的停留时间，即从到达该节点 i 到离开该节点 i 花费的时间。

进一步定义：

$$A_i = t_{ci} / T_e \qquad （4-3）$$

其中，A_i 称为旅游者对节点 i 的专注度。

时间利用聚类中，将节点专注度 A_i 作为一项重要的衡量指标，它表征的是旅游者对于某个节点愿意花费的时间占总共可支配时间的比值，反映了旅游者对该节点的重视和忠诚程度，是测度旅游者时间分配和节点认可度的指标。

为进一步厘清概念之间的关系和方便表述，定义：

$$T_1 = T_{出} + T_2 + T_{返} \qquad （4-4）$$

$$T_2 = \sum t_{si} + \sum t_{ai} \qquad （4-5）$$

其中，T_1 为旅游总时间，是指从客源地出发到返回客源地的总时间；$T_{出}$ 为从客源地到旅游目的地的出行时间；$T_{返}$ 为从旅游目的地返回客源地的出行时间；T_2 为游览总时间，是指旅游者从到达旅游目的地到离开旅游目的地的全周期，是完成旅游目的地内全部时空行为花费的时间总和，包括每个节点的停留时间 t_{si} 和到达每个节点的出行时间 t_{ai} 之和。

需要指出的是，对特定的旅游目的地来说，部分旅游者到达该旅游目的地并不是从其惯常居住生活的客源地出发，而是旅游者区域旅游中到达该旅游目

的地的上一站。旅游者在旅游目的地内部的时空行为较少涉及客源地。在这种情况下，应把旅游者到访该旅游目的地之前的上一站作为虚拟的出发客源地，把该旅游目的地之后的下一站作为虚拟的返回客源地。旅游总时间应该是从上一站出发经由该旅游目的地到达下一站的总时间花费。

（三）基于 K-means 聚类的时间利用分析

K-means 聚类是数据挖掘分析中无监督学习的代表，是一类较为简单的迭代型聚类算法。K-means 算法的目标是将所有数据样本依据样本间的相似性聚集到指定的 K 个类簇中，其中相似性度量是基于距离计算的。每个对象属于且仅属于一个其离类簇中心距离最小的类簇，其中"距离"一般指的是欧氏距离。其算法过程为：在给定 K 个初始类簇中心点的情况下，把数据样本中每个点（数据）依次分配到离其最近的类簇中心点所代表的类簇中；当所有点分配完毕，根据每个类簇内所有点的平均值重新确定该类簇的中心点，即通过中心点来定义类簇原型；再重复上述步骤，直至类簇中心点再无变化，或者达到指定的迭代次数。

在旅游者旅游情景分析的前提下，以实证基础数据为依据，进行旅游者时间利用构建，可明确基于不同游览总时间的刚性时间与弹性时间。实证中可选取反映旅游者可选择时间长短的弹性时间 T_e 以及旅游者在旅游的全过程中对节点的平均专注度 A_{avg} 作为初始变量，从时间花费的角度划分旅游者行为类别。

三、基于时空路径的旅游者行为聚类

（一）旅游者向量时空路径模型

在运用时空路径刻画时空行为和归纳行为的时空模式方面，肖（Shaw）等人以时间地理学为基础，提出一种广义时空路径（GSTP）方法，即通过识别不同时间段被观测个体的空间聚类中心，根据其时间序列将它们连接起来，从原始数据集中获得少量具有代表性的时空路径。赵莹等人基于时间地理学建立时空路径分析的 GIS 数据模型，将时空路径分为控制点和轨迹片段两部分，实现个体时空路径的三维可视化。杨兴柱等人采用 ArcGIS 追踪分析方法从带有地理标记的照片路径轨迹中得到活动序列数据，通过序列比对和频繁模式得到最优路径轨迹模式。伊格尔（Eagle）等人提出了一种新的方法来识别典型人类行为背后的共同结构，这些结构由完整行为数据集的主成分来表示，称为特征行为的特征向量，特征行为是个体行为数据集的主要组成部分。桑（Song）等人利用递归神经网络（Recurrent Neural Networks, RNN）压缩为低维向量表示轨迹，通过轨迹嵌入来学习序列信息，检测嵌入空间中的异常轨迹，捕捉轨迹的内部特征。

从旅游者个体在旅游目的地完整的时空行为角度来看，其行为路径具有明显的时间序列性特征，是由各个到访节点以及节点之间的线路组成的，带有方向性和距离长短的线段。因此，旅游者时空路径可看作旅游者行为的时间序列轴线。借用高等代数中向量的概念来表征这些节点以及节点与节点之间的线路，构建旅游者向量时空路径模型，如图 4-6 所示。

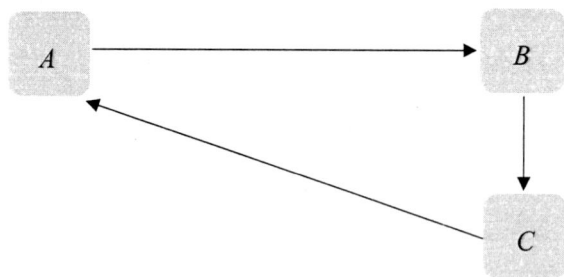

图 4-6　旅游者向量时空路径模型

假设图中 A、B、C 是旅游者一日旅游行程中依次停留的三个节点，即旅游者以 A 为出发点（通常为住宿节点），顺序经过 B 和 C（游览节点），再回到 A。A 与 B，B 与 C，C 与 A 之间的路线可依次用 $A \rightarrow B$、$B \rightarrow C$、$C \rightarrow A$ 这三个向量表示，共同组成一个含有 3 个向量的时间序列，代表旅游者在旅游目的地按时间顺序经过的空间节点，可表示为

$$\alpha = [\alpha_1, \alpha_2, \alpha_3]$$

其中，向量 α_1 表示由 A 至 B 的路径；向量 α_2 表示由 B 至 C 的路径；向量 α_3 表示由 C 至 A 的路径。

依此类推，旅游者在旅游目的地的全部行为路径和行为序列 α 可表示为

$$\alpha = [\alpha_1, \alpha_2, \cdots, \alpha_n]$$

其中，$\alpha_i(i=1,2,\cdots,n)$ 为序列 a 的第 i 个向量；i 为旅游者第 i 个空间节点。其现实意义为旅游者从第 $(i-1)$ 个节点出发，达到第 i 个节点的路径。该模型包括了作为时间序列元素的各个空间节点，是旅游者时空路径的序列表达，能够客观反映出旅游者在旅游目的地的完整时空行为。

（二）轨迹相似性

旅游者时空路径聚类以旅游者向量时空模型的表达与描述为基础，其关键在于路径的相似性度量。路径与轨迹都是移动目标运动痕迹的表达，区别在于轨迹是由一系列连续的点组成的，因而比较准确、具体，而路径更多情况下是依靠主要节点而确定，可描述大致的行为方向和踪迹。旅游者向量时空路径模型中的节点代表的是其主要行为，可看作保留了旅游者时空轨迹中主要节点的位置和出行方向特征，而忽略了连续、细微的轨迹移动信息，是轨迹的适度简化。因此，可借助轨迹相似性的分析思路与方法应用于时空路径相似性的度量。

轨迹数据是移动对象的时间和空间记录序列，可看作由时间域向空间域映射的函数。但现实中的轨迹通常是其离散采样的结果，如旅游者行为活动轨迹就是由一系列离散的节点组成的。郭岩等人指出，轨迹相似度的准确量化与表达，是度量同一类轨迹样本之间相似性和不同类轨迹样本之间差异性的前提，也是轨迹数据挖掘与应用的基础。已有研究用相似度来衡量物体之间的相似程度，而将相异度作为相似度的互补度量，两者之间可以方便地进行转化。其中，相异度一般用"距离"来表征，因此，数据相似性可使用"距离"来度量。依次类推可将轨迹间的距离视为轨迹间的相似度表征。如时间序列数据之间的相似性常常转化为如何衡量时间序列的距离。

（三）DTW 算法

与一般数据类似，两条轨迹之间的相似性通常是由轨迹点之间距离的某种集合来衡量的。目前典型的轨迹距离函数包括离散小波变换、离散傅里叶变换、动态时间归整（Dynamic Time Warping, DTW）、APCA、LCSS、ERP、

EDR 等。其中 DTW 是专门针对序列数据提出的，是处理时间序列聚类匹配问题的有效算法，适用于旅游者向量时空路径的相似性挖掘，用于找出旅游者时空行为路径的基本规律。

DTW 算法基于动态规划（Dynamic Planning）的思想，于 20 世纪 70 年代被提出来，是一种典型的递归优化算法。其核心是通过对序列进行时间扭曲的变换使得序列之间的距离最小化。

DTW 可通过规整或扭曲时间、对时间序列进行压缩或延展以寻找时间序列之间的最佳匹配路径。它允许序列沿时间轴拉伸以最小化序列之间距离的变换，从而处理时间维度中的偏移和伸缩问题。DTW 克服了一般算法中对采样过于苛刻的要求，允许两条轨迹长度具有一定的灵活性，如节点数目不同，从而进行更加现实的相似度度量。其基本思想是允许"重复"某些点，以便获得最佳对齐。实际应用中用于 DTW 的离散序列注重的是序列关系，不一定是与时间相关。

现实中用于比对的序列之间的特征往往是相似的，只是在时间上可能不对齐。如不同旅游者在同一旅游目的地到访的空间节点及其到访时间都不一样。DTW 对序列的延展或压缩有一定的适应性，能解决离散时间序列匹配的问题。通过求解时间序列之间各点的距离来压缩或拉伸这些数据段，从而解决时间不同步对结果造成的干扰，以达到匹配时间序列相似度或距离的目的。

假设每一条向量时空路径对应一条时间序列。将时间序列看作欧氏空间中的一个 n 维向量 $X[x_1, x_2, \cdots, x_n]$。假设有两条时间序列 X 和 Y，长度分别为 m 和 n，可表示为

$$X = \left[x_1, x_2, \cdots, x_i, \cdots, x_m\right]$$
$$Y = \left[y_1, y_2, \cdots, y_j, \cdots, y_m\right]$$

定义 x_i，y_j 分别是时间序列 X 和时间序列 Y 中的第 i 个、第 j 个元素，$1 \leqslant i \leqslant m$，$1 \leqslant j \leqslant n$，则

$x(i_1 : i_2) = [x_{i1}, x_{i1+1}, \cdots, x_{i2}] (i_1 \leqslant i_2)$ 是 x 的子序列

$y(j_1 : j_2) = [y_{i1}, y_{i1+1}, \cdots, y_{i2}] (j_1 \leqslant j_2)$ 是 y 的子序列

x_i，y_j 两者距离度量 d 的两种定义方式为

$$\begin{cases} d(i,j) = \left| x_i - y_j \right| \\ d(i,j) = \left(x_i - y_i \right)^2 \end{cases} \qquad (4-6)$$

式中： $d(i,j)$ 是时间序列 X 的 i 元素和时间序列 Y 的 j 元素之间的距离度量，对于时序数据一般采用欧氏距离 $(x_i - y_j)^2$，也可以采用其他距离。

构建一个 $m \times n$ 的距离矩阵 D，其中的元素 $d_{(i,j)}$ 表示 x_i 与 y_j 之间的距离

$$\begin{bmatrix} d_{(1,1)} & d_{(1,2)} & \cdots & d_{(1,i)} & \cdots & d_{(1,n)} \\ d_{(2,1)} & d_{(2,2)} & \cdots & d_{(2,i)} & \cdots & d_{(2,n)} \\ \vdots & \vdots & \ddots & \vdots & \cdots & \vdots \\ d_{(i,1)} & d_{(i,2)} & \cdots & d_{(i,j)} & \cdots & d_{(i,n)} \\ \vdots & \vdots & \vdots & \vdots & \ddots & \vdots \\ d_{(N,1)} & d_{(N,2)} & \cdots & d_{(N,i)} & \cdots & d_{(m,n)} \end{bmatrix}$$

定义不同序列的元素对之间的距离后，时间序列聚类问题便可以转化为时间序列集合中，元素与元素之间距离最近的匹配迭代。如以序列 X 为参考，计算该序列中各元素到 Y 序列中各元素的最短距离，这些最短元素对的集合构成一条匹配路径 W，可表示为

$$W = W_1, W_2, \cdots, W_k, \cdots, W_T, \max(m,n) \leqslant T < m+n-1 \qquad (4-7)$$

式 4-7 中， $W_k = (W_{x(k)}, W_{y(k)})$，（ $W_{x(k)} = 1,2,\cdots, m$ ； $W_{y(k)} = 1,2,\cdots, n$ ）

W_k 表示 X 序列中的元素到 Y 序列中的元素之间的最短距离对应关系。

给定了 W_k，则可求两个序列的最短累积距离为

$$d_{\min}(X,Y) = \sum_{k=1}^{T} d\left(w_{X(k)}, w_{y(k)} \right) \qquad (4-8)$$

基于式（4-8）进行迭代计算，即可得两条时间序列的相似度。

对于给定的长度为 m 的时间序列 X 和长度为 n 的时间序列 Y。

用 DTW(i,j) 表示 DTW$(x_{(1:i)}, y_{(1:j)})$，其中 $i = 1, \cdots, m$， $j = 1, \cdots, n$。 DTW(i,j) 代表时间序列 X 上的前 i 个元素组成的轨迹与时间序列 Y 上的前 j 个元素组成的轨迹的 DTW 距离。式（4-9）给出了 DTW(i,j) 的递归关系：

$$DTW(i, j) = \begin{cases} 0, & \text{if} \quad i=0 \text{ and } j=0 \\ \infty, & \text{else if } i=0 \text{ or } j=0 \\ d(i,j) + \min \begin{cases} DTW(i-1, j-1) \\ DTW(i-1, j), \quad \text{otherwise} \\ DTW(i, j-1) \end{cases} \end{cases} \quad (4\text{-}9)$$

（四）DBSCAN 聚类分析

在聚类问题中，样本数据不同，其聚类算法也不同。国内学者主要关注居民或旅游者在时空行为活动中的移动距离，因此多采用基于距离的 K-Means 聚类算法，将距离较近的点划分到同一簇中，将距离较远的点划分到不同簇中。旅游者向量时空路径模型描述的是旅游者时空行为中空间节点的序列关系，是带有时间序列的向量数据，其聚类的目标是将时间序列向量数据划分为不同的子集，并要求同一子集中的序列相似度较大，子集间的差异度较大。

DBSCAN（Density-Based Spatial Clustering of Applications with Noise）由马丁·埃斯特（Martin Ester）等人于 1996 年提出，是一种在数据挖掘、机器学习等领域已得到广泛应用的基于密度的空间聚类算法。与划分法、层次法、网格法和模型法等其他聚类方法不同，DBSCAN 将"簇"定义为密度相连的点的最大集合，能够把具有足够高密度的区域划分为"簇"。DBSCAN 无须预置集群数量，而是将离群值认定为噪声，排除差异性较大的数据点，在存在噪声的空间数据库中发现任意形状和大小的"簇"。DBSCAN 要求对于某一聚类中的每一个对象，在给定半径的邻域内，必须包含最小数量的点，即邻域密度必须大于某个给定的阈值。其关键参数为邻域距离 Eps 和 Minpoints，后者指以 Eps 为半径的邻域内包含的最小样本数目。

DBSCAN 空间聚类算法的基本原理为：首先以原始点集 D 中某一个点 p 出发，若点 p 的 Eps 邻域包含点多于 Minpoints 个，则表明点 p 为核心点。再创建以 p 为核心的簇，将其 Eps 邻域中的直接密度可达的点加入该簇中。迭代上述过程直至所有与点 p 密度相连的点都加入该簇中，即找到一个完整的簇。再选定尚未被加入任意簇的另一个点出发，重复以上步骤，直至没有新的点可加入任意簇中时，聚类算法结束。最后不属于任何簇的点即为噪声点。

在多维向量空间中，每一条向量时空路径相当于该空间中的一个点。路径 α 由节点 A、B 和 C 及其之间的连线组成，路径 β 由 D、E 及其之间的连线组成。在多维向量空间中，α 可抽象为点 $m(A,B,C)$，β 可抽象为点 $n(D,E)$，如图 4-7 所示。其中，A、B、C、D、E 都是坐标（向量空间）中的变量，它们决定了对应点的位置。

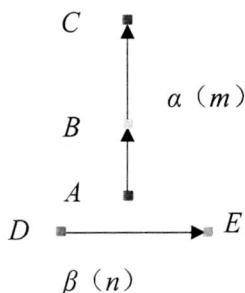

图 4-7　多维向量空间中的时空路径表达

由此，可将作为 n 维向量的路径在多维向量空间中转化为 DBSCAN 分析中的各点，路径之间的距离即 DTW 距离作为点与点之间的距离。事实上，该方法适用于包括 DTW 在内的任何距离函数，不过在二维空间的可视化中，一般使用欧几里得距离。

四、基于空间选择的旅游者行为聚类

空间选择维度是为了通过反映旅游者行为的空间节点之间的联系来揭示旅游者的选择偏好。社会网络分析起源于人类学家拉德克利夫—布朗对于社会结构关系的关注，最初以一种非技术化的形式出现。社会网络分析注重系统中各要素之间的关系分析，目前主要应用于对社会关系和社会结构进行量化研究，是由作为节点的社会行动者及其间的关系构成的集合。

（一）社区发现法

社会网络具有群体结构的性质，即网络节点以紧密联系的群体连接在一起，而网络之间只有较松散的连接。社区发现法（Community Detection）是社会网络分析法的一种，主要目标是识别出复杂网络中的社区结构，处理的是可以表示成网络的关系数据，实质是一种网络聚类方法。这里的"社区"在文献中并没有严格的定义，可将其理解为一类具有相同特征的节点的集合或簇。依据各节点之间的联系情况，将节点分为若干个社区，以达到社区内联系紧密、社区间联系稀疏的目的，其原理如图4-8所示。

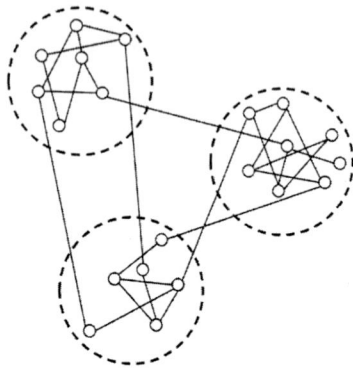

图4-8　社区发现法原理

早期的社区发现法大多基于层次聚类，如凝聚式层次聚类算法和分裂式层次聚类算法，采用树图(Dendro Gram)表示，在树图的每一层对树图进行切分都得到网络的一种划分。后来纽曼（Newman）和格尔文（Girvan）提出了著名的模块度(Modularity)。其内涵是网络在某种社区划分下其边数与随机网络边数的差异。假设随机网络没有社区结构，对于既定的某个网络，可通过改变边的方式对其进行随机化，从而得到一个没有社区结构的随机网络，并使用一种被称为零模型（Null Model）的参照网络作为所有随机化网络的期望。模块度的提出大大推动了社区结构的研究，为研究人员提供了一个目标函数，用于选择网络划分，使基于模块度优化的社区发现法很快成为主流。

（二）社区发现算法

目前包括数学规划、极值优化、贪婪算法、模拟退火算法、禁忌搜索等在内的诸多算法均用于社区发现法。布隆德尔（Blondel）等人提出的社区发现算法是基于多层次逐轮迭代优化模块度的启发式算法。与其他基于模块度的算法相比，该算法速度快，聚类效果尤为明显。其计算流程和算法原理大致分为四步：首先，给网络的每个节点分配一个相应的所属社区，有多少节点就有多少社区构成这个网络的初始分区；其次，将节点在社区间按一定顺序移动，分别计算模块度，即原始网络社区内的边数与随机网络社区内的期望边数之差，将节点依次移动到模块度变化值最大的组中，直至网络中任何节点的移动都不能再提高模块度为止；再次，对所有节点反复、顺序地应用这个过程，直到没有新的迭代产生为止；最后，建立一个以上述步骤发现的社区作为节点的新网络，其边数为第一步得到的社区间边数之和，再重复该步骤进行不断迭代，对节点进行再次聚类，同一社区节点之间的连接使该社区在新的网络中形成自我循环。

旅游者选择偏好维度可将多个旅游者行为构成的动态图景看作一个由多个节点和节点之间的联系构成的网络。这个网络从社会网络分析的角度去理解，即旅游者在节点之间的流动，使得节点之间客观上存在着或疏或密的关系。将社区发现法应用于空间选择维度的旅游者行为聚类，最终找出联系度高的若干社区，这些社区可赋予的含义即旅游者更偏好从哪里到哪里，对于研究旅游者行为主体对客体时空选择具有重要意义。

（三）节点测度指标

依据社会网络分析方法，进一步对空间选择中的各节点在网络中所承担的角色和位置进行测度，选取度中心度（Degree Centrality）、中介中心度（Betweeness Centrality）、接近中心度（Closness Centrality）和特征向量中心度（Eigen Centrality）等四个指标作为空间节点的测度指标，分别从数量、位置、距离和质量四个方面来衡量节点在网络中的地位和作用，如表4-3所示。

表4-3　社会网络分析法节点测度指标

指标	含义	作用
度中心度	若一节点与许多节点之间有联系，那么该节点在网络中就处于比较中心的位置，具有比较大的"权力"	衡量节点在网络中所处地位的指标

续表

指标	含义	作用
中介中心度	若一节点处于许多其他两点之间的路径上，可认为该节点居于重要地位，因为它具有控制其他两个行动者之间的交往能力	衡量节点在网络中所处中间人的位置
接近中心度	若一节点到其他所有节点的距离总和越小，表明该节点不受他人"控制"的能力越强	衡量点的中心程度
特征向量中心度	不仅关注有多少节点指向既定节点，还关注指向既定节点的节点自身有多大的影响力	衡量与该节点相连接的其他节点的质量

五、基于多维变量的旅游者行为聚类关联

在行为研究中，行为本身的复杂性、动态性和综合性意味着用同一数据、方法和工具等框定其特征、规律的难度。不同数据源和不同变量的选择本身即为了从时间、空间和时空不同维度综合反映和无限接近行为的真实特征。聚类即行为从个体非汇总到汇总的过程，多维度的聚类在一定程度上规避了汇总过程中个体差异化信息的丢失。为尽可能保留行为的多元特征，在旅游者行为聚类基础上进行不同聚类结果的关联比较，目的是发现多源数据、多维变量之间互斥、互补或一致性关系，以进一步揭示旅游者行为的时空特征。时空特征的三项变量中，时空路径同时涵盖了时间和空间信息，选择时空路径作为参照比较，分别与时间利用、空间选择的聚类结果做关联分析。

第一，时空路径与时间利用。依据时空路径与时间利用两项变量的聚类分析用到的数据源相同，均为旅游者问卷调查，因此可对两类结果做卡方检验，基于显著性结合交叉分析结果做相关分析。

第二，时空路径与空间选择。时空路径与空间选择数据源不同，对其首先进行数据源即节点与节点频率进行比较。其次把空间选择聚类分析得到的节点中心性与时空路径聚类结果中相应节点的到访频率做比较分析。最后对空间选择聚类结果与时空路径聚类结果，做映射关系分析。具体思路如下：在空间聚类的每类结果中，分别选择联系相对紧密的若干节点对；统计这些节点对分别

作为相邻节点在时空路径各个聚类结果中的占比，将其公式定义为

$$A\left(n_1 - n_2\right)_i = N\left(n_1 - n_2\right)_i / N_{\min}\left(Nn_{1i}, Nn_{2i}\right) \tag{4-10}$$

式中 $A\left(n_1 - n_2\right)_i$ 为以节点 1 和节点 2 为相邻节点在时空路径类别 i 中的占比，$N\left(n_1 - n_2\right)_i$ 为以节点 1 和节点 2 为相邻节点在时空路径类别 i 中的路径数量，Nn_{1i}，Nn_{2i} 分别为时空路径类别 i 中含有节点 1 和节点 2 的路径数量，$A = \{a_1, a_2, \cdots, a_n\}$ 为取 Nn_{1i} 和 Nn_{2i} 中的较小值；由此得到空间选择聚类中关联较强的几组典型节点对，作为相邻节点统计其在时空路径聚类结果中的占比，在此基础上做关联分析。

六、基于多维变量的旅游者行为聚类集成

（一）聚类集成的基本介绍

除了对聚类结果进行关联分析以达到多源数据之间互补、互检的目的，还需要对基于多维变量的聚类结果进行集成，以融合结果之间的内涵，得出更具有说服力的结论。聚类集成是计算机技术和机器学习领域近年来关注的方法。其概念最早由斯特列尔（Strehl）和高希（Ghosh）于 2002 年提出的。聚类集成被他们描述为"在不接触样本原始特征的前提下，对一组数据的多个基聚类结果进行融合，其目的是最大限度地共享基聚类结果中包含的信息"。

聚类集成实质上是将聚类和集成两部分进行组合，可分为两个阶段：一是基聚类结果的生成阶段，二是基聚类结果的集成阶段，如图 4-9 所示。集成后的聚类结果能较好地检测和处理孤立点，充分融合和共享多个基聚类结果的信息，增强结果的稳定性和鲁棒性，提高系统的泛化能力，适用于基于多源数据和多维变量的旅游者行为时空特征研究。基聚类结果的生成阶段即原始数据集通过不同聚类分析方法得到聚类结果。基聚类结果的集成阶段即在基聚类结果基础上再进行一次聚类，输入的数据不再是不同类型的数据集，而是三个基聚类的结果。

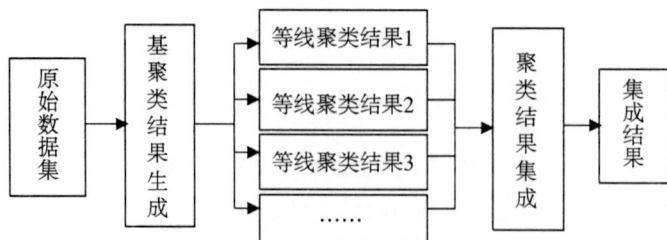

图 4-9　聚类集成的基本原理

聚类集成的一般步骤为：首先给定一个数据集 A，其有 n 条数据，可表示为 $A = \{a_1, a_2, \cdots, a_n\}$；其次对数据集 A 采用 N 次聚类算法，得到 N 个基聚类结果 p_i，$i = (1, 2, \cdots, N)$；最后利用集成函数 S 对 p_i 进行集成，输出一个新的聚类结果。

（二）基于遗传算法的旅游者行为聚类集成

机器学习领域的聚类集成是近年来广受关注和讨论的方法，它能够充分融合和共享多个基聚类结果的信息，增强结果的稳定性和鲁棒性。但该方法多针对同一数据源中采用不同聚类算法或采用同一聚类算法的不同参数，对基聚类结果的一致性要求较高。然而对于不同数据源和不同聚类算法生成的具有明显差异的基聚类结果，如时间利用聚类的数值型数据，时空路径聚类得出的顺序型数据和空间选择聚类得出的分类型数据，集成方法尚未成熟，其应用效果也尚未得到普遍认可。

1. 基于遗传算法的聚类集成思路与步骤

本书涉及聚类集成的基聚类结果一共分为三类，分别是时间利用、时空路径和空间选择，是依次采用 K-means、DBSCAN 和 Fast Unfolding 算法得出的。其中空间选择是基于网络结构关系的社团聚类方法，与前两类存在较大差异，同时空间选择采用的数据源为网络游记，而前两者采用的数据源均为在线问卷，属同一数据源。因此，提出融合时间利用和时空路径维度的基聚类结果，从时间和空间维度对旅游者行为进行初步集成。空间选择聚类所针对的对象为旅游者选择偏好视角的游览节点关系，该基聚类结果可用于比对优化两个旅游者访问节点的相似程度。通过初步集成和比对优化环节，实现三类基聚类结果的统一。

遗传算法（Genetic Algorithm，GA）最早由研究机器学习的 John Holland 于 20 世纪 60 年代提出，该算法利用计算机仿真运算，通过模拟自然进化过程来搜索最优解，从群体出发，把对问题的求解转换成类似生物进化中的染色体基因交叉、变异等过程，对于复杂的组合优化问题，能够获得良好效果。遗传算法采用概率机制进行迭代，其结果具有较高的鲁棒性，适用于求解复杂的非线性优化问题。遗传算法以进化论为基础，从任一种群开始，通过选择、交叉和变异的随机操作，进化产生对环境适应度更好的个体，从而使种群的环境适应度不断提高。其主要由编码、目标函数和遗传操作等部分组成。

将遗传算法应用于本次聚类集成的实质即对三个基聚类结果进行融合，将该问题转化为一个组合优化问题。该过程可大致分为三个环节：首先对个体进行自然数编码，初始化具有 n 个随机编码个体的种群；其次确定目标函数，将聚类结果转化为旅游者特征数据，度量任意两个旅游者之间的相似程度，将类内聚类程度即类内任意两个旅游者之间的相似度总和最大化作为优化目标，并作为个体适应值评价的依据；最后在此基础上采用经典的遗传算法框架，通过选择、交叉和变异算子获得基聚类结果融合的优化划分。

2. 个体表示

个体的表示方案是将问题的搜索空间中每个可能的点表示为确定长度的特征串。遗传算法中，个体的形式以"串"来表示，其在遗传学中对应于染色体的概念。由于最小字符集能使问题得到自然的表示和描述，通常在遗传算法中用二进制来表示串。如有三个决定变量，每个变量假设用两个可能值即"0"和"1"中的一个来表示，那么该串可表示为长度为 3、规模为 2 的特征串。

拟采用自然数直接表示个体的聚类分组。每个个体的基因位数为旅游者数目，每一个可以调整的基因位是一个自然数，每一个基因位的取值为聚类分组标号，其范围为 1 至最大聚类数。例如，对 14 个旅游者（ID 为 1,2,3,…,13,14）进行编码，聚成 5 组，示例为 {1,2,1,3,2,4,4,2,5,1,4,5,3,3}，则相应分组依次为 {1,3,10}、{2,5,8}、{4,13,14}、{6,7,11} 和 {9,12}。

3. 目标函数

目标函数的构建思路如下：在得到分组后，度量组内任意两个旅游者行为之间的相似程度，求和后作为该聚类分组的聚集程度；将所有聚类分组的聚集程度求和即可得到对当前聚类结果质量的评价；根据时间利用和时空路径的基聚类结果，为每个旅游者赋予所属类别对应的特征向量，通过对比对应位数值相同的数目来确定相似程度；通过空间选择的基聚类结果进一步融合景点之间的关联信息，以同一分组下景点的数目作为基础，取两个旅游者同一分组内到访节点数目的较小值。将上述三类值进行加权求和作为相似性度量值。

其中相似性度量函数组即用于评价个体适应值的目标函数为

$$similar = w_1 \times sim_{time\_use} + w_2 \times sim_{route\_ts} + w_3 \times sim_{sight\_selec} \quad (4-11)$$

其中，

$$sim_{time\_use} = \frac{common\_count_{time\_use}}{element\_count_{time\_use}} \quad (4-12)$$

$$sim_{route\_ts} = 0.5 \times (Start\_c + Route\_c) + \frac{CoreZone\_c}{Total\_CoreZone} \quad (4-13)$$

$$sim_{sight\_selec} = \frac{common\_count_{sight\_selec}}{element\_count_{sight\_selec}} \quad (4-14)$$

式中：w_1、w_2 和 w_3 分别为时间利用向量、时空路径向量和到访节点向量的权重；$common\_count_{time\_use}$ 为时间利用向量中对应位置上元素相同的数目；$element\_count_{time\_use}$ 为时间利用向量的元素数。

$Start\_c = 1$ 说明两个旅游者的时空路径起点相同，否则为 0；

$Route\_c = 1$ 说明两个旅游者的时空路径模式相同，否则为 0；

$CoreZone\_c$ 为时空路径模式的活动区间中，对应位置上元素相同的数目；

$Total\_CoreZone$ 为活动区间总数；

$Common\_count_{sight\_selec}$ 为到访景点向量中对应位的较小值之和；

$element\_count_{sight\_selec}$ 为到访景点总数。

4. 用于聚类集成的遗传算子和遗传算法

拟通过遗传算法中的交叉算子、变异算子和个体选择算子获得更优的聚类集成结果。其中，交叉算子采用单点交叉，随机选择两个个体和一个交叉点位，交换两个个体在交叉点后的基因位产生新个体；变异算子采用单点变换，对于被选中的变异个体，随机选择一个基因点位改变其基因值；选择算子采用二元锦标赛选择，在父子两代混合种群中随机选择两个个体，比较目标函数值即个体适应值，将目标函数值更大的个体转移到选中种群中，然后在剩余个体当中继续二元锦标赛选择，重复这个过程直到选中种群中的个体数目等于既定种群大小。遗传算法用于聚类集成的流程如图4-10所示。

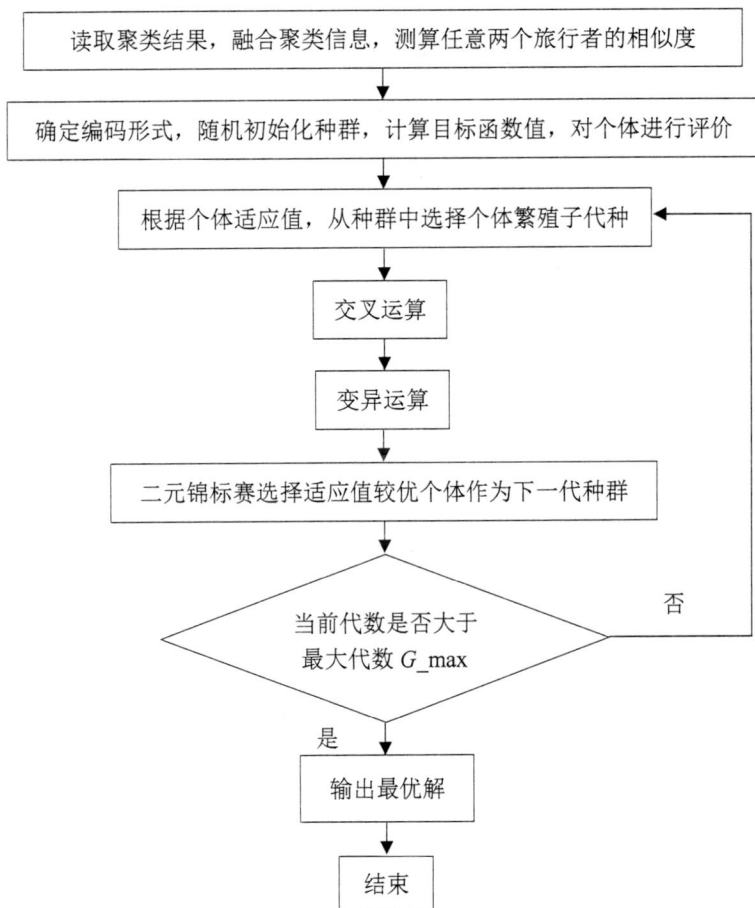

图 4-10 遗传算法应用于聚类集成的流程

本次聚类集成中的可调参数包括相似性度量参数组和算法优化参数组。其中相似性度量参数用于改变优化的方向，主要包括不同维度的权重以实现对不同聚类维度的侧重；算法优化参数组用于改变优化的搜索速度和结果稳定性，主要包括选择概率（P_c）、变异概率（P_m）、种群大小（Pop_size）和迭代次数上限（G_max）。

第六节　旅游者行为的时空结构分析方法

旅游者行为的时空结构是旅游目的地的一定周期内，在该时空范围内所有旅游者时空行为的状态即关系构成的动态空间，包括旅游者行为的时空互现和时空分配，其中，时空互现分为空间集聚和时段波动。时空结构分析涉及整体层面的旅游者行为集聚与波动，拟采用手机信令数据反映其时间与空间关系特征。

一、时空结构的时空划定

（一）旅游者行为的空间划定

根据手机信令数据特征分析，旅游者行为的空间划定的目的是通过手机信令数据识别居民与旅游者。首先假设特定时间和特定空间内，旅游者开展相应类型的活动，拟采用功能单元格划分方法来实现。旅游者功能单元格是旅游者在旅游城市内开展各类活动的基本空间单元，通过功能单元格可识别旅游者及旅游者行为活动。

1.划分依据

兴趣点是基于城市空间位置服务的一类大数据，该点状地理空间要素能够代表真实地理实体的空间地理信息和社会属性信息，如实体的经纬度、地址、类别等属性信息。旅游者功能单元格划分的基本思路是：利用POI将手机信令数据依赖的某种栅格单元依次赋予一个主要功能，使栅格单元成为特定的功能单元格。池娇等人通过实证说明依据 POI 定量识别城市功能区比依据城市总体规划更为细致和准确，赵卫锋等人提出了从 POI 数据中提取分层地标的方法。将栅格单元内 POI 的类型和数量作为划分功能单元格的主要依据，实证中根据研究需要确定具体的 POI 类别和权重赋值，作为功能单元格的评定依据。

2. 评定指标

参照池娇等人基于 POI 数据定量识别城市功能区的研究方法，选取频数密度 F_i 和类型比例 C_i 作为评定指标对每一个功能单元格的 POI 进行统计计算。具体步骤如下。

（1）计算功能单元格内第 i 类 POI 数量占该类 POI 总数量的频数密度。

（2）计算第 i 类 POI 的频数密度占功能单元格内所有类型的 POI 频数密度的比例来识别功能单元格性质。计算公式如下：

$$F_i = n_i / N_i, (i = 1, 2, \cdots, n) \qquad （4-15）$$

其中：i 表示功能单元格的 POI 数据；n_i 表示功能单元格内第 i 种类型 POI 数量；N_i 代表第 i 种类型 POI 的总数。

$$C_i = F_i / \left(\sum_{i=1}^{n-1} F_i \right) (i = 1, 2, \cdots, n) \qquad （4-16）$$

其中：F_i 表示第 i 种类型 POI 占该类型 POI 总数的频数密度；C_i 表示第 i 种类型 POI 的频数密度占单元内所有类型 POI 频数密度的比例。

在此基础上，结合用地权属、土地利用功能现状、城市道路和自然边界等，以实际存在的功能和发生的活动对评定结果进行验证和修订。

（二）旅游者行为的时段划定

旅游者行为活动的时段划定与时空路径和时间利用研究尺度一致，采用三间尺度即将一日 24 小时分为夜间、晚间、上午和下午四个典型时段，如表 4-4 所示。采集数据仍以小时为单位，用一周内四个典型时段的平均人群活动密度代表该时段内的活动强度。

表4-4　用于手机信令数据活动强度分析的时段划分

类别	时段
上午	8：00—12：00
下午	13：00—19：00
晚间	20：00—22：00
夜间	23：00—7：00

二、时空结构的空间集聚

对研究范围内平均日 24 小时的人群活动总量进行不同时段的划分，参照每类功能单元格在不同时段的人群活动总量，具体计算公式如表 4-5 所示。

表4-5　功能单元格不同时段的人群活动总量计算公式

类别	时段	计算公式	公式编号
夜间	23：00—8：00	$P_{\text{night}} = \dfrac{\sum\limits_{j=1}^{10} P_i}{10}(i=23,24,1,2,\cdots,8)$	（4-17-a）
晚间	20：00—22：00	$P_{\text{evening}} = \dfrac{\sum\limits_{j=1}^{3} P_i}{3}(i=20,21,22)$	（4-17-b）
上午	8：00—12：00	$P_{\text{morning}} = \dfrac{\sum\limits_{j=1}^{4} P_i}{4}\ (i=9,10,11,12)$	（4-17-c）
下午	13：00—19：00	$P_{\text{afternoon}} = \dfrac{\sum\limits_{j=1}^{7} P_i}{7}(i=13,14,\cdots,19)$	（4-17-d）

式中：P_{night} 表示夜间的人群平均活动总量；P_{evening} 表示晚间的人群平均年活动总量；P_{morning} 表示上午人群的平均活动总量；$P_{\text{afternoon}}$ 表示下午人群的平均活动总量；P_i 表示研究范围内连续一周的平均日某小时人群活动总量；j 表示某时段对应的时刻。

三、时空结构的时段波动

（一）旅游者行为活动的时段划定

旅游者行为活动的时段划定保持与时空路径与时间利用研究尺度一致，仍采用三间尺度即将一日24小时分为夜间、晚间、上午和下午四个典型时段，如表4-4所示，采集数据仍以小时为单位，用一周内四个典型时段的平均人群活动密度代表该时段内的活动强度。

（二）基于手机信令数据的时段波动特征

以功能单元格平均日每小时的人群活动总量波动曲线直接表征旅游者行为活动在时间维度上的波动变化特征。具体计算公式如下：

$$P_i = \frac{\sum_{j=1}^{7} R_{ji}}{n} (i=1,2,3,4,\cdots,24) \tag{4-18}$$

式中：P_i 表示平均日某小时的人群活动总量；R_{ij} 表示连续多天内某一天对应第 i 小时的人群活动总量。

四、时空结构的时空分配

（一）旅游者时空分配中的时空相对性

居民与旅游者两类群体时空行为的差异性特征决定了两者时空分配构成要素有所不同。实施中的旅游者行为，其空间具有绝对性，而时间具有相对性。以24小时一日的时间尺度为单位，居民行为时空分配一般具有重复性，而旅游者行为时空分配则需要以其在旅游目的地的相对行为活动周期，即游览总时间为尺度，其时空分配一般无重复性。

（二）旅游者时空选择的表述

柴彦威等人以时间为纵轴，以活动类型和活动场所为横轴来表示居民行为活动的时空分配，其中活动场所采用划分活动空间带的方法，即按照距离自家的远近，也就是相对空间距离来表示居民的时空结构，其实质是绝对时间、相对空间的表示方法。根据旅游者时空行为的时间相对性和空间绝对性，以旅游者游览总时间中的相对时间段和旅游者行为空间节点为时空分配的表达要素，反映不同旅游者在时空间中的选择，经过统计汇总，表示的是整体层面的行为时空关系特征。其中相对时间段即以三间尺度为依据，如将旅游者时间以第一日上午、第一日下午、第一日晚间等相对时间段来表示。实证分析中，以在线问卷为数据来源，用时空三维图对旅游者的时空分配进行统计和刻画。

五、小结

在第三章理论框架的基础上，本章围绕旅游者行为时空模式建构所涉及的多维变量和内在机制，从多源数据、多级尺度和多维聚类方面提出了一套解析体系。其中多源数据涉及问卷调查、网络游记、GPS 轨迹数据、手机信令数据等，并对不同数据源的特征、适用范围和可获取性进行分析，认为问卷调查是获取中观城市层面旅游者时空路径较为可行和适用的数据，网络游记适用于挖掘旅游者选择偏好角度的空间节点关系，手机信令数据适用于宏观层面大范围某一时段的时空动态信息捕捉，GPS 数据则因其隐私暴露和个性缺失在城市中观层面的大规模应用尚难以展开；多级尺度包括行为时间和行为空间上从分秒到全周期、从宏观到微观的全覆盖；多维聚类则是以时间利用、空间选择和时空路径等多维变量为基础对不同角度的旅游者行为特征进行解析归类。

其中，基于多维变量研究不同观测角度的旅游者行为时空特征，针对不同的变量属性分别选择 K-means 聚类、DBSCAN 聚类和 Fasting unfolding 聚类实现旅游者行为的类别识别和划分，并在此基础上尝试性地提出利用遗传算法的组合优化，来解决不同数据源、不同聚类方法产生的不同数据格式的基聚类结果的集成问题。时空结构中的时空互现以城市群体的识别与划分为前提，采用适用于整体分析的手机信令数据，结合人群活动量计算和 GIS 核密度空间分析；时空分配则以问卷调查中的时空到访信息为依据，通过数理统计方法解析整体层面的时空构成关系。

　　为弥补基于问卷调查生成的简化时空路径、多个聚类结果以及聚类集成过程中带来的行为活动特征细节信息的疏漏，提出利用 GPS 数据和时空特征聚类集成结果来适度复现旅游情景，生成 VGI 时空轨迹，以亲历者的视角补充旅游者行为活动中的过程感知，作为模式内在机制的组成部分。

第五章 张家界旅游者行为的时空特征解析

在研究综述、理论框架和解析方法等基础上，对旅游者行为的时空特征、时空结构、时空模式及其应用开展实证分析与研究，其中主要运用 K-means、Fast Unfolding 和 DBSCAN 等分别对基于时间利用、空间选择和时空路径的旅游者行为进行聚类分析，并对三类聚类结果进行聚类关联和聚类集成，归纳得出旅游者行为的时空特征。在集成聚类结果的基础上运用 GPS 数据生成 VGI 时空轨迹，挖掘旅游者行为活动中的过程感知信息，尝试补充旅游者行为时空特征的非汇总研究。

第一节 案例地概况

一、研究边界划定

（一）案例地概况

统计数据显示，2012 年至 2019 年张家界旅游接待人次和旅游总收入分别以每年千万元和百亿元的幅度递增，两项指标连续保持 20% 左右的高位高速增长。

张家界以旅游立市，1985 年大庸县撤县设县级市，1988 年升为地级市，1994 年更名为张家界市。历经 30 多年的发展，张家界国际风景旅游城市的城市性质明确，城市职能集中，城市公共服务设施和市政基础设施配套主要围绕旅游基本经济部类，因此影响城市空间拓展的因素较为单纯，主要为旅游业及其上下游相关产业。其外来人口主要为旅游者，相对于本地人口而言其数量更多，规模也更大，对城市建设影响显著。近年来在原大庸县城范围的基础上，中心城区沿澧水河东西方向不断延伸。与此同时，中心城区内部尤其是老城区仍存在20世纪八九十年代建造的私房，基础设施、公共服务设施和道路交通等均难以满足日益增长的人口需求，面临着提质升级与更新改造。因此，张家界目前实际上处于增量与存量并举的发展阶段，城市可优化调整的空间较大，是我国多数旅游城市在城镇化高速发展时期的现状建设发展缩影，具有一定的代表性。因此，旅游者时空行为及其模式研究在张家界具有较好的实践应用条件。

（二）划定依据

依据张家界旅游者活动的主要分布地域，可将张家界市区的现状建成区、周边乡村民宿集中分布区和主要景区作为此次实证研究范围。在此基础上，结合相关上位规划、调查问卷、POI实体空间分布以及现状建成状况等多种因素进一步划定具体边界，边界划定的主要依据包括以下七项：

（1）《张家界市城市总体规划（2007—2030）》（2018年修改）中确定的现状建成区和规划区边界；

（2）张家界市武陵源区自然保护地边界；

（3）张家界国家森林公园、天门山国家森林公园和大峡谷等景区边界；

（4）张家界市实际建成情况（近两年来张家界市沙堤组团快速发展，张家界市总体规划中未能将新建成的市人民医院、张家界西站及周边建设片区划入，边界划定中将目前已建成部分划入研究范围）；

（5）调查问卷和网络游记信息统计中揭示的旅游者实际到访的空间节点；

（6）张家界市域内各景区、景点、酒店和民宿POI的分布；

（7）天门山先导区范围内的现状建成区。

综上所述，最终划定的总面积共计531.73平方千米。

二、相关名称说明

（一）武陵源风景名胜区与张家界国家森林公园

武陵源风景名胜区又名武陵源核心景区或武陵源景区，1988 年被列入国家重点风景名胜区，1992 年被列入世界自然遗产名录，包括张家界国家森林公园、天子山景区、索溪峪景区和杨家界景区，面积约 369 平方千米。从这个意义上理解，武陵源风景名胜区是武陵源区内全部景点的集合；然而现实中张家界旅游者和张家界旅游从业人员所称的"武陵源核心景区"多与"张家界国家森林公园""森林公园"相互混用。实际上天子山景区、杨家界景区以及索溪峪内的十里画廊、西海峰林、一线天和水绕四门等均位于张家界国家森林公园的空间和管理范围内，实行统一的门票制度，属于后者的二级景区。因此，可认为张家界国家森林公园是武陵源风景名胜区内最主要的景区，后者还包括属于索溪峪景区的宝峰湖、黄龙洞等景区。

（二）张家界国家森林公园与天门山国家森林公园

张家界国家森林公园和天门山国家森林公园是张家界目前拥有的两个国家 5A 级旅游区。前者位于武陵源核心景区，于 1982 年经国务院批准成立，是中国第一个国家森林公园，以石英砂岩峰林地貌著称，面积约 4.81 平方千米，有"三千奇峰，八百秀水"的美称；后者位于中心城区南郊，面积约 2.2 平方千米，属于典型的喀斯特地貌，是一座凌空绝壁的台形孤山，于 1992 年被批准为国家森林公园，与张家界国家森林公园南北相望。为表述简便和区分，下文将张家界国家森林公园简称为"森林公园"，将天门山国家森林公园简称为"天门山"。

（三）中心城区与中心城市

张家界市区下辖永定区和武陵源区两区。永定区城区又被称为中心城区，为张家界市政府和永定区政府驻地。根据《张家界市城市总体规划（2007—2030）》，中心城市包括中心城区（永定城区）和武陵源城区。为表述简便，本书将"中心城区"简称为"中心区"，将"武陵源城区"简称为"武陵源"。

第二节　问卷数据处理与样本分析

一、调查问卷设置

调查问卷的设置是为了获取旅游者个体在研究范围内完整的时空路径信息，即从到达旅游目的地到离开旅游目的地的全周期内的全部时空行为。根据问卷数据特征分析，现场开展包括旅游者全部行程在内的问卷信息填写，旅游者一般难以提供尚未发生的完整信息。本研究问卷调查的主要目的在于获取旅游者简化时空路径而非精确的时空轨迹信息，对旅游者详细描述其活动路径的要求不高，因此，实证部分选取在线问卷的方式，即时空日志中的回忆日志来获取旅游者时空路径数据信息。在线问卷需包含但不限于如下内容：

（1）旅游者个体基本信息，如性别、年龄、职业、收入和文化程度等；

（2）旅游者单元基本信息，如旅游组织、旅游目的、到访次数和交通方式等；

（3）旅游者单元行程信息，如住宿地点、游览地点、休闲地点等，其中游览地点应具体到Ⅰ型节点或Ⅱ型节点；

（4）旅游者对张家界旅游和城市建设的评价；

（5）旅游制约与建议。

同时具备以上信息的在线问卷可判定为有效问卷。需要说明的是，在线问卷需要获取旅游者在张家界停留的全周期内连续的活动信息，比一般意义上的调查问卷内容更为繁多，主要表现在填空题更多，无法以选择题形式提供。考虑到被调查者在调查问卷填写过程中的时间预期和心理因素，需要在全面、准确地获取主要信息的前提下，对其他过程细节及次要信息有所忽略和舍弃。因此为尽可能地减少在线调查问卷的复杂程度，保障调查的顺利完成和问卷质量，采取的主要应对措施有：

（1）问卷设置中对主要信息设置为必填和嵌套，对填写完整信息的被调查者给予相应的奖励；

（2）在行程信息的提问中，将调查的时间尺度确定为三间尺度而非小时，即上午、下午、晚间和夜间四个时段；

（3）对于时空依附性较强的细节行为如小憩、就餐等，在问卷中不予考虑，同时对购物这一类占比较少的非典型时空行为予以忽略，删繁就简，只保留旅游者一日中的主要到访活动；

（4）根据张家界旅游者停留时间的一般特征，对五日以上的一日行程仅要求其按顺序填写。

二、空间节点梳理

（一）游览节点

张家界旅游景点和景区多为观光型，武陵源风景名胜区内包括多个景区和景点。如索溪峪景区现已开发 8 个子景区和 300 多个景点，子景区包括西海峰林、十里画廊、水绕四门、百丈峡、宝峰湖、黄龙洞和一线天等，其中的宝峰湖、黄龙洞两个子景区属于独立经营。地理位置方面，西海峰林位于天子山内，一线天位于杨家界内，水绕四门、十里画廊位于森林公园内，同时这些景点与森林公园实行统一管理制度。旅游者在实际旅游过程中，也因地理位置集中和门票包含而在这些景区中来回地穿行。

明确研究的范围和深度，厘清景区、景点之间相互包含的关系，选取合适的视角进行划分，是旅游者行为实证研究中开展数据清洗和处理工作的前提。根据游览节点的界定，将数据收集过程中出现的景点、景区进行整理、归类，可以得到表 5-1 所列的划分，比较适合中观层面的旅游者行为研究。归类后的景区与景点充分遵循现实因素，仅在索溪峪景区的归类上有较大出入，因此，将索溪峪的大部分景区依据旅游者行为习惯与归属特征划入森林公园。

表5-1　张家界主要景区与景点之间的从属关系及其归类

Ⅰ型节点			Ⅱ型节点	Ⅲ型节点
一级景区	二级景区	独立景区	可达节点	眺望节点
森林公园			大氧吧广场、乱窜坡、琵琶溪、腰子寨、砂刀沟、水绕四门	
	袁家界		天下第一桥、百龙天梯	迷魂台、哈利路亚山
	黄石寨		南天门	
森林公园	金鞭溪			千里相会、金鞭、神鹰护鞭、劈山救母、母子峰
	杨家界		乌龙寨、一步登天、一线天	天波府、金鸡报晓
	天子山		贺龙公园、天子阁、大观台、点将台、老屋场、空中田园、空中走廊	神兵聚会、仙女献花、御笔峰、神堂湾、神鸡啄食、天池、西海峰林
	十里画廊			采药老人、食指峰
	百丈峡			
天门山			天门洞、天门山寺、天门狐仙、醉云亭、云梦仙顶、求儿洞、鬼谷栈道、通天大道、玻璃栈道	玉壶峰
大峡谷			玻璃桥、一线天	
		溪布街		
		老道湾		
		黄龙洞	定海神针	
		宝峰湖		
		老院子		
		土家风情园		
		九天洞		
		茅岩河		

续表

Ⅰ型节点			Ⅱ型节点	Ⅲ型节点
一级景区	二级景区	独立景区	可达节点	眺望节点
		大湘西记忆博物馆		

数据来源：携程、去哪儿等社交平台上的网络游记。

（二）休憩节点

根据旅游者行为的主要构成，住宿、餐饮、休闲、小憩和购物等均被认为是旅游者的维护性时空行为，相应的空间节点被称为休憩节点。在上述五类休憩节点中，住宿节点是旅游者一日时空路径的出发点，旅游者行为时空模式与住宿地密切相关；休闲节点则反映了旅游者晚间时空行为的选择，近年来有增长的趋势；而餐饮、小憩和购物三类时空行为具有较强的时空依附性，主要依附于游览节点的位置和旅游时间的分配。选取游览节点和休憩节点中的住宿节点和休闲节点来建构旅游者时空路径，餐饮、小憩和购物节点暂不在考虑范围之内。对张家界旅游者时空行为的分析主要集中在"住""游""娱""行"，其中"行"串联起"住""游""娱"三项。根据活动分析法，出行是活动的派生而非单独的活动，因此将"行"看作旅游者活动的一部分，对"行"的研究主要是通过旅游者时空行为路径和交通方式来体现的。

三、样本概况

通过在线调查获取 2018 年 9 月 5 日至 2019 年 9 月 5 日旅游者在张家界旅游的完整行程，包括每日从住宿地出发到每一个节点游玩，再到晚间休闲和夜间休息。此次调查一共收集到 842 份在线问卷，剔除部分存在逻辑上的明显错误和回答不完整的问卷，总共得到有效问卷 430 份，有效率为 51.07%。在线调查以随机发放的形式，避免主观判断的人群抽样带来偏差。问卷内容主要包括旅游者个体和单元属性、行程路径、旅游与城市评价和制约与建议等数据信息。

目前，基于传统时间地理学、行为地理学等理论基础的时空行为研究主要以居民为对象，多从不同年龄、不同性别和不同区位等视角去刻画居民内部不同群体的特征。根据旅游者多以旅游者单元的形式统一实施时空行为，其刻画差异的视角也就有所区别，如旅游时间、组织方式、旅游目的和到访次数等更能反映旅游者的时空行为特征。

（一）旅游者个体社会经济属性

如表 5-2 所示，对在线调查获取的有效问卷进行统计分析，结果显示，填写调查问卷的旅游者年龄多为 18 ～ 45 岁，占比高达 91.10%，这可能与在线调查采取网络发布的形式有关，但旅游者所在的旅游单元涵盖了包括老年人、儿童等在内各个不同年龄段的群体，因此，对时空行为研究并无影响。职业以企业单位人员为主，占比 55.62%，其次为事业单位人员和学生，分别占比 17.33% 和 14.80%。学历以大专（包含）以上学历为主，占比 94.92%。男女分别占比为 42.37% 和 57.63%。渠道中网络社交媒体占比 82.42%，旅游网站占比 70.76%，亲戚朋友聊天占比 46.19%，电视广播宣传占比 35.59%，旅行社推荐占比仅为 23.09%。月收入以 5000 ～ 10000 元和 10000 元以上为主，分别占比 38.35% 和 23.52%。

表5-2 旅游者个体社会经济属性信息

类别	指标	占比（%）	类别	指标	占比（%）
年龄	13 ～ 17 岁	3.60	性别	男	42.37
	18 ～ 45 岁	91.10		女	57.63
	46 ～ 69 岁	4.45	渠道	网络社交媒体	82.42
	70 岁以上	0.85		旅游网站	70.76
职业	企业单位	55.62		亲戚朋友聊天	46.19
	事业单位	17.33		电视广播宣传	35.59

类别	指标	占比（%）	类别	指标	占比（%）
职业	学生	14.80		旅行社推荐	23.09
	个体工商户	6.74		2000元以下	11.86
	政府单位人员	5.51		2001～3000元	6.14
学历	研究生	8.69	收入	3001～4000元	7.84
	大学本科	76.27		4001～5000元	12.29
	大专	9.96		5001～10000元	38.35
	高中/中专	3.60		10000元以上	23.52

数据来源：在线问卷调查汇总统计，以上为问卷填写者个体信息。

（二）旅游者单元特征属性

旅游者单元特征属性主要是与旅游者单位作为整体在旅游目的地中的行为活动相关的属性，分组织方式、旅游目的、旅游时间、交通方式、住宿类别、旅游区间和停留时间7个方面。以下图表数据均来自在线问卷汇总统计。

1.组织方式

在旅游者单元的组织方式统计中，参团占比37.50%，自助占比62.50%。据张家界市文化旅游广电体育局发布的数据，2018年国庆黄金周期间，全市接待团队和散客旅游者分别占比28.57%和71.43%，与样本统计结果较为吻合。参团游中以拼团居多，占比65.54%；自助游中则以全程使用公共交通工具居多，占比39.71%，其次为目的地自驾，如表5-3所示。

表5-3　旅游者单元旅游组织方式占比统计

方式	占比（%）	其中	占比（%）
参团	37.50	包团	34.46
		拼团	65.54

方式	占比（%）	其中	占比（%）
自助	62.50	全程自驾	25.89
		目的地自驾	34.40
		全程使用公共交通工具	39.71

2. 旅游目的

在自助游中，旅游者单元主要为 3 人和 4 人，分别占比 27.66% 和 29.79%，其次为 2 人，占比 15.96%，1 人的占比仅为 1.42%，如图 5-1 所示。自助游旅游者单元内部关系中，依次为朋友、夫妻、亲子和父母（指成年人陪同父母出游），占比依次为 49.08%、41.39%、28.57% 和 17.22%，如图 5-2 所示。

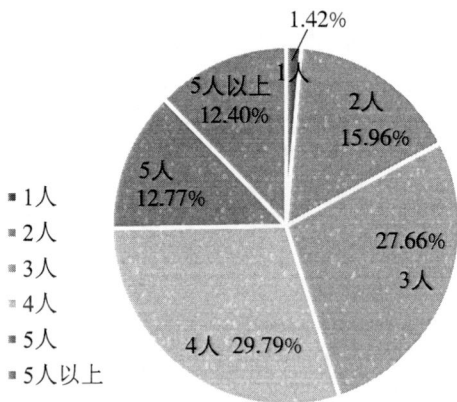

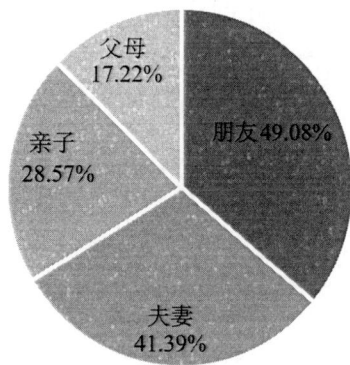

图 5-1　旅游者单元自助游中的人数占比　　图 5-2　旅游者单元自助游中的关系占比

将旅游者来张家界旅游的目的设置为多选项，见表 5-4，占比前三位的依次为观光、休闲和度假，均在 50% 以上。与之形成鲜明对比的是，考察、开会、商务、科技等选择均占比不到 3%，表明张家界旅游职能的单一化特征突出。

表5-4　旅游者单元旅游目的占比统计

选项	比例（%）	选项	比例（%）
观光	77.12	考察	2.12
休闲	66.31	开会	1.91
娱乐	47.25	商务	2.12
度假	55.93	科技	2.33
探亲	3.81	宗教	2.54
疗养	2.33	其他	1.69

3. 旅游时间

样本数据在一定程度上反映了张家界旅游人次的各月份差异，总体上揭示了旅游人次的季节性波动特征较为明显。如图 5-3 所示，全年旅游时间呈现"两峰"型分布，即五一小长假和十一黄金周两个时段旅游者最多，此外 7 月、8 月是学生暑假期间，由于武陵源核心景区实行了学生优惠票价政策，也吸引了不少学生来张家界旅游，呈现出仅次于五一和十一的次高峰。3～10 月为旅游者旅游时间较为集中阶段，10 月以后随着气温降低，旅游人次开始大幅减少，12 月至来年 2 月旅游人次维持在较低水平，但总体上较为平缓。

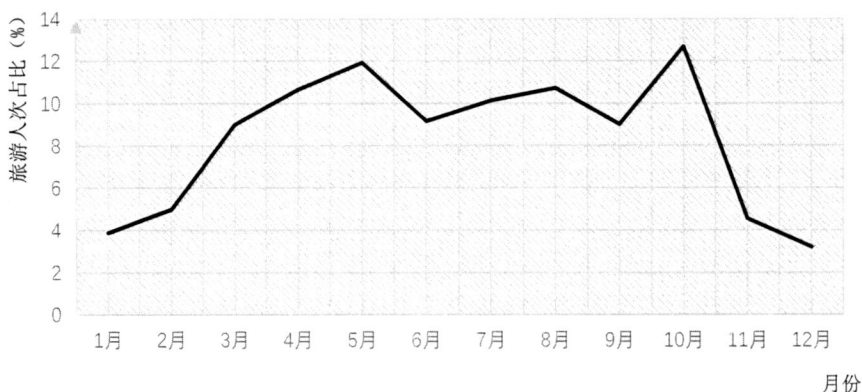

图 5-3　张家界各月旅游人次占比统计

4. 交通方式

问卷统计结果如表5-5所示，旅游者到达张家界的交通方式主要为长距离的飞机，其次为高铁，依次占比34.53%和25.42%。在张家界内部出行交通方式中，以大巴为主，其次为徒步、自驾和中巴。旅游者大部分采取自助游的旅游组织方式，但到达张家界后一般通过旅游网站平台安排交通。在内部交通中，徒步方式仅次于大巴，经实地调查多为景区内部观光过程中的徒步。自驾到达张家界仅占比15.05%，但在张家界内部的交通方式中，自驾仅次于大巴，说明旅游目的地内租车自驾较多。自行车和自驾是近年来兴起的两种出行交通方式。

表5-5　旅游者单元旅游交通方式占比统计

张家界内部交通方式	占比（%）	到达张家界的交通方式	占比（%）
自驾	31.99	飞机	34.53
大巴	50.85	高铁	25.42
中巴	27.97	动车	9.32
自行车	23.09	火车	12.29
徒步	46.19	客运班车	3.39
其他	5.93	自驾	15.05

5. 住宿类别

住宿地点主要分为三类统计，分别是酒店、民宿和客栈。其中酒店占比63.98%，在近年来民宿兴起的背景下仍然占有明显优势；民宿占比22.67%；客栈占比10.38%，如图5-4所示。少数旅游者在调查过程中未分清民宿和客栈，多将客栈作为民宿来选择，使得客栈占比结果偏低。调查发现，家庭小旅馆也占有一定比重，但多以客栈或酒店名称出现，旅游者在填写问卷时容易混淆，因此未作为单独一类来统计。目前，张家界家庭小旅馆多为自助的年轻人选择，整体分布不均，品质有待提升。

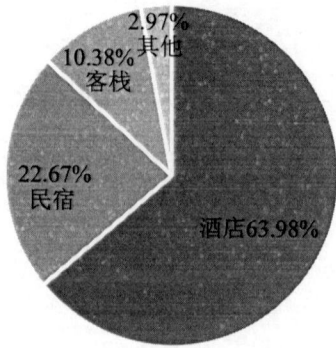

图 5-4　张家界旅游者单元住宿类别占比

6. 旅游区间

在线调查结果表明，以张家界作为唯一旅游目的地，与包括张家界和张家界周边城市在内的两种旅游区间均存在。79.32% 的旅游者专程到张家界，20.68% 的旅游者还去了其他地方，这些地方主要为凤凰、长沙和湘西自治州等。

7. 停留时间

如图 5-5 所示，在以张家界为唯一目的地的旅游者单元停留时间中，在张家界停留以两日居多，占比 42.87%；其次为三日和一日，占比分别为 25.27% 和 17.31%；停留半日和四日的占比均为 6.04%；五日和五日以上占比极低，分别为 1.1% 和 1.37%。从中可以看出，以张家界为唯一旅游地域的旅游者其停留时间较长，而到访张家界和张家界周边城市的旅游者在张家界的停留时间较短。

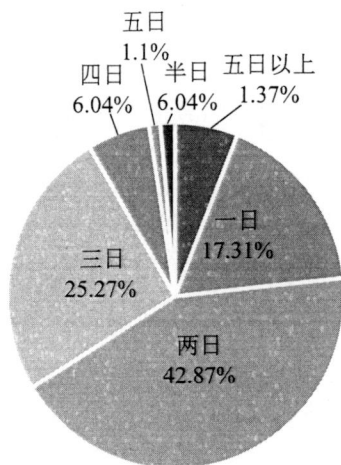

图 5-5　张家界作为唯一旅游目的地的停留时间占比

如图 5-6 所示，在以张家界为非唯一目的地的旅游者的单元停留时间中，在张家界停留以三日居多，占比 35.19%；其次为两日和一日，占比分别为 29.63% 和 14.81%；再次为五日以上，占比 7.40%；半日、四日和五日占比分别为 5.56%、4.63% 和 2.78%。

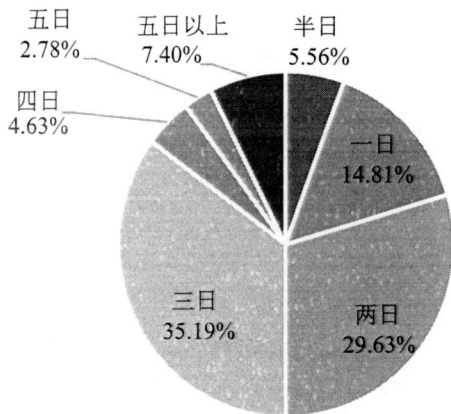

图 5-6　张家界作为非唯一旅游目的地的停留时间占比

（三）旅游者评价

在线调查中，设满意度满分为 100 分，受访的旅游者对张家界旅游质量的满意度评价打分平均得分为 76.43 分，对张家界城市建设的满意度评价打分平均得分为 71.90 分。结果的差异与多年来社会对张家界旅游资源与城市建设之间存在巨大差距的基本评价一致，同时提示张家界旅游品质仍然不高，有待完善的空间仍比较大。

　　将旅游者对张家界旅游质量不满意的方面和对张家界城市建设不满意的方面设置为多项选择，结果如表 5-6 所示。旅游评价方面，占比前五位的主要有景区排队时间长，景区之间交通衔接不便，景区人多导致旅游品质降低，旅游配套设施和服务有待提升，体验性和参与性项目稀缺。对张家界城市建设不满意的方面占比前五位的主要有停车难，高层建筑遮挡（高层建筑的体量和高度对城市山水轮廓线有遮挡），城市文化气息弱，开发强度影响格局（开发强度偏高、影响自然格局），交通路线不合理。

表5-6　旅游者旅游和城市评价排名前五及其占比

旅游评价项目	占比（%）	城市评价项目	占比（%）
景区排队时间长	50.21	停车难	24.79
景区之间交通衔接不便	32.84	高层建筑遮挡	22.88
景区人多导致旅游品质降低	25.11	城市文化气息弱	22.67
旅游配套设施和服务有待提升	22.25	开发强度影响格局	21.61
体验性和参与性项目稀缺	14.83	交通路线不合理	20.76

　　在旅游制约因素调查中，"时间有限，不能去其他景区玩"最为突出；"人多拥挤，不能尽情地游览"和"观光较多，缺乏不同类型的项目"占比次之。

第三节　基于时间利用的旅游者行为聚类

一、旅游者时间利用构建

（一）旅游者旅游情景分析

根据规则性时空游走模型，结合问卷调查统计结果，以一日为例，构建旅游者旅游情景：假设旅游者上午 8 点 30 分从酒店出发，中午 12 点吃午餐，13 点开始游览，17 点结束游览返回，18 点晚餐，19 点 30 分结束晚餐，19 点 30 分至 22 点 30 分为休闲时间，22 点 30 分至第二天 8 点 30 分是休息时间（含早餐时间）。在此基础上可推知，一日 24 小时中，刚性时间包括午餐和晚餐时间花费 2.5 小时，早餐在内的睡眠和休息花费 10 小时，则剩余的 11.5 小时为旅游者可选择的弹性时间，具体由上午出行、停留的 3.5 小时，下午出行、停留的 4 小时，下午出行返回的 1 小时和休闲的 3 小时组成。

（二）旅游者时间利用构建

根据旅游者时空行为的基本特征，旅游者规则性时空游走模型以及式（4-1）（ $t_m + t_{游} + t_{出} = 24$ ），结合现实经验可知，t_m 是刚性时间，是相对固定的，则 $t_{游}$ 与 $t_{出}$ 之和即弹性时间 T_e 也是一定的。

对于半日游的旅游者，将上午游称为 I 型，将下午游称为 II 型，忽略其过夜，其刚性时间算一餐饭时间，结合活动规律可知 I 型弹性时间为 3.5 小时，II 型弹性时间为 4 小时。

对于一日和一日以上的旅游者，将最后一日过夜称为 III 型，将最后一日不过夜称为 IV 型，IV 型假定其 17 点结束游览后即返回客源地。III 型旅游弹性总时间 T_e 为 $11.5 \times n$ ，其中 n 为旅游天数，为大于等于 1 的整数；IV 型旅游弹性总时间 n 为 $11.5 \times (n-1) + 7.5$ 小时，其中 n 为旅游天数，为大于等于 1 的整数。一天半游、两天半游等称为 V 型，其弹性时间为 $11.5 \times n + 3.5$ 。不同类型的旅游的一日时间利用如表 5-7 所示，其中，Ⅲ、Ⅳ、Ⅴ为最后一日时间利用。

表5-7　不同类型的旅游一日时间利用

时间类型	刚性时间利用				总时间（小时）	刚性时间（小时）	弹性时间（小时）
	早餐	中餐	晚餐	睡眠			
Ⅰ		√			4.5	1	3.5
Ⅱ			√		5.5	1.5	4
Ⅲ	√	√	√	√	24	12.5	11.5
Ⅳ	√	√	√		8.5	1	7.5
Ⅴ	√	√			4.5	1	3.5

在问卷调查中获得的旅游者时间花费，往往既有旅游总时间，又有游览总时间，在数据整理中要根据旅游者提供的具体行程来辨别。通过高德地图模拟旅游者到达各个节点的交通时间，构建旅游者简化时空路径，从中提取出到达每个节点的出行时间 t_a 和停留时间 t_s，根据式（4-2）（ $t_{ci} = t_{ai} + t_{si}$），两者之和作为节点的花费时间 t_c。

二、时间利用聚类结果分析

根据旅游者简化时空路径构建旅游者规则性时空游走模型，选取旅游者的弹性旅游时间 T_e 和节点平均专注度 A_{avg} 作为聚类的初始变量。首先计算每条时空路径中旅游者的平均专注度和专注度标准差（只有一个节点时标准差为 0），用 z-score 进行标准化处理（转为均值 0，方差 1 的变量）。根据弹性时间 T_e、平均专注度 A_{avg} 以及专注度方差 σ_A 三个变量，结合出现次数大于 20 次以上的节点，在 SPSS Statistics 25 中采用 K-Means 聚类方法，对旅游者行为进行时间利用维度的聚类分析，结果如表 5-8 所示。

表5-8 旅游者时间利用的聚类变量值结果

类别	指标	均值	标准差	最小值	最大值	占比（%）	特征
1	$T1_e$	10.9524	6.2699	3.5	23	14.89	低时间、高专注度、低标准差
	$A1_{avg}$	0.6277	0.2850	0.0924	1		
	$\sigma1_A$	0.0331	0.0694	0	0.3382		
2	$T2_e$	24.7820	9.2144	7.5	80.5	59.11	高时间、低专注度、高标准差
	$A2_{avg}$	0.2626	0.0801	0.0757	0.5000		
	$\sigma2_A$	0.1165	0.0919	0	0.4202		
3	$T3_e$	29.5227	7.4763	11.5	46	10.40	高时间、低专注度、高标准差
	$A3_{avg}$	0.2315	0.0791	0.0996	0.4565		
	$\sigma3_A$	0.1675	0.0934	0.0208	0.3689		
4	$T4_e$	17.5682	8.9965	3.5	34.5	15.60	低时间、高专注度、低标准差
	$A4_{avg}$	0.6728	0.1731	0.3261	1		
	$\sigma4_A$	0.0056	0.0255	0	0.1768		

注：弹性时间数值单位为小时。

结果表明，森林公园、天门山和溪布街三个节点对聚类有较大影响。前两者是张家界旅游者选择最多的，溪布街一般是夜间开放，大部分旅游者将其作为夜间活动的主要场所，因此其到访情况可反映旅游者的夜间行为。具体分析如下。

（1）天门山导向型。该类别特征可归纳为低时间和高专注度。结合节点分析，发现该类别旅游者大多数只到访天门山，仅少数旅游者除了天门山还到访了大峡谷、黄龙洞和魅力湘西，均未到访森林公园，游览总时间多为一日。该类别占比14.89%。

（2）纯观光型。该类别特征为高时间和低专注度，大部分旅游者都到访了森林公园和天门山，但未到访溪布街，可理解为纯观光型。该类别占比59.11%，为四类中最多。游览总时间大部分集中在两至三日，每个节点专注度均不高。

（3）观光休闲型。该类别特征为高时间和低专注度，旅游者都到访了森林公园和溪布街，大部分还到访了天门山，可理解为兼顾观光休闲型，该类别占比10.40%，仍是最低。

（4）森林公园导向型。该类别特征为低时间和高专注度。旅游者专注于森林公园，其他节点则很少到访。游览总时间多为两天。该类别占比15.60%，略高于类别1。

从指标分析结果总体归纳，可将旅游者时间利用特征概括为短期专注型和长期分散型两类，且夜间旅游尚未形成。森林公园和天门山是旅游者主要到访的标志性景区。森林公园因实行联票制，四日内有效，且空间覆盖范围大，因而时间相对较长，一般为两日。若到访森林公园和天门山两者其中一个，则整体呈现较高的专注度，若两者都到访则专注度不高，暗示两者具有一定的互斥性。结合问卷访谈发现，旅游者对观光资源类似、重复游览价值不高的看法可能是其重要原因，尽管两者在景观特色方面差异显著。尚未发现长期专注型。结果还表明，微观旅游节点空间品质有待进一步提高，而宏观上多样差异互补节点空间尚未形成。

进一步分析可知，某一个游览节点可能会成为旅游者的吸引物，旅游者愿意为到访该游览节点而到访旅游目的地，且对该游览节点呈现出较高的专注度。旅游目的地广受欢迎的游览节点，其被认可度往往会经由互联网等媒介的传播被进一步加强，即仅凭一己之力吸引旅游者，说明时空间客体对行为主体的影响是显著的；也存在一种原因，旅游目的地内其他游览节点吸引力不够，旅游者退而求其次选择该游览节点作为打卡点，短时间到此一游。但无论如何，都说明旅游目的地对旅游者的吸引，否则就不会过来。若吸引旅游者的不同节点本身具有一定程度上的重复性，则会降低专注度，表现出同类互斥的特征，如结果表明同时到访天门山和森林公园的旅游者，其专注度低于只到访其中一个。

除了某一个游览节点，某一类游览节点也可能会成为旅游行为的吸引物，如张家界旅游者受到峰林自然景观的吸引来张家界，是专门为观光游而来。结果表明，纯观光游依然占主导地位，表明大多数旅游者在旅游目的地内的行为选择与旅游目的地的形象定位相符合。同时有小部分"观光＋休闲"，可能这部分旅游者来张家界的动机也是观光，但在旅游的过程中，伴随着旅途困顿、活动单一等情况发生，产生了休闲需求。结合观察与访谈可以认为，这种类型中的休闲仍然是旅游者的观光目的和旅游目的地的观光功能派生出来的。观光与休闲并不互斥，从增加旅游者体验的角度看，两者的结合能更好地提升观光空间对行为的影响。

当观光类游览节点成为旅游者的吸引物时，其专注度一般较某一个游览节点如森林公园或天门山而降低。这可能是由于观光类游览节点内部个体品质本身良莠不齐，也可能是因为同类互斥。观光类的景点空间容易导致这种结果。

三、时间利用聚类结果的差异性分析

根据旅游者社会属性特征，从到访次数、旅游组织方式和月收入三个维度对时间利用的聚类结果进行差异性检验发现，其中到访次数和旅游组织方式的卡方检验无显著差异，但月收入在 10% 水平上显著，如表 5-9 所示。

表5-9　时间利用聚类的卡方检验结果

	到访次数			旅游组织方式			月收入		
	值	df	渐进 Sig.（双侧）	值	df	渐进 Sig.（双侧）	值	df	渐进 Sig.（双侧）
皮尔逊卡方值	13.296[a]	12	0.348	6.715[a]	6	0.348	23.680[a]	15	0.071
似然比	14.643	12	0.262	4.821	6	0.567	24.906	15	0.051

进一步对月收入转换成取中位数进行单因素 Anova 方差检验，结果如表 5-10 所示。p 值为 0.016，表明在 5% 水平上不同时间利用类型之间月收入有显著差异。

表5-10　单因素月收入的方差检查结果

	平方和	df	标准差	F	Sig.
组间	77196299.054	3	25732099.685	3.460	0.016

续表

	平方和	df	标准差	F	Sig.
组内	3116365166.667	427	7437625.696		
总计	3193561465.721	430			

注：月收入中位数取值为（"10000 元以上"=10000）、（"5001~10000 元"=7500）、（"4001~5000 元"=4500）、（"3001~4000 元"=3500）、（"2001~3000 元"=2500）、（"2000 元及以下"=2000）。

再用最小显著性差异法（Least Significant Difference）完成类型间成对均值的两两比较，如表5-11所示。类别1比类别2在1%置信水平上月收入低，比类别3在10%置信水平上月收入低，与类别4无显著差异，暗示收入水平是决定游览总时间的重要因素，收入越高，游览总时间越长。类别2比类别4在5%置信水平上月收入高，类别2和类别4都将森林公园作为重要节点，所不同的是类别2时间更多，同时还游览了其他景区，同样也暗示了游览总时间与收入的相关性。类别3与类别4、类别2均无显著差异，提示收入水平不同的旅游者其休闲、观光差异不大。

表5-11　基于LSD的类型成对均值比较

因变量：月收入中位数						
（ I ）类别	（ J ）类别	平均值差值（I-J）	标准错误	显著性	95% 置信区间	
					下限	上限
1	2	−1050.66667*	384.45813	0.007	−1806.3737	−294.9597
	3	−973.48485	535.81200	0.070	−2026.6993	79.7296
	4	−242.42424	480.36325	0.614	−1186.6463	701.7979
2	1	1050.66667*	384.45813	0.007	294.9597	1806.3737
	3	77.18182	445.85586	0.863	−799.2111	953.5748
	4	808.24242*	377.41463	0.033	66.3804	1550.1044
3	1	973.48485	535.81200	0.070	−79.7296	2026.6993
	2	−77.18182	445.85586	0.863	−953.5748	799.2111
	4	731.06061	530.78079	0.169	−312.2643	1774.3855

因变量：月收入中位数					
（Ｉ）类别	（Ｊ）类别	平均值差值（I-J）	标准错误	显著性	95% 置信区间
					下限	上限

（Ｉ）类别	（Ｊ）类别	平均值差值（I-J）	标准错误	显著性	下限	上限
4	1	242.42424	480.36325	0.614	−701.7979	1186.6463
	2	−808.24242*	377.41463	0.033	−1550.1044	−66.3804
	3	−731.06061	530.78079	0.169	−1774.3855	312.2643

注：＊平均值差值的显著性水平为 0.05。

综合判断得出，时间利用与月收入相关，月收入越高，则游览总时间越长，相应的弹性时间越长；月收入低，则游览总时间不长，弹性时间较短。月收入高的旅游者，更愿意花较多时间旅游，弹性时间也较多，但呈现到访节点较多，专注度较低的现象，这与高收入者更加注重品质的经验观点有所偏差。原因可能来自主客观两方面。主观方面：在讲求速度与效率的时代，猎奇打卡是如今人们普遍存在的心理，比起沉下来真正去品味，可能对数量上的制胜更感兴趣。客观方面：景点空间品质和吸引力有待提升，各景区看点不多，旅游者不得不短时间内结束游览而寻找下一个。相比之下，月收入低的旅游者，考虑到门票、花费和时间等因素，倾向于在成本花费与旅游品质之间明智地取得平衡，即通过聚焦标志性的景区，以达到窥斑见豹的目的。

第四节　基于空间选择的旅游者行为聚类

网络游记是旅游者出于兴趣自发记叙的，常常包含了一些新兴的小众节点，比较适合全面分析旅游目的地内的节点关系。本节通过对网络游记数据的收集、清洗和挖掘，运用社会网络分析中的社区发现法构建旅游目的地空间节点之间的网络结构关系及其类别归属特征，以此实现旅游者的空间选择特征聚类，并对网络中各空间节点中心度指标进行分析。

一、数据收集、清洗与处理

社区发现法用于发现复杂网络中具有密切联系、存在高度互联的节点子集合。本书采用其中公认度较高的社区发现算法对爬取到的网络游记数据进行空间选择角度的行为聚类。选择两个旅游网站作为网络样本采集平台，利用Python编程实现数据爬取。在网站搜索平台键入"张家界"，搜索结果会根据网友的游记更新时间排列。利用Python网络爬虫技术收集两个板块从2018年9月5日至2019年9月5日，以张家界为目的地的网络游记共2677篇。其筛选标准为：

（1）游记要完整记录旅游者在张家界的旅游行程，以便按时间顺序整理旅游者所到景点；

（2）游记中要有具体的景点和景区标记，只有城市名称的视为无效问卷；

（3）游记中至少出现两个或两个以上的景区，或代表不同景区的景点，比如只有森林公园的游记不在采集范围之内；

（4）游记内容可以表明旅游者旅游的时间。

对于同一篇游记在不同的网络平台上发表的，经Python采集之后显示正文重复，则采取去重处理。同时将明显带有商业广告色彩和信息缺失严重的游记剔除。需要指出的是，通过互联网获取的游记记录的多是具体的地点，对其中以景点占多数的游览节点的处理参照旅游者游览节点的界定，对其中休憩节点则予以保留。依据上述筛选标准经过严格细致的数据清洗，最终筛选出符合标准的游记共685篇。运用Python语言编写程序将节点数据转化为邻接表格式，利用Fast unfolding算法导入Gephi软件进行聚类，经过多次迭代，并通过Force Atlas布局算法进行可视化。

如图5-7所示，该网络图中，实心圆代表节点，实心圆越大说明与之联系的节点越多；线条代表有联系，线条越粗说明两个节点联系越紧密；颜色代表类别，同一个颜色属于相同的类别，可以看出一共分为五个类别社区，汇总如表5-12所示。

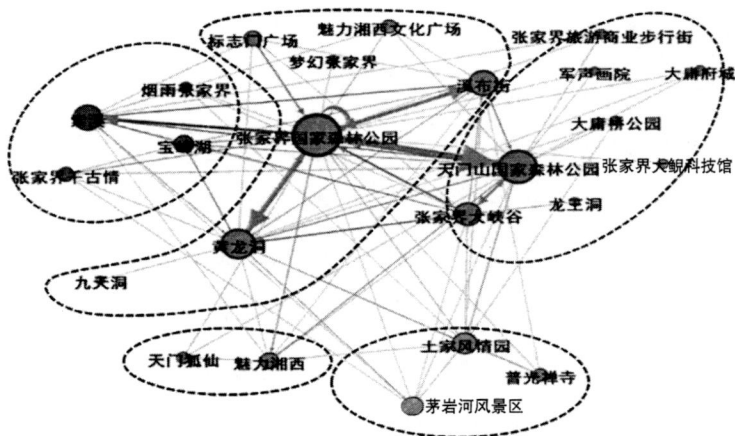

图 5-7　基于空间选择的旅游者行为聚类

注：烟雨张家界位于黄龙洞景区，但因类型与后者不同因而两者相互独立，从旅游者问卷、游记等来看，两者并无联系，故作为独立节点。标志门广场、魅力湘西广场、天门狐仙均作为独立节点在游记中出现频次较高，均作为独立的休憩集散空间，分析时可视情况分别与关联景区综合考虑。

表5-12　基于空间选择的张家界旅游者行为聚类结果

社区	游览节点
1	森林公园、黄龙洞、溪布街、魅力湘西文化广场、标志门广场、九天洞
2	索溪、宝峰湖、烟雨张家界、张家界千古情
3	天门狐仙、魅力湘西
4	天门山、张家界大鲵科技馆、张家界大峡谷、龙王洞、军声画院、大庸府城、大庸桥公园、张家界旅游商业步行街
5	土家风情园、茅岩河风景区、普光禅寺

二、空间选择聚类结果分析

基于 Fast unfolding 算法的聚类结果初步反映的是旅游者更偏好从哪个节点到哪个节点，偏好关联较密切的节点被归到同一个社区中。从对旅游者偏好选择影响角度，从节点类型和节点位置两方面对上述聚类结果进行解读和分析。

（一）精品荟萃、注重休憩型

森林公园、黄龙洞、溪布街、魅力湘西文化广场和标志门广场均位于武陵源，形成以森林公园为核心，黄龙洞为中转，溪布街、标志门和魅力湘西文化广场为节点，涵盖包括九天洞在内的溶洞、森林、休闲和休憩等内容的社区圈。其中，魅力湘西文化广场作为重要休憩节点和集散空间，标志门广场则是旅游者选择最多、印象最深的景区外集散空间。该圈反映了旅游者选择经典景区节点，侧重自然和休憩类节点的偏好。九天洞是该区域内除黄龙洞之外，品质比较突出和规模较大的，其相距森林公园100余千米，相对其他节点而言并不具备地理位置上的优势，而这恰恰反映出旅游者在节点的选择中，忽略地理距离的精品荟萃和兼顾休憩导向型特征。

（二）就近选择、差异偏好型

索溪、宝峰湖、烟雨张家界和张家界千古情均位于武陵源，在地理位置上相近，反映了该旅游者游览中将索溪作为重要中转纽带空间而呈现的短时、多样选择特征。其中，索溪和宝峰湖分别以动态和静态水景特征为主，索溪叮叮咚咚自西向东穿过武陵源，沿溪分布有溪布街、千古情、烟雨张家界等旅游节点和城市功能空间；烟雨张家界和千古情都是以演艺张家界历史、民俗文化为主题的人文类展示空间，其中，烟雨张家界是纯演艺类节点，相对而言千古情则是以演艺为主，综合休闲和亲子等的综合节点。在以峰林石柱等自然景观为主的张家界，该圈体现旅游者行为选择中就近选择、差异偏好和非主流导向型特征。

（三）演艺专注、追求多元型

天门狐仙是以刘海砍樵的民间流传故事为原型，以爱情作为主题，魅力湘西则是汇聚民族与地域特色风情的人文经典演艺节目，两者均为演艺类节点。但两者地理位置相距较远，演艺主题不同，是张家界演艺休闲的典型代表，揭示了张家界部分旅游者晚间休闲活动的行为空间选择，反映旅游者行为选择专注中追求经典而多元的特征。

（四）追求热门、青睐小众型

以天门山、张家界大峡谷为首，串联起附近的大多数游览节点，这些节点距离较近，反映了旅游者空间选择以网红主流带动周边小众节点的特征。节点包含了自然和人文双重特征，小众景点中除了龙王洞（龙王洞靠近张家界大峡谷，张家界大峡谷周边几乎无人文类景点，这恰恰反映了以热门景点为基点的就近选择特征）以外，均为人文景点，也反映了张家界旅游者选择的多样化倾向。

（五）聚焦小众、自然人文型

土家风情园、茅岩河风景区和普光禅寺均位于永定区，其中，茅岩河风景区距离中心区约30千米，与武陵源相当。圈内的节点兼顾自然和人文双重特征，同时与森林公园、天门山等形成鲜明对照的是，这三个景点都是小众、非主流景点，而成为旅游者青睐的选择集群，反映出经典和热门之外的小众景点偏好特征。

从 Fast unfolding 算法得到的结果可知，5个社区内部的连边密度存在较大差异，社区1、社区2和社区4内部节点之间的联系整体上较社区3和社区5强；同时以森林公园为代表的社区1与其他4个社区之间的联系强度较这4个社区两两之间的联系强度明显高。这些子社区网络内部和之间的结构差异表明主要节点在旅游者对空间节点选择中的影响较大。

三、旅游目的地内的游览节点中心度分析

（一）游览节点中心度分析

在空间选择聚类的初步结果上，为进一步量化分析游览节点与节点之间的联系，运用社会网络分析法对空间节点四项中心度指标进行测度，将测度值标准化后得到张家界旅游者游览节点中心度指标测度结果，见表5-13。从各项测度值可看出各空间节点在网络中所承担的作用及其大小。

表5-13　张家界旅游者游览节点中心度指标测度结果

节点	点入	点出	度中心度	接近中心度	中介中心度	特征向量中心度
龙王洞	1	1	2	0.3846	0.0000	0.0855
张家界大峡谷	9	9	18	0.5952	0.0487	0.6317
张家界旅游商业步行街	2	1	3	0.3906	0.0000	0.2120
张家界千古情	5	3	8	0.5208	0.0008	0.4206
天门狐仙	2	3	5	0.5000	0.0000	0.2120
魅力湘西文化广场	4	3	7	0.4902	0.0000	0.3743
溪布街	10	10	20	0.6098	0.0297	0.7042
黄龙洞	11	14	25	0.6757	0.1265	0.7253
梦幻张家界	1	1	2	0.4717	0.0000	0.1180
土家风情园	8	8	16	0.5814	0.0276	0.5229
宝峰湖	6	5	11	0.5435	0.0018	0.5344
索溪	10	10	20	0.6098	0.0600	0.6751
森林公园	17	22	39	0.8621	0.3174	1.0000
九天洞	1	0	1	0.0000	0.0000	0.0855
普光禅寺	3	3	6	0.4902	0.0000	0.2656
大庸府城	2	2	4	0.4902	0.0000	0.2035
军声画院	1	1	2	0.4310	0.0000	0.1180
标志门广场	5	4	9	0.5208	0.0000	0.4404
茅岩河风景区	6	6	12	0.5319	0.0034	0.5138
魅力湘西	4	6	10	0.5556	0.0033	0.3203
大庸桥公园	1	2	3	0.4310	0.0000	0.0940
烟雨张家界	4	0	4	0.0000	0.0000	0.3342
天门山	14	15	29	0.7143	0.1959	0.7929
张家界大鲵科技馆	1	1	2	0.4310	0.0000	0.1180

将上述结果进一步整理归类后得到表 5-14、表 5-15。

表5-14　游览节点的度中心度、接近中心度、中介中心度

度中心度	接近中心度	中介中心度	行为空间节点
低	一般	低	张家界大鲵科技馆、龙王洞、张家界旅游商业步行街、军声画院、大庸桥公园
低	低	低	烟雨张家界、九天洞
一般	较高	较低	茅岩河风景区、魅力湘西、宝峰湖
较低	较高	低	普光禅寺、大庸府城、标志门广场、梦幻张家界、张家界千古情、天门狐仙、魅力湘西文化广场
高	高	高	森林公园、天门山、黄龙洞
较高	高	一般	张家界大峡谷、溪布街、土家风情园、索溪

表5-15　游览节点的特征向量中心度

特征向量中心度	游览节点
高	森林公园、天门山、黄龙洞、溪布街、索溪
一般	张家界大峡谷、茅岩河、宝峰湖、土家风情园、标志门广场、张家界千古情
较低	烟雨张家界、魅力湘西、魅力湘西文化广场、普光禅寺、天门狐仙、大庸府城、张家界大鲵科技馆、梦幻张家界、军声画院、大庸桥公园、九天洞、龙王洞、张家界旅游商业步行街

从表 5-14、表 5-15 中可知，森林公园、天门山、黄龙洞三者的四项中心度均为最高，是整体网络中的关键核心节点，在旅游者选择、中转控制和邻近节点等方面均处于突出的优势地位。溪布街、索溪在度中心和中介中心度方面弱于前三者，但其接近中心性和特征向量中心度高，表明其在联系核心节点、可达性方面具有突出优势，旅游者偏好将其作为武陵源景区节点之间转换的纽带，但并不是唯一选择，对整体网络的控制作用也不大，因为还存在其他多种选择。

张家界大峡谷、土家风情园的度中心度、接近中心度较高，特征向量中心度和中介中心度一般，与前五者存在一定差距。张家界大峡谷作为热门节点，

与其他节点联系紧密，旅游者到访较多，但与核心节点尚存在一定差距，其在张家界旅游者行为的空间整体网络中影响力一般，亦非重要位置。土家风情园则因位于永定城区，靠近天门山、机场和火车站，可达性强，交通便捷，旅游者选择的动因一是作为天门山的配套节点，二是作为城市中的人文节点到访较多。除了与天门山核心节点联系外，其与小众节点亦联系紧密，因而接近中心度较高，但其特征向量中心度则一般，在网络中的中转作用亦不突出。

茅岩河、宝峰湖、标志门广场和张家界千古情特征向量中心度和接近中心度较高，但向量中心度和中介中心度较低。这几个节点是与张家界核心节点联系较为密切的节点，在网络中可达性高，是旅游者选择核心节点之后的选择之一，但不是多数人的选择。

烟雨张家界、魅力湘西、魅力湘西文化广场、普光禅寺、天门狐仙、大庸府城、张家界大鲵科技馆、梦幻张家界、军声画院、大庸桥公园、九天洞、龙王洞和张家界旅游商业步行街特征向量中心度低，其中，普光禅寺、大庸府城、梦幻张家界、天门狐仙、魅力湘西文化广场、魅力湘西接近中心度较高而度中心度和中介中心度较低，表明其与核心节点关联多，可达性高，但旅游者选择较少。其余节点的其他三项中心度均较低。

（二）空间选择聚类中的游览节点中心度分析

游览节点中心度指标结果结合空间选择聚类结果进一步分析如下。

1. 社区 1

溪布街、魅力湘西文化广场和标志门广场三者与核心节点森林公园、黄龙洞联系较多，该圈具有向森林公园核心集中的趋势，但在与核心节点的搭配中，旅游者选择存在多样化，因而拉低了度中心度和中介中心度。九天洞则偏居一隅，各项中心度均处于低值。

2. 社区 2

与索溪联系紧密的节点较多，包括森林公园等核心节点，索溪到其他节点均比较便捷，在串联其他节点、引导旅游者行为、实现良好空间组织方面作用突出。宝峰湖和张家界千古情与其他节点距离较短，联系便捷，烟雨张家界则各方面指标均处于低值。该圈内节点中心度值存在高、中、低的层次差异，尚存在较大的完善空间。

3. 社区 3

魅力湘西的度中心度高于天门狐仙，与其在武陵源的核心地理位置有关；两者接近中心度较高，表明其与空间网络中的其他节点联系较为频繁。但两者特征向量、中介中心度均为低值，说明该圈中尚没有在网络中地位和作用较强的节点，仅仅因为同为演艺类而形成社区圈，无法满足旅游者真实的行为需求，因而比较脆弱，不太稳定。

4. 社区 4

天门山四项中心度均仅次于森林公园，张家界大峡谷各项指标值均低于天门山，其中介中心度与天门山差异显著；天门山作为张家界标志性游览节点之一，其大幅带动周边游览节点。大庸府城位于中心区核心商圈，接近中心度较高，其余节点四项中心度均为低值。

5. 社区 5

土家风情园的接近中心度较普光禅寺、茅岩河风景区高，说明土家风情园在网络中的区位优势较为显著，三个节点的中介中心度均较低，说明其一般作为路径末端节点；土家风情园的度中心度明显高于前两者，表明旅游者到访较多，但中介转换作用仍不突出。土家风情园和茅岩河风景区的特征向量中心度高于普光禅寺，主要是依托于天门山的带动。

四、区域旅游中的城市节点中心度分析

在网络游记中，有约 29.55% 的游记记录的是区域旅游，在问卷调查中也有 20.68% 的旅游者还去了除张家界市域以外的其他城市，如凤凰、长沙和永顺等。将这些游记中的城市数据信息提炼出来，以城市为节点，对各城市的度中心度、接近中心度、中介中心度和特征向量中心度四项节点中心度指标进行分析，结果如表 5-16 所示。

表5-16　区域旅游中城市节点中心度指标

城市	点入	点出	度中心度	接近中心度	中介中心度	特征向量中心度
怀化	1	1	2	0.278846	0.000973	0.119443
韶山	3	2	5	0.280193	0.008652	0.308774
永顺	6	5	11	0.339181	0.024943	0.631962
黄山	2	2	4	0.327684	0.043696	0.046617
贵阳	2	1	3	0.246809	0.023139	0.211145
青岛	1	1	2	0.252174	0.043461	0.055217
张家口	1	1	2	0.666667	0.025352	0.20568
荆州	1	1	2	1	0.012676	0.030746
九江	1	1	2	0.267281	0.022736	0.006456
云林	1	1	2	0.229249	0.024346	0.20568
新宁	1	1	2	0.180685	0.014051	0.132475
温州	1	1	2	0.329545	0.04165	0.004172
花垣	2	1	3	0.277512	0.00057	0.302009
吉首	4	3	7	0.33526	0.003622	0.544222
宣城	1	1	2	0.214022	0.023541	0.019685
香格里拉	1	1	2	0.324022	0.010664	0.021714
恩施	2	3	5	0.333333	0.023944	0.207736
当雄	1	1	2	0.252174	0.011871	0.007046
庐山	1	1	2	0.248927	0.020959	0.20568
赤峰	1	1	2	0.254386	0.042455	0.004262
湖州	1	1	2	0.246914	0.012072	0.002057
武隆	1	2	3	0.288557	0.071227	0.20568
甘孜	1	1	2	1	0.012877	0.04204
杭州	1	2	3	0.188925	0.059155	0.010348
丹江口	1	1	2	0.16156	0.05996	0.04204

续表

城市	点入	点出	度中心度	接近中心度	中介中心度	特征向量中心度
韶关	1	1	2	0.216418	0.013246	0.025562
凤凰	8	10	18	0.379085	0.097297	0.697976
南京	1	1	2	0.178462	0.024346	0.094934
九寨沟	4	2	6	0.33526	0.069618	0.269326
丽江	1	1	2	0.253275	0.000805	0.010348
广州	1	1	2	0.170088	0.01328	0.055217
桑植	4	3	7	0.324022	0.001543	0.504372
澳门	1	1	2	0.201389	0.012475	0.013002
宜昌	1	2	3	0.329609	0.000302	0.002057
桂林	2	2	4	0.324022	0.045473	0.249988
长沙	6	9	15	0.381579	0.109665	0.480482
西安	1	1	2	0.254386	0.002012	0.050994
武汉	4	4	8	0.355828	0.058719	0.255689
三亚	2	2	4	0.337209	0.010865	0.227409
大理	2	2	4	0.258929	0.03662	0.100277
成都	3	2	5	0.210145	0.07002	0.264378
克拉玛依	1	1	2	0.204947	0.012676	0.021714
海西	1	1	2	0.17737	0.002616	0.005015
都江堰	1	1	2	0.322404	0.023742	0.003517
文山	1	1	2	0.207143	0.04326	0.005015
慈利	3	3	6	0.325843	0.004655	0.364707
衡山	2	2	4	0.269767	0.024849	0.019778
岳阳	2	2	4	0.333333	0.02495	0.149371
香港	2	2	4	0.331429	0.055131	0.018017
上海	1	2	3	0.292929	0.023541	0.04204

注：上表中去掉了中心性指标中含"0"的节点城市。

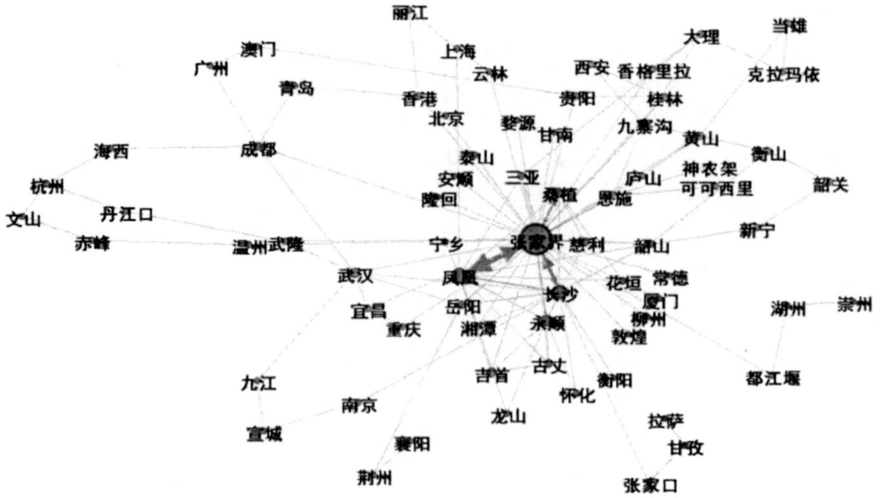

图 5-8　区域旅游城市节点中心度指标

从表 5-16 各项中心度指标和图 5-8 综合分析，与张家界关联密切的城市主要分布在张家界市的桑植、慈利，湖南省的长沙和韶山、武陵山片区的恩施、吉首、永顺、凤凰，西部的成都和九寨沟，以及华中地区的武汉，说明张家界在市域、省域、武陵山片区和广大中西部等不同层面的区域中均有联系密切的城市，其知名度和影响力较大。其中凤凰、长沙、永顺的点中心度较高；凤凰、长沙和武汉的接近中心度较高；长沙、凤凰、成都和九寨沟的中介中心度较高，凤凰、永顺、吉首、桑植的特征向量中心度较高。四项指标中，除了中介中心度以较小差值弱于长沙外，凤凰均处于最高值；而在线问卷得出的旅游者时空路径中，凤凰在区域环游路径占比高达 82.98%。这些均说明凤凰与张家界在区域旅游中的紧密联系。

第五节　基于时空路径的旅游者行为聚类

本节基于向量时空路径模型和旅游者行程信息构建旅游者简化时空路径。通过 Jupyter Notebook 进行 Python 编程，获取时空路径之间的 DTW 距离和距离矩阵，运用 DBSCAN 得出时空路径的初始聚类结果，在此基础上通过定性综合分析予以调整优化，将各节点地理坐标叠置到开放街道地图中实现可视化。运用比较法、推理法和归纳法等对路径聚类结果进行描述和解释。

一、DTW-DBSCAN 算法的实现步骤

（一）相关数据处理

时间序列数据中两个时间序列元素之间的距离度量一般采用欧氏距离。各时间序列中的元素是简化时空路径中的旅游者行为的空间节点，具有唯一的地理空间经纬度信息，因此，采用实际的空间地理距离。旅游者向量时空路径模型中的空间节点坐标采用地球经纬度表示，每个向量路径采用这些节点的经纬度连线来表示。把这些带有经纬度坐标的点转化为多维向量空间中的变量，相应地向量路径转化为多维向量空间中的点，点与点之间的距离仍然是 DTW 距离。因此，基于密度实质上是基于 DTW 距离，即轨迹相似度，相似度越小，距离越大，则越不会聚成一类。为表达简便，在整理简化时空路径数据信息，构建向量时空路径模型时，依据距离就近和功能相近原则，把晚间休闲节点进行适当合并后形成三个活动圈，分别是文昌阁商业圈、官黎坪休闲圈和军地坪商业圈，如表 5-17 所示。合并后的三大活动圈应用于空间地理位置采集时，仍然采用简化时空路径中旅游者到访的实际地理位置。

表5-17　张家界旅游目的地内的主要休闲活动圈

活动圈	休闲节点
文昌阁商业圈	维港十字街、文昌阁、大庸府城、中商广场、张家界旅游商业步行街
官黎坪休闲圈	市民广场、武陵山珍馆、威尼斯水世界、大成山水四季水世界、大成山水天下、云顶会
军地坪商业圈	亘立购物广场、武陵商城、永泰福记

对于森林公园、天门山这一类面积较大的景区，将其定位为一个节点涉及如何选取具有代表性的节点位置这一问题。多数研究中是取几何中心或旅游者

到访较多的代表性地点。考虑到重点关注旅游者在中观城市层面的时空路径，未涉及旅游者在景区内部的空间行为，因此，选取景区入口处代表景区节点位置。森林公园旅游者通过东、南、西、北和东南五个门票站均可进入。根据门票网站"张网旅游"的调查和统计结果，东门和南门是最主要的两个门票站，其中约60.32%的旅游者从南门标志门广场进入。因此，采用南门门票站的经纬度代表森林公园。无论是乘坐索道还是环保车，天门山的旅游者全部从天门山索道站进入，因此，选取索道站的经纬度代表天门山。其他景区依据旅游者出入情况做类似处理，在此不再赘述。

（二）DTW-DBSCAN 算法的实现步骤

在经过数据获取、数据清洗和简化时空路径构建等环节的基础上，DTW-DBSCAN算法的实现步骤主要包括以下四步：

（1）根据旅游者向量时空路径模型，将旅游者简化时空路径的节点依次作为一个序列，用节点的空间地理位置即经纬度表示，形如 $\left[(x_1, y_1), (x_2, y_2), \cdots\right]$；

（2）计算得到时空路径两两之间的空间地理距离 d；

（3）基于空间地理距离 d，计算路径与路径之间的DTW距离，将其作为特征向量进行两两配对，生成距离矩阵 D_{DTW}，这个距离矩阵中的每一个元素代表某两条路径之间的最短距离；

（4）将得到的矩阵 D_{DTW} 输入DBSCAN模型，计算得出时空路径的初始聚类结果。

二、时空路径聚类结果可视化

（一）初始聚类结果

经过DTW-DBSCAN聚类，将旅游者时空路径总共分为17类，聚类结果主要保留了路径长度和节点位置等形态特征。当路径长度差异较大时，忽略小范围内的节点个数和位置差异，更加关注大区间、长距离的路径形态特征，如类别6与其他类别相比，忽略了住宿节点位置和数量，更加关注路径长度。当路径相似度差异不大时，该方法注重区分节点位置及折返情况，如类别7、类别 11、类别 14 区别仅在于路径上的节点在武陵源内的分布方向有所差异。

（二）初始聚类结果调整

由数学抽象出的多维向量空间毕竟不能完全代替实体空间，时空路径在多维向量空间中被理解为点之后存在一定程度上的失真。为确保尽量不遗漏后续分析中需要的关键信息，在初始聚类结果的基础上，本着保留主要特征、忽略次要特征的原则，将部分定性要素纳入分析，进一步对初始结果进行调整，整合为 12 类，具体见表 5-18。

表5-18　基于时空路径的旅游者行为聚类结果

类别	住宿地	路径区间	路径形态特征	占比（％）
1	中心区	中心区与武陵源	长线双向	23.49
2	武陵源	武陵源与中心区	长线双向	16.05
3	武陵源	武陵源与中心区	长线单向	8.60
4	武陵源	武陵源	短线双向	8.84
5	中心区	中心区	短线单向、短线双向	8.37
6	—	张家界市内、凤凰、永顺、桑植等	长距离	10.47
7	中心区	中心区与武陵源、中心区与三官寺	长短不一的长线双向	7.21
8	武陵源	武陵源与三官寺	长线双向	6.98
9	中心城	中心区与武陵源	长线单向	2.10
10	中心城	中心区与三官寺	长线双向	2.33
11	三官寺	三官寺、武陵源和中心区	三官寺为起点和终点的三角形	2.79
12	—	主要为中心区、武陵源	多点周游链式，多边形	2.79

（三）聚类结果可视化

由高德和百度 API 接口返回的节点地理位置均有偏差。因此，在百度拾取坐标系统中对其进行人工逐一复核，出现以下四种情况：

（1）通过节点名称直接搜索到相应的 POI 及其经纬度坐标；

（2）未搜索到相应节点 POI，则通过搜索附近节点 POI 进而在地图上找到相应节点 POI，这类情况下 POI 一般仍然存在；

（3）未搜索到相应节点的 POI，如通过搜索附近节点 POI，在地图上放大后如仍然找不到，则以节点 POI 为圆心，在不超过 50 米的半径的范围内选取一个 POI 代替；

（4）将这些节点的 POI 通过 Python 编程叠置到开放街道地图中，经过坐标纠偏后，可得到聚类可视化图。

三、路径聚类结果分析

（一）中心区与武陵源之间——典型往复型

第 1 类、第 2 类、第 3 类和第 9 类旅游者在张家界的活动区间主要在中心区与武陵源之间，各类别主要特征如表 5-19 所示。

表5-19　中心区与武陵源区间的时空路径特征

类别	时空路径特征
1	全程住在中心区，对森林公园具有明显指向性
2	全程住在武陵源，对天门山具有明显指向性
3	全程住在武陵源，多次到访森林公园，再去天门山，再从中心区返回
9	先住在中心区，再到武陵源游览和住宿

1. 第 1 类

虽然森林公园是必须去和反复去之地，但旅游者仍然宁愿克服距离因素而偏好住在中心区，在此开展休闲与餐饮等活动，该类占比 23.49% 居首位。说明旅游者将中心区主要作为旅游服务设施基地，将武陵源主要作为景区，往返于中心区与武陵源之间较为频繁。

天门山作为第一游览节点占比 34.65%，森林公园作为第一游览节点占比 64.36%，其中，森林公园作为唯一游览节点占比 26.15%。说明该类旅游者主要将森林公园作为明确的游览目标，但受住宿地位置影响，大部分同时选择到访天门山。晚间开展休闲活动占 29.70%，其中约 46.67% 在中心区，53.33% 在武陵源。

该类别旅游者游览节点和休闲节点均不受住宿地影响，选择比较多样化。

2. 第 2 类

武陵源位于中心区和三官寺之间，旅游者以武陵源为据点，到访森林公园、天门山和张家界大峡谷都较为便捷。该类别占比 16.05%，呈现对天门山的强烈指向性，暗示该类别旅游者从武陵源到中心区是出于专程到访天门山，该类别旅游者都到访了森林公园和天门山，少部分旅游者同时选择到访张家界大峡谷。

天门山作为第一游览节点占比 39.13%，森林公园作为第一游览节点占比 50.72%，较第 1 类有明显下降，说明该类别将近一半的旅游者将第一站并未放在森林公园，而是分散到天门山、张家界大峡谷等。晚间开展休闲活动占比 28.98%，其中约 71.16% 位于武陵源。

3. 第 3 类

第 3 类旅游者时空路径为武陵源至中心区的单向。这种单向主要是由于住在武陵源的旅游者通过机场、高铁站和火车站等结束旅游行程，将天门山作为最后一站，因此，呈现 97.29% 的旅游者将森林公园作为第一游览节点，但该类别占比较低仅 8.60%。旅游者晚间开展休闲活动占比 27.02%，其中约 76.23% 位于武陵源。

第 2 类旅游者过夜再返回，第 3 类选择当天返回，是因为第 2 类旅游者将天门山作为专程到访之地，第 3 类则将天门山作为顺便之地。第 3 类占比第 2 类的仅约一半，说明旅游者在游览观光类景区中所受的生理制约是较为显著的。

4. 第 9 类

第 9 类旅游者时空路径为中心区至武陵源的单向。该类型占比较少，仅 2.10%，表现为旅游者先住在中心区，再去森林公园结束行程，或到访天门山之后再去森林公园游览和去武陵源住宿。

综合上述 4 类发现，虽然游览节点是旅游者时空路径中的主要目标节点，但住宿亦起着重要作用。部分旅游者一旦选定了游览节点和住宿地，为了更充分地体验景区和旅游服务，路线上的迂回往返是次要的，同时揭示了旅游者选择服务与体验功能中的制约与迁就。

（二）中心区和武陵源内部——轻便简单型

第 4 类和第 5 类旅游者时空路径分别集中分布在中心区内部和武陵源内部，各类特征如表 5-20 所示。

表5-20　中心区与武陵源内部的时空路径特征

类别	时空路径特征分析
4	住宿、游览均在武陵源范围内，只到访森林公园
5	住宿、游览均在中心区范围内，只到访天门山

这两类时空路径可概括为轻便—简单型。旅游者目标非常单一和明确，一旦选定唯一景区，则就近选择住宿地点，且晚间几乎无任何休闲活动。一方面说明森林公园和天门山是张家界的标志性景区，对旅游者吸引力较强，旅游者可以为其中之一专程而来；另一方面说明景区之间缺少差异性，城市对旅游者亦缺乏吸引力，因此该类旅游者在张家界的时空路径比较短。

第 4 类、第 5 类占比分别为 8.84% 和 8.37%，均显著少于第 1 类、第 2 类，说明中心区和武陵源各自在独立满足旅游者游览与服务两方面需求上还有很大的提升空间，中心区和武陵源的功能也有待进一步互补。此两类晚间休闲活动较少，占比分别为7.89%和8.33%，且均位于住宿地所在片区，凸显了该类别旅游者对除目标游览节点之外休闲节点要求的忽略。

（三）张家界与周边城市——差异联动型

第6类旅游者时空路径为张家界与周边城市之间的区间双向。旅游者到访的周边城市中首先以凤凰最密切和频繁，其次是永顺和桑植等。这些市外节点是旅游者时空路径中的组成部分，一定程度上表明了张家界旅游者的区域联结偏好。该类型时空路径占总样本数的比例高达10.47%，其中包含凤凰古城这一节点的时空路径占82.98%。把选择在凤凰包括在内的晚间休闲活动占比65.22%，远高于其他类别时空路径。

需要指出的是，该统计结果仅将在张家界旅游过程中去过凤凰的算进来，尚不包括从凤凰来张家界旅游，和张家界旅游结束后到凤凰这两种情况。这说明凤凰古城与张家界区域旅游联系紧密。更有甚者，部分旅游者在张家界旅游期间多次往返于两地之间，选择晚间和夜间在凤凰度过，而日间在张家界度过，恰恰说明了张家界的自然观光与凤凰的人文体验都是旅游者不想错过的。

（四）三官寺——单一跨区型

涉及三官寺的主要是第7类、第8类、第10类和第11类，各类特征如表5-21所示。

表5-21　中心区、武陵源与三官寺区间的时空路径特征

类别	时空路径特征分析
7	住在中心区，到访森林公园、天门山和张家界大峡谷
8	住在武陵源，到访森林公园和张家界大峡谷
10	住在中心区，到访天门山和张家界大峡谷
11	住在三官寺，先到访森林公园和天门山，或只到访张家界大峡谷

第 7 类旅游者住在中心区，以张家界大峡谷、天门山和森林公园为第一站分别占比 19.35%、25.81% 和 54.84%。93.55% 的旅游者同时到访森林公园、天门山和张家界大峡谷。晚间选择休闲活动占比 32.26%，其中 70.54% 位于中心区。该类别旅游者时空路径覆盖全面，第一站仍然以森林公园为主，休闲活动地点受住宿地影响较大。

第 8 类旅游者住在武陵源，主要到访森林公园和张家界大峡谷，小部分旅游者还到访了黄龙洞、宝峰湖及天门山，其中以张家界大峡谷和森林公园为第一站分别占比 21.56% 和 79.78%。晚间选择休闲活动占比 33.33%，其中 91.32% 位于武陵源。该类别旅游者游览节点和休闲节点受住宿地影响较大，两类节点主要位于武陵源，且把森林公园作为第一站的占比较重。

第 10 类旅游者住在中心区，80.24% 同时到访天门山和张家界大峡谷，其中约 96.53% 以天门山作为第一站。因两者均为半天游景区，该类别中约 85.82% 的旅游者时间花费仅一日，均过夜住宿。该类别旅游者第一站选择受到住宿地影响，同时晚间活动极少。

第 11 类旅游者住在三官寺，多到访森林公园、天门山和张家界大峡谷。张家界大峡谷为唯一站仅占比 27.27%。森林公园和张家界大峡谷为第一站均占比 37.65%。晚间活动极少。该类别占比仅 2.33%，结合前 3 类可知，表明该类别旅游者受到三官寺旅游服务设施不足和景区单一的制约，将占比极少的休闲活动选择在武陵源和中心区，存在一定的不稳定性。

（五）多点多片区——多点串游型

第 12 类以一日中往返于住宿节点的路径中经过了三个或三个以上不同的游览节点为主要特征。从住宿地出发到返回住宿地意味着完成一日的完整行程，一天中旅游者游览了 3 个和 3 个以上的景区节点。该类别 82.54% 的旅游者住在中心区，森林公园和天门山仍然是主要到访节点，其作为第一站占比分别为 53.66% 和 41.52%，只是其时间花费较短，如森林公园一般为 2 小时至半日。该类别对其他节点的选择集中在土家风情园、老道湾、老院子、黄龙洞和宝峰湖等，这些节点规模不大，花费时间不长，3 个和 3 个以上组合作为一日路径是可行的，空间上多与主要节点邻近。

四、节点聚类结果分析

住宿节点和游览节点作为时空路径的主要构成内容涵盖在时空路径聚类结果中。由于住宿节点在旅游城市空间布局和旅游配套服务设施中的重要性，因此，在时空路径聚类结果基础上对其进一步分析。实证研究表明，时空路径聚类的结果带有较为显著的节点特征，对节点位置能够进行较好的识别。聚类结果如表 5-22 所示。

表5-22　住宿节点聚类结果特征

类别	住宿节点聚类特征
1	官黎坪、永定
2	军地坪、协和乡、锣鼓塔、中湖乡
3	军地坪、锣鼓塔、协和乡、天子山镇、沙堤、中湖乡
4	军地坪、锣鼓塔、协和乡、中湖乡、天子山镇
5	官黎坪、永定
6	官黎坪、永定、军地坪、锣鼓塔
7	且住岗、永定、官黎坪
8	军地坪、锣鼓塔、协和乡
9	永定
10	官黎坪、永定
11	三官寺 306 省道北侧
12	官黎坪、永定、且住岗、军地坪、中湖乡、天子山镇

进一步在 Arc GIS10.2.1 中对节点聚类结果进行核密度分析与叠加，可以

得到住宿节点空间聚类分布图。永定组团住宿节点主要分布于子午路、滨河路和教场路；官黎坪组团住宿节点主要集中在大庸路、旅游商业城、澧兰路、鼎泰路以及南郊的双峡片区；军地坪组团住宿节点主要集中于高云路、武陵路、驼峰路和溪布街；锣鼓塔街道则以金鞭路、卸甲路为主来分布，以上区域的住宿节点以酒店为主；同时武陵源中湖乡野鸡铺村，协和乡龙尾巴村、抗金岩村和插旗峪村，天子山镇等主要分布有民宿和客栈等。

五、时空路径聚类结果的差异性分析

选取月收入、旅游组织方式、到访次数和游览总时间四个因素与时空路径聚类结果做差异性分析，采用卡方检验中的蒙特卡罗法在 SPSS 中进行 Fisher 精确检验。结果表明，游览总时间的卡方检验显著性水平为 0.000，在 1% 水平上有显著差异，即游览总时间和时空路径类别有显著相关性，其他三项与时空路径类别无显著差异，见表 5-23。交叉分析见表 5-24。

表5-23 游览总时间与时空路径类别的卡方检验结果

	值	df	渐进 Sig.（双侧）	蒙特卡罗 Sig.（双侧）		
				显著性	99% 置信区间	
					下限	上限
皮尔逊卡方	295.441[a]	99	0.000	0.000[b]	0.000	0.000
似然比	294.937	99	0.000	0.000[b]	0.000	0.000
Fisher 精确检验	275.571			0.000[b]	0.000	0.000
有效样本数	430					

表5-24　游览总时间与时空路径类别的交叉分析

时间/日		类别												总计
		1	2	3	4	5	6	7	8	9	10	11	12	
0.5	数量	0	0	3	3	12	0	0	3	3	2	1	0	27
	占比	0.0	0.0	8.1	7.9	33.3	0.0	0.0	10.0	33.3	20.0	9.0	0.0	6.3
1.0	数量	22	10	0	9	21	0	2	4	3	6	3	0	80
	占比	21.8	14.3	0.0	23.7	58.3	0.0	6.5	13.3	33.3	60.0	27.3	0.0	18.7
1.5	数量	9	2	4	0	0	4	1	1	2	0	3	0	26
	占比	8.9	2.9	10.8	0.0	0.0	8.7	3.2	3.3	22.2	0.0	27.3	0.0	6.0
2.0	数量	38	34	8	22	2	20	17	13	0	2	2	7	165
	占比	37.6	49.3	21.6	57.9	5.6	42.6	54.8	43.3	0.0	20.0	18.2	58.3	38.4
2.5	数量	8	0	11	0	0	1	1	0	0	0	0	0	21
	占比	7.9	0.0	29.7	0.0	0.0	2.1	3.2	0.0	0.0	0.0	0.0	0.0	4.9
3.0	数量	21	20	9	4	0	18	9	7	1	0	2	4	95
	占比	20.8	28.6	24.3	10.5	0.0	38.3	29.0	23.3	11.1	0.0	18.2	33.3	22.1
3.5	数量	1	1	0	0	0	0	0	1	0	0	0	0	3
	占比	1.0	1.4	0.0	0.0	0.0	0.0	0.0	3.3	0.0	0.0	0.0	0.0	0.7
4.0	数量	2	2	2	0	1	1	1	1	0	0	0	1	11
	占比	1.98	2.9	5.4	0.0	2.8	2.1	3.2	3.3	0.0	0.0	0.0	8.3	2.6
55.0	数量	0	0	0	0	0	1	0	0	0	0	0	0	1
	占比	0.0	0.0	0.	0.0	0.0	2.1	0.0	0.0	0.0	0.0	0.0	0.0	0.2
77.0	数量	0	0	0	0	0	1	0	0	0	0	0	0	1
	占比	0.0	0.0	0.0	0.0	0.0	2.1	0.0	0.0	0.0	0.0	0.0	0.0	0.2
总计	数量	101	69	37	38	36	46	31	30	9	10	11	12	430
占比	占比	100	100	100	100	100	100	100	100	100	100	100	100	100.0

从表5-24可知，游览总时间一日在类别5和类别10中各占比58.3%和60%，类别5的活动范围为中心区，把天门山作为唯一游览节点，而类别10

住在中心区，主要到访张家界大峡谷。天门山和张家界大峡谷均为半日游览节点，因此，游览总时间以一日为宜。游览总时间为两日在类别2、类别4、类别7和类别12中各占比49.3%、57.9%、54.8%和58.3%。前三类均包含了武陵源以一至两日为惯常游览时间选择的森林公园，类别12因多点串游因此需要的时间不止一日，以两至三日为主，两日和三日占比分别为58.3%和33.3%。

类别1游览总时间以两日和一日为主，占比分别为37.6%和21.8%，其中，有部分是把森林公园作为唯一目的地，或者把森林公园和天门山作为目的地，利用一日时间完成全部游览，这部分旅游者与类别2、类别4中花费两日时间的旅游者不同，前者属于追求效率和快捷型，而后者倾向于追求体验和品质型。类别3以两日半和三日为主，占比分别为29.7%和24.3%，类别8以两日、三日为主，占比分别为43.3%和23.3%，这两类均将武陵源作为住宿地，再加上类别2、类别4，可发现武陵源作为住宿地的停留时间更长，行程更舒缓，对比以中心区为住宿地的类别1、类别5、类别9、类别10，后者停留时间更短，行程更紧凑。类别7游览总时间以两日为主，主要是因为其以中心区为住宿地，但包含了武陵源和三官寺。类别6因包含了张家界以外的周边其他城市，因此游览时间总体较长，以两至三日为主，占比分别为42.6%和38.3%。类别9以一日和半日为主，占比均为33.3%，住在中心区，短时间内游览森林公园；类别11以一日、一日半为主，占比均为27.3%，情况与类别1类似。

第六节　基于多维变量的旅游者行为聚类关联

关联分析是数据挖掘中发现不同变量之间关系的重要方法。比较常见的是在系统发展演变过程中，探寻两个因素之间变化趋势的一致性大小，如灰色关联分析法。本节研究的是基于不同角度或变量的旅游者行为聚类结果之间的关联程度。如将旅游者行为看作同一系统，这些聚类结果之间的关系并不是同一系统中两个子因素之间的因果关系，而是相互独立的并列关系，同时由于研究对象选取的是一个时间截面内的行为，而非从系统发展演变的角度进行分析，因而灰色关联分析并不适用。本节探讨的是并列的独立结果之间的关联分析即相关性强弱，因此采用定量与定性相结合，将涵盖时间与空间维度的时空路径分别与时间利用、空间选择结果进行比较分析，发现并列结果之间互斥、互补或一致的关系，以进一步深刻揭示和锚固旅游者行为的时空特征。

一、时空路径与时间利用

时空路径与时间利用的数据源均为问卷调查，样本数亦相同，采用不同的方法进行聚类，将两类聚类结果在 SPSS Statistics 25 中进行卡方检验，得出其显著性水平为 0.000，在 1% 水平上有显著差异，如表 5-25，表 5-26 所示。

表5-25　基于时间利用与时空路径的行为聚类结果卡方检验

	值	自由度	渐进显著性（双侧）	蒙特卡罗显著性（双侧）		
				显著性	99% 置信区间	
					下限	上限
皮尔逊卡方	274.837[a]	33	0.000	0.000[b]	0.000	0.000
似然比	219.123	33	0.000	0.000[b]	0.000	0.000
费希尔精确检验	202.461			0.000[b]	0.000	0.000
线性关联	8.331[c]	1	0.004	0.004[b]	0.002	0.005
有效个案数	430					

表5-26　基于时间利用与时空路径的行为聚类结果交叉分析

时空路径	时间利用				
	1	2	3	4	合计
1	0.0047	0.1535	0.0326	0.0442	0.2349
2	0.0093	0.1256	0.0163	0.0093	0.1605

时空路径	时间利用				
	1	2	3	4	合计
3	0.0047	0.0581	0.0186	0.0047	0.0860
4	0.0070	0.0186	0.0047	0.0581	0.0884
5	0.0651	0.0116	0.0000	0.0070	0.0837
6	0.0093	0.0791	0.0140	0.0047	0.1070
7	0.0023	0.0605	0.0047	0.0047	0.0721
8	0.0116	0.0302	0.0116	0.0163	0.0698
9	0.0047	0.0093	0.0000	0.0070	0.0209
10	0.0186	0.0047	0.0000	0.0000	0.0233
11	0.0070	0.0116	0.0000	0.0070	0.0256
12	0.0047	0.0209	0.0000	0.0023	0.0279
合计	0.1488	0.5837	0.1023	0.1651	1

时空利用类别 1 与时空路径类别 5 重叠样本占比 6.51%。前者是天门山导向型，大多数旅游者只去天门山；后者活动范围仅限于中心区，将天门山作为唯一游览节点，两者相互印证。

时间利用类别 2 与时空路径类别 1 重叠样本占比高达 15.35%，与时空路径类别 2 重叠样本占比 12.56%，远高于其他 10 个类别。时间利用类别 2 中大部分旅游者到访森林公园和天门山，弹性时间较长，森林公园花费时间远高于其他节点。时空路径类别 1 和类别 2 的共同点亦在于主要到访森林公园，区别在于前者住在中心区，因多次到访森林公园而反复往返于中心区与武陵源，后者住在武陵源，因到访天门山而存在一次中心区与武陵源的往返。两者的相关分析结果显示具有良好的交叉重叠性，且两者分别为时间利用、时空路径聚类中占比最高者，揭示了森林公园与天门山作为旅游者必去和仅去的游览节点的明显特征。

时间利用类别 3 与时空路径类别 1、类别 2 和类别 3 的重叠样本占比分别仅为 3.26%、1.63% 和 1.86%，与前者类别总量不高有关，即休闲类活动鲜见。

时间利用类别 4 与时空路径类别 1、类别 4 重叠样本占比分别为 4.42% 和 5.81%。时空路径类别 1 揭示的是旅游者多次到访森林公园而往返于中心区与武陵源，时空路径类别 4 则活动范围全部在武陵源，且只到访森林公园，与时间利用类别 4 高度吻合。

综上所述，时间利用与时空路径的聚类结果交叉分析结果表明两者显著相关，从基于"人"的角度共同揭示和锚固了张家界旅游者空间行为特征，用于时空路径聚类的 DTW-DBSCAN 算法能够很好地切合基于 K-means 的传统统计学聚类方法。

二、时空路径与空间选择

时空路径聚类和空间选择聚类采用的数据源有所不同，前者是问卷调查数据，后者是网络游记数据，其聚类方法也不相同。下面依次对数据源和聚类结果进行定性与定量比较分析。

（一）节点比较

1. 节点及其频率

实证结果表明，游览节点数方面，空间选择聚类与时空路径聚类结果差异不大，仅老道湾、田家院子、龙王洞和张家界大鲵科技馆四个小规模节点稍有出入，且其出现频次均低于 0.69%。除住宿节点以外的休憩节点，在本研究中主要包括小憩节点和休闲节点两大类，研究发现问卷数据中出现的均为晚间时段的休闲节点，共计 17 个，在旅游过程中的小憩节点因其非目的性而被旅游者忽略了。与此同时，网络游记中不仅出现了休闲节点，也出现了小憩节点，其中休闲节点主要是演艺类，魅力湘西出现频次 6.95%，天门狐仙、烟雨张家界和梦幻张家界出现频次均为 1.16%。小憩节点中索溪、标志门广场、魅力湘西文化广场出现频次依次为 13.24%、4.80% 和 1.82%，且未在问卷数据中出现过，其余节点为重复出现节点，出现频次均低于 0.85%。节点及节点频次比较印证了问卷数据与网络游记数据的差异，时空路径采取的删繁就简原则忽略了休闲节点的细节特征，但网络游记中小憩节点的挖掘则从细微处丰富了时空路径中的空间信息。

2. 节点中心度

森林公园和天门山的空间网络节点中心度四项指标值显著高于其他节点，分别位居第一、第二位，其中森林公园接近中心度高达 0.8621，特征向量中心度高达 1.0000。在时空路径聚类结果中，两者到访特征显著的路径占比约为 90.01%，即便是以长距离、跨区域为主要特征的类别 6，其在张家界市内部的路径亦以森林公园、天门山到访为主。时空路径可视化中，以森林公园和天门山为路径中的锚点，加上黄龙洞、大峡谷、宝峰湖、土家风情园等构建了时空路径中的主要行为空间节点。

与黄龙洞相比，张家界大峡谷各项中心度指标均较低，尤其是中介中心度两者分别为 0.1265 和 0.0487，相差较为悬殊。与此同时，时空路径中张家界大峡谷和黄龙洞的频次占比分别为 37.44% 和 15.12%，张家界大峡谷到访较多。社会网络分析揭示了黄龙洞作为三官寺到武陵源的必经节点以及武陵源内部的空间中转节点的重要作用，张家界大峡谷的中介作用则因区位在张家界旅游空间网络中偏居一隅而大大削弱。但问卷显示张家界大峡谷的到访频次仍然较高，从侧面印证了部分旅游者对于张家界大峡谷的专注，如时空路径聚类类别 8、类别 10、类别 11 的张家界大峡谷显著指向性即说明了这一点。

与网络中其他节点相比，索溪的接近中心度和特征向量中心度，分别为 0.6098 和 0.6751，但中介中心度较低，仅 0.0600。而索溪在时空路径中是未出现的节点空间，对结果加以比较分析，认为索溪与森林公园、宝峰湖毗邻，因其良好便利的区位而成为旅游者旅游过程中的"路过"空间，且因其自身不同于峰林景观的流动水体特征而给旅游者留下深刻印象，因而成为在网络游记中与森林公园紧密联系的路径节点。

（二）聚类结果比较

通过问卷调查数据，采用 DTW-DBSCAN 算法得出的 12 类路径聚类结果是从旅游者个体全周期全行为的时空路径出发，经过动态时间规整，保留游览与休憩节点序列，聚焦于比较路径之间的长度、形态与位置；通过网络游记数据，采用社区发现法中的 Fast unfolding 算法得出的 5 类结果是旅游者选择偏好角度的游览与休憩节点之间的关系集合。前者带有地理空间属性，采用 DTW 函数来计算数据点对之间的距离，是宏观层面路径构成的概括与归类；后者带有选择偏好属性，是网络中更细微层面的节点选择关联，同一社区内部连边的可能性比社区之间连边的可能性更高，是网络客观存在的拓扑特征的研究结果。两者之间的映射关系可做以下分析和解释。

通过比较可以看出，从 Fast unfolding 算法划分出的 5 个社区内部存在密度较高的多组连边。剔除网络游记中有而问卷调查中没有的节点以外，选取其中黄龙洞与森林公园、溪布街和森林公园、溪布街和黄龙洞、宝峰湖和张家界千古情、普光禅寺与土家风情园、天门山与张家界大峡谷 6 组和时空路径聚类结果做大致的映射分析。具体而言，统计这 6 组节点分别作为相邻节点在 12 类时空路径聚类中的占比（除开两节点之间的住宿节点）。通过统计得出的 6 组节点在时空路径中的占比结果如表 5-27 所示。

表5-27　6组节点作为时空路径相邻节点的占比

	黄—森	溪—森	溪—黄	宝—千	普—土	天—大
类别 1	66.67%	73.33%	6.67%	0	0	37.50%
类别 2	66.67%	57.14%	5.56%	0	0	60.87%
类别 3	100%	100%	0	0	0	100%
类别 4	100%	100%	0	0	0	0
类别 5	0	0	0	0	0	0
类别 6	75%	60%	25%	0	0	52.17%
类别 7	28.57%	75%	0	0	0	54.84%
类别 8	50%	75%	33.33%	0	0	0
类别 9	0	0	0	0	0	0
类别 10	0	0	0	0	0	80%
类别 11	0	0	0	0	0	44.44%
类别 12	33.33%	0	0	20%	14.29%	50%

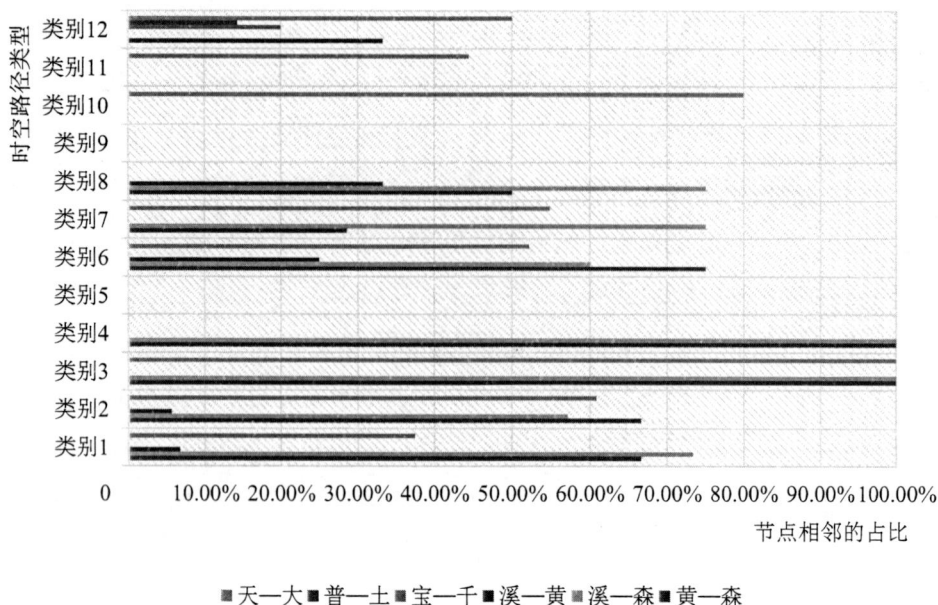

图 5-9 基于空间选择与时空路径的行为聚类结果映射分析

注：图中"天"为天门山、"大"为张家界大峡谷、"土"为土家风情园、"宝"为宝峰湖、"黄"为黄龙洞、"溪"为溪布街、"普"为普光禅寺、"千"为张家界千古情、"森"为森林公园。

如图 5-9 所示，天门山和张家界大峡谷同属于社区 4，在时空路径类别 2、类别 3、类别 10 中作为相邻节点的占比显著，依次占比 60.87%、100% 和 80%。类别 2、类别 3 中旅游者住在武陵源，其活动区间为中心区和武陵源，与活动区间同样是中心区与武陵源、但住在中心区的类别 1 相比，后者该项占比仅 37.5%，说明住在武陵源较住在中心区的旅游者选择去张家界大峡谷更多，这可能是由于张家界大峡谷在空间上靠近武陵源而离中心区较远，旅游者就近选择影响较大；类别 10 的旅游者活动区间为中心区和三官寺，天门山与张家界大峡谷的高占比揭示了两者分别作为中心区与三官寺代表性景区的地位。天门山和张家界大峡谷作为相邻节点在类别 6、类别 7、类别 12 中占比分别为 52.17%、54.84% 和 50% 有所下降，则主要是因为这几类路径中存在较多其他节点；在类别 4、类别 5、类别 8、类别 9 占比为零则是因为这几类时空路径的旅游者活动区间不能连接天门山与张家界大峡谷。

普光禅寺和土家风情园同属于社区 5，宝峰湖和张家界千古情同属于社区

2，作为相邻节点均仅出现在时空路径类别 12 即多点周游中，但占比仅分别为 14.29% 和 20%。这两组节点一方面在网络游记和在线问卷中出现的频次均较少；另一方面作为社区 5 中关联紧密的节点，即使是在唯一的类别 12 中亦占比较少，说明这两组节点是旅游空间网络中的小众节点，大致可映射类别 12 的多点包容性中，但时空路径聚类反映出的两组节点的联系特征较弱。

　　森林公园、黄龙洞和溪布街同属于社区 1，其中，森林公园与黄龙洞、森林公园与溪布街作为相邻节点在时空路径聚类类别 1、类别 2、类别 3、类别 4、类别 6、类别 8 中均占比超过 50%，类别 3、类别 4 甚至能达到 100%，充分印证了这两组节点的强关联特征。类别 2、类别 3、类别 4、类别 8 均为以武陵源为住宿地，旅游者在森林公园、黄龙洞和溪布街之间往来较为频繁；类别 1 以中心区为住宿地，但仍以森林公园为导向，多次往返于中心区与武陵源之间，两组节点的高占比揭示了黄龙洞与溪布街以森林公园为强依托的关联特征。类别 6 为长距离的区域旅游，两组节点的高占比亦印证了森林公园及其关联节点在张家界旅游空间网络中的重要地位。与此同时，黄龙洞与溪布街作为相邻节点仅在类别 1、类别 2、类别 6、类别 8 中有占比且占比较低，回看两者在社区 1 的联系较它们与森林公园显著减弱，可推测时空聚类结果与空间选择聚类结果在强关联的节点上映射更为显著。

　　需要指出的是，天门狐仙和魅力湘西同属于社区 3，但时空路径的 12 个聚类结果中并未发现两者作为相邻节点的路径，从社区网络结构的角度可解释为两者同为演艺类节点，符合某一类人群的选择偏好，从旅游者旅游情境构建方面则难以解释。其作为社区发现法的解析结果出现，可能与网络游记提供的数据源特征有关，即网络游记的记载具有一定的主观倾向性。

（三）小结

　　综上所述，不同数据源和不同聚类方法得到的结果具有以下关联。

　　第一，网络游记与问卷调查得到的空间节点有所差异。游览节点中高频节点频次差异不大，但部分低频节点有所出入；在休憩节点中，住宿节点仅在问卷调查中，而小憩节点则仅在网络游记中，休闲节点两者都有。网络游记比问卷调查能够提供更为丰富和细腻的节点信息。

第二，数据源不同。基于 Fast unfolding 算法与基于 DTW-DBSCAN 算法分析和刻画的角度也不同，前者是对节点与节点之间的关系属性进行研究，后者是对路径节点序列的空间位置进行研究，但两者仍然存在大致的映射关系，即社区内部节点间连边密度越大，关联越强，则相应类别的时空路径予以呼应，时空路径类别中的映射路径占比越高，反之亦然。

第三，社区发现法能够揭示出依托于主要游览节点。在游览过程中起到重要中转作用的小憩节点如索溪及其在空间网络中的位置，可与时空路径聚类结果相互补充。

第七节　基于多维变量的旅游者行为聚类集成

一、旅游者行为的聚类集成

对不同源和不同方法可以得出基聚类结果，利用遗传算法实现多维变量聚类结果的组合优化。基于时间利用、空间选择和时空路径变量的三类旅游者行为聚类结果在聚类集成中即为对应的三类基聚类。在相似性度量中，根据式（4-11），将三类基聚类结果值依次录入相似性度量函数。

表5-28　基聚类结果录入相似性函数结果示例

旅游者	时间利用所属聚类分组	时间利用向量	时空路径所属聚类分组	时空路径向量	到访景点	到访景点向量
1	1	（0,1,0）	2	武陵源；武陵源、中心区；长线双向	森林公园，天门山，大峡谷，黄龙洞	（2，0，0，2，0）
2	2	（1,0,1）	5	中心区；中心区；短线单向、短线双向	森林公园，天门山，黄龙洞，魅力湘西、宝峰湖，天门狐仙	（2，1，2，1，0）
……	……	……	……	……	……	……

表 5-28 为三类基聚类结果在相似性函数中的提取信息示例，对其解释如下。

时间利用对应位依次为弹性时间、专注度和标准差。旅游者 1 的时间利用特征向量为（0,1,0），其特征为低时间，高专注度和低标准差，对应的二进制串为 010；旅游者 2 的时间利用向量为（1,0,1），其特征为高时间，低专注度和高标准差，对应的二进制串为 101。

时空路径的对应位是将路径区间中的所有出现过的地理位置枚举后，每个类别包含的地理位置的二进制串，地理位置包括中心区、武陵源、三官寺、张家界市内和张家界市外。旅游者 1 的路径区间为武陵源和中心区，旅游者 2 的路径区间为中心区，则它们对应的两个二进制串分别为 11000 和 10000。

到访景点的向量为某旅游者到访过的景点分别对应各社区中的数量，旅游者 1 到访的是森林公园、天门山、张家界大峡谷和黄龙洞，这 4 个景点分别对应于社区 1、社区 4、社区 4 和社区 1，即社区 1 有 2 个，社区 4 有 2 个，其余均为 0。因此其到访景点向量可表示为（2,0,0,2,0）。

该表格中给出的示例计算结果如下。

$sim_{time\_use}=0$；旅游者 1 和旅游者 2 的时间利用对应的二进制串分别为 010 和 101，可知其对应位置上无相同元素，因此 $common\_count_{time\_use}$ 取值为 0。

$sim_{route\_ts}=0+4/5=0.8$；旅游者 1 和旅游者 2 的时空路径对应的二进制串分别为 11000 和 10000，其对应位置上相同元素为 4 个，活动区间共 5 个，时空路径起点和模式均不同，因此 $Start\_common$ 和 $Route Type\_common$ 都为 0。

$sim_{sight\_selec}=3/13=0.23$；旅游者 1 和旅游者 2 到访景点向量分别为（2,0,0,2,0）和（2,1,2,1,0），对应的社区 1 和社区 4 中包含的景点数最小值分别为 2，1，社区 2，3，5 包含的景点数为 0；到访景点总数为 13。

综上所述，依据公式（4-11），分别取 w_1、w_2 和 w_3 为 0.2、0.3 和 0.5，求得旅游者 1 和旅游者 2 的相似性为 0.355。

采用 Visual Studio 2019 和 C++ 语言编程来开发参数可调的聚类工具。图 5-10 展示的是交叉概率为 0.95，变异概率为 0.05，种群大小为 100，迭代次数上限为 8000 的参数基础配置下，改变各参数对目标函数值的影响关系图。

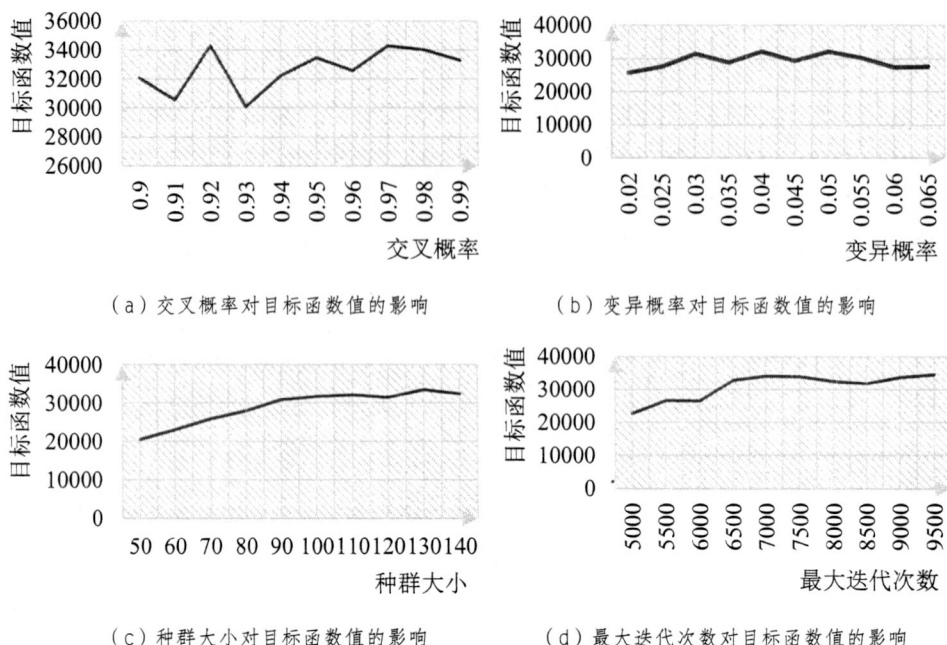

（a）交叉概率对目标函数值的影响

（b）变异概率对目标函数值的影响

（c）种群大小对目标函数值的影响

（d）最大迭代次数对目标函数值的影响

图 5-10　算法优化参数组各参数对目标函数值的影响

经过反复调整和实验，根据多组参数的观察结果，依次赋予时间利用，时空路径和空间选择的维度权重为 0.3、0.4 和 0.3，交叉概率、变异概率、种群大小和迭代次数上限参数依次取 0.95、0.05、100 和 7000。图 5-11 绘制了该参数配置下，目标函数值随进化代数的收敛情况。

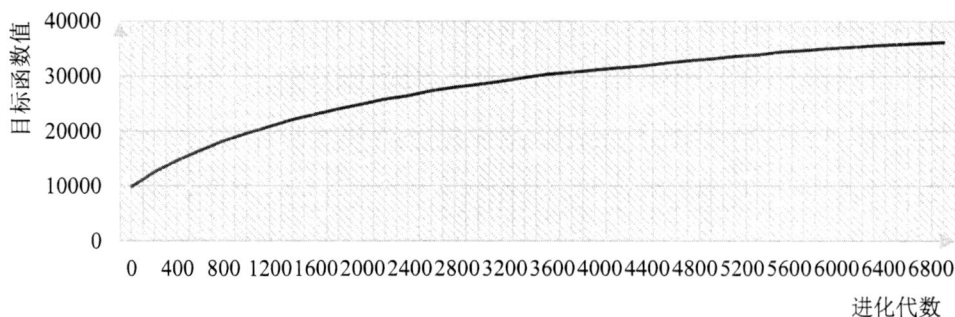

图 5-11　给定参数配置下的目标函数值收敛曲线

运行结果如图 5-12 所示。38246 是当前运行参数下遇到的目标函数值最高值，结合图 5-11 可知该结果已经收敛，运行时间最长 15 分钟，也是可以接受的。

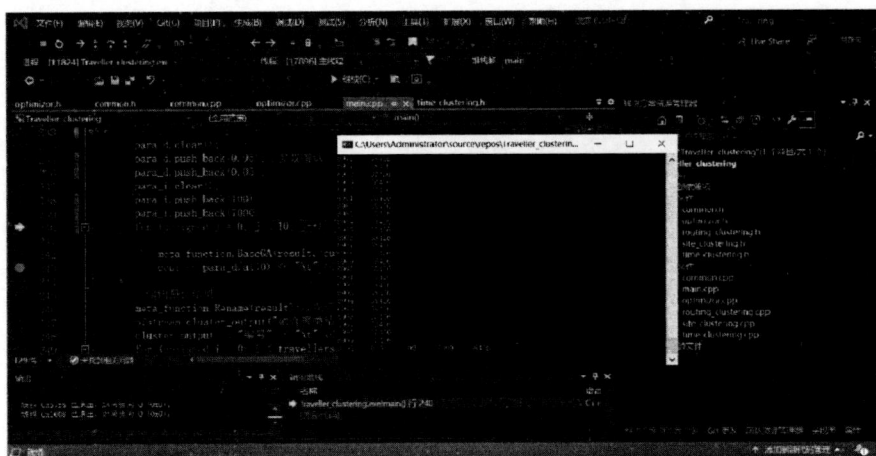

图 5-12　聚类集成在 Visual Studio 2019 中的运行结果

二、基于聚类集成的旅游者行为时空特征

经过基于遗传算法的集成聚类分析，共得到 5 类旅游者行为时空特征。通过与时间利用、时空路径聚类结果的差异性分析发现，集成结果与其存在显著相关性，即较好地保留了主要时间信息和空间信息。如表 5-29 所示，进一步结合类内特征归纳，可将 5 类集成结果分别概括为中心区单点短时聚游、区域内多点长时串游、目的地单点快捷遍游、主地域多点紧凑混游和次地域单点舒缓偏游，各类特征在时空方面具有显著差异。

表5-29　张家界旅游者行为时空特征一览

类　别	空间特征		时间特征	占比（%）
	活动区间	到访节点		
中心区单点短时聚游	中心区	主要住在中心区，以天门山为主导，兼顾森林公园，有部分休闲活动	以一日为主，对天门山高度专注	8.75

续表

类别	空间特征		时间特征	占比（%）
	活动区间	到访节点		
区域内多点长时串游	中心区 武陵源 三官寺	主要住在中心区，天门山和森林公园必去，张家界大峡谷和凤凰古城到访较多，兼顾小众节点，休闲活动较多	以两至三日为主、对各节点专注均低	57.68
目的地单点快捷遍游	中心区 武陵源 三官寺	主要住在中心区，集中到访天门山、森林公园和张家界大峡谷，休闲活动少	以一日为主，节点高度专注	9.69
主地域多点紧凑混游	武陵源 中心区	主要住在武陵源，以森林公园、天门山为主导，混合特征，休闲活动较多，部分到访凤凰古城	以两至三日为主，以低度专注为主，高度专注为辅	14.42
次地域单点舒缓偏游	武陵源 三官寺	主要住在武陵源，以森林公园为主导，张家界大峡谷到访较多，无休闲活动	以一至两日为主，对森林公园高度专注	9.22

（一）中心区单点短时聚游

该类别占比不高仅 8.75%，旅游者大部分住在中心区，向天门山高度集聚，同时少部分还到访森林公园。晚间休闲活动主要分布在中心区，活动范围以中心区为主，兼顾中心区内部分小众人文节点，如土家风情园、老院子和军声画院等，总体上表现出短时间内对天门山强烈的聚集。

（二）区域内多点长时串游

该类别占比 57.68% 最高，旅游者主要住在中心区，在中心区与武陵源之间往返，天门山和森林公园是必要到访节点。此外张家界大峡谷、黄龙洞、龙王洞、大庸府城等也是常选择的节点。晚间休闲活动较多，多去往溪布街、魅力湘西。此外，该类别旅游者到访凤凰古城比其他四个类别多，游览总时间较长，选择节点较多，但旅游者对节点专注度普遍较低。

（三）目的地单点快捷遍游

该类别占比 9.69%，旅游者主要住在中心区，集中到访天门山、森林公园和张家界大峡谷，其他节点则较少到访，游览总时间不长，表现出对三个节点中 1 到 2 个较高的专注度。其活动范围主要是包括三官寺在内的旅游目的地。与上述两类不同，该类别旅游者晚间仅文昌阁和官黎坪有少许休闲活动。

（四）主地域多点紧凑混游

该类别占比 14.42%，旅游者大部分住在武陵源，在中心区和武陵源主地域内往返，游览总时间较长，表现出混合特征。一类集中到访森林公园和天门山，但对这两个节点专注度均不高；另一类选择只到访森林公园或只到访天门山，表现出对单节点的较高专注。无论是哪一类，旅游者均部分兼顾黄龙洞、宝峰湖和张家界千古情等；旅游者晚间休闲较多，主要去往溪布街。该类别中 9.8% 的旅游者还到访凤凰古城。

（五）次地域单点舒缓偏游

该类别占比 9.22%，旅游者大部分住在武陵源，主要在武陵源和三官寺之间的次地域内活动，中心区很少涉及。游览总时间适中，集中到访森林公园且专注度较高，同时还大多到访张家界大峡谷，晚间几乎无休闲活动。因森林公园与张家界大峡谷相距较近，用于景区间出行的时间不长，整体节奏较为舒缓。

三、旅游者行为聚类集成结果的差异性分析

旅游者行为时空特征的旅游者维度主要由旅游者属性和旅游者评价两类构成。其中旅游者属性是指与旅游者单元行为相关的属性因素，而不是个体经济属性。月收入虽然是旅游者个体属性指标，但考虑到月收入作为个体经济与社会水平的重要衡量指标，同时，旅游中单元的组合与社会经济水平具有较强相关，因此，月收入能够一定程度上代表单元社会经济水平，可作为旅游者单元属性因素。属性因素和评价因素的选取见表 5-30。

表5-30　旅游者维度的属性因素与评价因素

类别	因素	子因素
属性	游览总时间	半日、一日、两日、三日、四日、五日和五日以上
	旅游组织方式	自助、参团、其他
	到达交通方式	动车、高铁、飞机、自驾、火车和客运班车、其他
	市内交通方式	大巴、中巴、自驾、自行车、徒步、其他
	旅游次数	第一次、第二次、第三次、第四次、第五次，超过5次
	月收入	2000元以下，2001～3000元，3001～4000元，4001～5000元，5001～10000元，10000元以上
	遗憾	观光较多、游客拥挤、时间有限、无
	住宿类型	酒店、民宿、客栈
	是否去其他地方	是、否
	客源地	华东、华南、华北、华中、西南、西北、东北
	同伴人数	自助：0人，1人，2人，3人，4人，4人以上；参团
	同伴关系	单人、父母、夫妻、亲子、朋友、情侣
评价	旅游满意度	100分为满分
	城市满意度	100分为满分

对旅游者行为聚类集成的结果与各子因素做差异性分析。其中同伴关系在调查问卷中设置的是多项选择，因此采用多重响应变量的卡方分析；旅游满意度和城市满意度为连续变量，使用单因素方差分析进行检验，在方差齐性判断基础上选择非参数检验（Kruskal–Wallis检验）或方差分析（ANOVA）；其他子因素为分类变量，采用卡方检验。

统计分析结果表明，旅游者行为时空特征类别与游览总时间、月收入、旅游满意度、遗憾、客源地等5项子因素存在结果显著相关，与住宿类型、交通方式、同伴人数及关系、旅游次数和城市满意度无显著相关。

（一）游览总时间

从表5-31中可知，区域内多点长时串游型和主地域多点紧凑混游型旅游者的游览时间中，分别有高达 81.5% 和 67.7% 集中在两至三日，与这两类选择节点较多、路径较长有关；86.4% 的中心区单点短时聚游型旅游者游览总时间为半日至两日，其中又以一日为主，这与该类型旅游者聚焦于中心区天门山，活动目标单一明确有关；目的地单点快捷遍游型旅游者游览总时间以一日以内为主，占比高达 53.6%，与区域内多点长时串游型形成对照，该类别集中在个别节点，时间花费不长但专注度较高；次地域单点舒缓偏游览总时间为半日至两日，占比高达 94.8%，主要集中于武陵源和三官寺活动，出行交通较短，目标节点明确。

表5-31　时空特征类别与游览总时间交叉分析　　　　（单位：%）

时空特征类别	游览总时间							总计
	半日	一日	两日	三日	四日	五日	五日以上	
中心区单点短时聚游	8.1	48.6	29.7	13.5	0.0	0.0	0.0	100.0
区域内多点长时串游	0.0	9.0	47.1	34.4	6.6	1.6	1.2	100.0
目的地单点快捷遍游	14.6	39.0	22.5	19.0	4.9	0.0	0.0	100.0
主地域多点紧凑混游	8.1	16.1	38.7	29.0	6.5	0.0	1.6	100.0
次地域单点舒缓偏游	23.1	17.9	53.8	5.1	0.0	0.0	0.0	100.0

（二）月收入

从表 5-32 中可知，旅游者中以 5001～10000 元中高收入者为主。区域内多点长时串游、主地域多点紧凑混游和次地域单点舒缓偏游的旅游者多为 5000元以上中高收入旅游者，分别占比 65.2%、69.4% 和 71.8%。这三种类别恰恰是五类时空特征中时间花费最多、旅游成本最高的，与旅游者经济水平较高相符。其中区域内多点长时串游揭示了旅游者旅游中看重旅游类型丰富、旅游体验多样，在扩大时空间范围中重视效率的特征；主地域多点紧凑混游型旅游者注重选择张家界标志景区，存在效率和品质两种导向，同时对体验活动的追求也较为显著；次地域单点舒缓偏游型旅游者注重体验武陵源的经典自然风景，把森林公园作为主要目标的同时，只就近选择个别景区顺带游览，品质导向显著。中心区单点短时聚游型旅游者多为中低收入者，选择天门山作为旅游目标，住宿地位于中心区离天门山较近，节省时间花费和旅游成本。目的地单点快捷遍游型旅游者收入偏低，时间较短，节点选择具有代表性，结合社会经济属性分析可知以学生为主。

表5-32 时空特征类别与月收入交叉分析

时空特征类别	月收入（元）						
	2000以下	2001～3000	3001～4000	4001～5000	5001～10000	10000以上	总计
中心区单点短时聚游	21.6%	0.0%	0.0%	21.6%	40.5%	16.2%	100.0%
区域内多点长时串游	9.0%	7.0%	5.3%	13.5%	37.3%	27.9%	100.0%
目的地单点快捷遍游	24.4%	4.9%	7.3%	7.3%	48.8%	7.3%	100.0%
主地域多点紧凑混游	9.7%	4.8%	8.1%	8.1%	45.2%	24.2%	100.0%
次地域单点舒缓偏游	2.6%	2.6%	17.9%	5.1%	46.2%	25.6%	100.0%

（三）客源地

客源地类别与时空特征类别卡方检验显著性水平为 0.092，在 10% 水平上有显著差异。交叉分析结果见表 5-33，全国 7 大地理区域中，华东地区旅游者最多，占比 36.2%，其次是华中地区，占比 20.3%，西北和东北地区旅游者最少。东北地区旅游者主要表现出次地域单点舒缓偏游特征，华南地区和西北地区旅游者主要表现出主地域多点紧凑混游特征；华中地区旅游者主要表现出目的地单点快捷遍游和中心区单点短时聚游特征，西南地区旅游者主要表现出中心区单点短时聚游和次地域单点舒缓偏游特征。华东地区和华北地区旅游者各类别时空特征表现比较均衡。

表5-33　时空特征类别与客源地类别交叉分析　　　（单位：%）

时空特征类别	客源地类别							总计
	东北	华北	华东	华南	华中	西北	西南	
中心区单点短时聚游	0.0	8.1	35.2	10.8	29.7	2.7	13.5	100.0
区域内多点长时串游	2.5	14.8	40.2	12.7	18.4	3.7	7.8	100.0
目的地单点快捷遍游	9.8	14.6	34.1	4.9	31.7	0.0	4.9	100.0
主地域多点紧凑混游	6.5	12.9	25.8	19.4	16.1	9.7	9.7	100.0
次地域单点舒缓偏游	10.3	15.4	30.7	10.3	17.9	2.6	12.8	100.0

（四）遗憾

基于时空特征的五类旅游者在张家界旅游总体上以无遗憾为主，表明张家界旅游基本满足旅游者的心理预期。如表 5-34 存在遗憾的统计中，不同时空特征的旅游者有所差异，但均以时间有限，未能到访其他节点占比最大，其次为游客拥挤，未能充分欣赏游玩。遗憾差异性分析结果暗示了仅游览节点的数量并不能满足旅游者目标，差异化的游览节点设置能够分流部分节点中过于集中的旅游者，提升旅游品质；同时，不同节点内部游览时间的设置也应长短结合。

表5-34 时空特征类别与遗憾类别交叉分析   （单位：%）

时空特征类别	遗憾类别										总计
	0	1	2	3	4	5	6	7	8	9	
中心区单点短时聚游	73.0	2.7	2.7	10.8	0.0	5.4	5.4	0.0	0.0	0.0	100.0
区域内多点长时串游	61.5	0.8	7.8	9.0	0.4	2.9	13.5	0.0	3.7	0.4	100.0
目的地单点快捷遍游	70.8	0.0	2.4	12.2	0.0	7.3	7.3	0.0	0.0	0.0	100.0
主地域多点紧凑混游	61.4	3.2	6.5	17.7	1.6	0.0	3.2	4.8	1.6	0.0	100.0
次地域单点舒缓偏游	56.3	0.0	7.7	23.1	0.0	2.6	7.7	0.0	2.6	0.0	100.0

注："0"代表无遗憾、"1"代表观光较多、"2"代表游客拥挤、"3"代表时间有限、"4"代表其他、"5"合并"1""2""3"、"6"合并"2""3"、"7"合并"1""3"、"8"合并"1""2"、"9"合并"2""4"。

（五）旅游满意度

旅游满意度与时空特征类别满足方差不齐，采用 Kruskal-Wallis 检验，结果显著性为 0.078，在 10% 水平上不同类别之间旅游满意度有显著差异。从图 5-13 中可以看出，主地域多点紧凑混游型旅游者满意度最高，可解释为与游览节点多样、休闲活动丰富、行程安排合理、时间选择自由等有关；而次地域单点舒缓偏游型旅游者满意度最低，与该类别旅游者无遗憾占比最低一致，结合该类旅游者对张家界旅游的建议分析，可知主要是由于武陵源和三官寺的其他节点与森林公园在类型上区别不大而在品质上差异较大，未能达到其充分体验武陵源经典的预期。

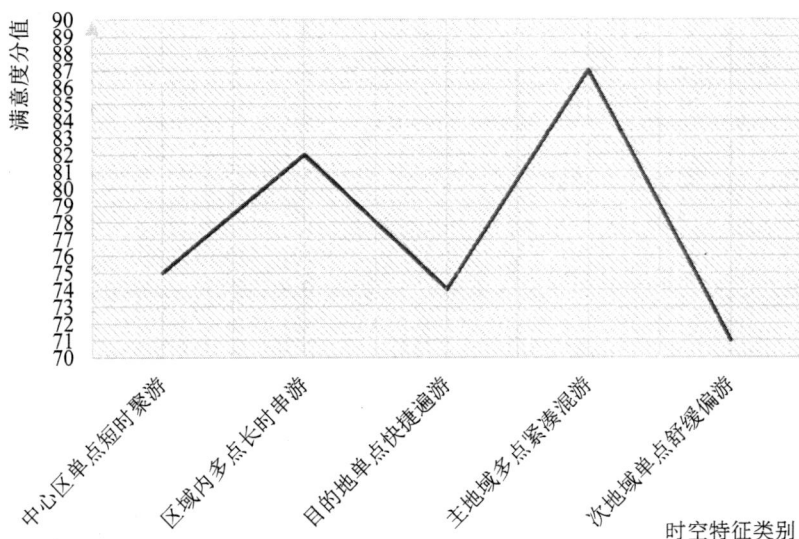

图 5-13　时空特征类别与对应的平均旅游满意度

第八节　基于聚类集成的 VGI 时空轨迹模拟

一、VGI 时空轨迹实施方案

（一）用于时空轨迹模拟的约束条件

VGI 时空轨迹模拟实质上需要找到实施既定轨迹的人。采用同源数据集成，异源数据评价的聚类集成得出的行为时空特征类别指向的仍然是行为背后的主体——旅游者。因此，时空特征类别结果可作为 VGI 时空轨迹模拟的依据。基于时空特征类别的时空轨迹模拟实际上是一个从汇总到非汇总的过程，即对相关现场进行模拟和再现，通过亲身观察、感知等得到更为零散和细微的关键信息。如表 5-35 所示，在选择过程中，每一类时空特征需"约束有度，适当放宽"，既能体现该类别的基本特征和规律，又能使志愿者在模拟过程中有适当的自主选择余地，由此方能构建较为客观、真实的时空路径。

表5-35　用于时空轨迹模拟的约束条件

时空路径特征类别	到访节点	游览时间	住宿地
中心区单点短时聚游	天门山	一至两日	中心区
主地域多点紧凑混游	森林公园	两日	武陵源
次地域单点舒缓偏游	森林公园、张家界大峡谷	一日	武陵源
目的地单点快捷遍游	张家界大峡谷、天门山、森林公园	一至两日	中心区
区域内多点长时串游	森林公园、天门山	两至三日	中心区

（二）基于约束条件的调查问卷遴选

通过模拟和还原旅游者时空情景，可以捕捉到旅游者在实际旅游过程中的细节，从志愿者的感知和陈述中发现情景中潜在的被动制约与能动选择。用于模拟的旅游情景贵在其具有典型性而非数量多，实证确定每个类别选取 4 ～ 5 个样本。以旅游者时空路径作为旅游情景构建基础，首先需要基于时空特征约束条件确定实施模拟的旅游时空路径。理想的模拟应当尽可能地还原和反映旅游者在旅游目的地的客观时空轨迹以及主观认知与评价。如表 5-36 所示，根据行为时空特征的约束条件，在调查问卷中经过反复比选，依次筛选出符合每一类别约束条件与要求的调查问卷，即这些问卷中对应的简化时空路径符合该类别的约束条件。由于主要研究张家界旅游目的地内的旅游者行为，区域内多点长时串游涉及的区域层面内容暂不做模拟。

表5-36　时空特征类别对应的调查问卷

时空特征类别	对应的问卷编码
中心区单点短时聚游	问卷 114、问卷 390、问卷 440、问卷 492、问卷 692
主地域多点紧凑混游	问卷 462、问卷 478、问卷 512、问卷 567、问卷 739
次地域单点舒缓偏游	问卷 47、问卷 269、问卷 491、问卷 796
目的地单点快捷遍游	问卷 212、问卷 412、问卷 530、问卷 609、问卷 642
区域内多点长时串游	问卷 12、问卷 222、问卷 245、问卷 706、问卷 814

（三）VGI 时空轨迹实施方案

基于遴选出来的调查问卷构建旅游情景，通过 GPS 生成线路轨迹即 VGI 数据，再对 VGI 数据中的重复数据、错误数据进行纠正或删除等一系列清洗处理后得到 VGI 时空轨迹。通过志愿者手持带有 GPS 定位功能的 App 进行时空路径的情景模拟，生成带有地理位置和时间信息的完整的 VGI 时空路径数据。目前有几款常用的带有 GPS 轨迹记录功能的户外运动 App，如六只脚、两步路和户外助手 App 离线地图等。经过综合比较，选择两步路作为此次模拟实施方案中的 VGI 数据获取及生成工具。为简便起见，统一采取志愿者自驾的方式开展路径模拟。

二、VGI 时空轨迹的三维可视化

通过志愿者携带两步路 App 生成 VGI 时空轨迹后，其三维可视化操作具体包括以下六个步骤：

（1）在两步路 App 中标注涉及 VGI 时空轨迹节点的 POI 兴趣点；

（2）通过两步路 App 将 VGI 时空轨迹的 KML 格式轨迹数据导入到 ArcGIS 平台；

（3）利用 KML To Layer 工具对 KML 格式轨迹数据进行数据转换；

（4）依据旅游情景对转换后的轨迹数据进行地理信息筛选，赋予地点属性，对于零碎的就餐地点、购物地点和小憩地点等进行删减，保留主要节点；

（5）基于 Arc Map 属性编辑工具，对转换后的数据中的每个连续移动，没有停留的轨迹片段赋予时间属性；

（6）利用 Arc Sence 平台，以时间属性为高度值对轨迹进行三维可视化。

三、VGI 时空轨迹的志愿者反馈

VGI 时空轨迹存在一定程度的失真，如相应路径对应问卷的旅游者，其社会属性信息无法完全真实模拟，但仍然是研究中对现实复杂路径进行简化处理的一种。建立在该方法基础上的对志愿者的深度访谈可以从志愿者感知角度发现时空特征聚类集成中难以觉察的细微而关键的信息。这些信息的获取有助于以亲历者的视角实施旅游的全过程，从而更好地理解旅游者在真实的旅游情景中发现，而在集聚集成的时空特征中无法反映的重要信息。对实施以上 VGI 时空轨迹的志愿者的反馈信息进行汇总和综合分析，主要从分类别综合归纳和分单项集中汇总两大方面来总结，其中分单项包括旅游交通、配套设施和到访节点三个方面。

（一）分类别综合归纳

将每个类别的志愿者反馈信息进行整理，排除个别感性因素过重的认知，筛选出类内具有共同性和代表性的情理描述与感知评价，从中提炼概括旅游者行为时空特征中的选择与制约因素，同时注意删减类间重叠信息，得到基于时空特征类别的志愿者反馈信息归纳，如表 5-37 所示。

表5-37　基于时空特征类别的志愿者反馈信息归纳

时空特征 类别	反馈归纳
中心区单点 短时聚游	半天时间能充分游览天门山，但森林公园游览内容有限；中心区不大，住在中心区各节点交通均易达，餐饮、购物、交通和休闲等旅游服务便捷，部分可步行范围内解决，可就近选择部分人文节点，旅游内容较为丰富，但品质有待提高
主地域多点 紧凑混游	两至三日天内只游览森林公园较为充分，可在溪布街参与丰富的休闲活动。一至两日内游览森林公园和天门山则比较紧张，尤其是森林公园和天门山安排在同一天无法真正了解和放松，餐饮、休闲等只能从简；跨片区交通和拥堵造成了宝贵的时间消耗
次地域单点 舒缓偏游	一至两日内游览森林公园时间较为充分，在标志门广场、索溪北岸等地有充分休憩时间；森林公园内部日间行程较为疲累，晚间参与休闲活动意愿较弱；交通、餐饮均集中在武陵源较为方便，但张家界大峡谷周边缺少配套且规范的服务
目的地单点 快捷遍游	一日时间可充分游览天门山和大峡谷及其周边小众节点，但到访森林公园则较为疲累；森林公园和张家界大峡谷之间的长距离空间较为单调，可选择节点局限性较强；中心区晚间休闲活动中天门狐仙口碑较好

时空特征 类别	反馈归纳
区域内多点 长时串游	两至三日中游览包括天门山、森林公园等在内的诸多节点，行程紧凑但印象不深；天门山索道站排队时间较长，黄龙洞无游客服务中心集散不便；晚间溪布街人流集中，提供的活动较为雷同；张家界千古情景区内体验活动较其他景区丰富

（二）分单项集中汇总

1. 旅游交通

若志愿者一日只到访一个游览节点，那么住宿地和游览节点之间的往返路径几乎完全相同，反映出旅游交通的单一化，旅游者无法选择更多的道路实现不同的往返通行。目前，中心区到武陵源只有一条武陵山大道，旅游者在中心区、武陵源和三官寺三个片区的活动几乎全部依赖该条道路及其延伸段，且城市居民的日常通行也依赖该道路，旅游交通和城市交通混杂，导致道路交通的通行压力较大。这与问卷中普遍反映的景区之间交通联系不便是一致的。同时，在森林公园南门、黄龙洞等景区也存在停车难的普遍问题。

2. 配套设施

武陵源旅游配套设施总体上比中心城区更便利和完善，如公共厕所、停车场、道路及道路指示等。但武陵源主要景区如森林公园周边乱收费、服务品质低下的现象也较为频繁，极大地拉低了张家界的旅游形象。武陵源景区周边乡村民宿方兴未艾，作为住宿节点实际上开始承担部分乡村休闲的功能，但民宿品质参差不齐，民宿集中片区的道路、商业环卫等配套设施较为缺乏，空间环境缺乏统一规划和整治。三官寺片区配套设施依托三官寺集镇，缺乏统一规划和系统建设。主要道路两侧私人经营的兼具住宿及餐饮功能客栈较多，建筑及店招形式参差不齐，很大程度上破坏了景区外围的城市风貌。主要景区周边的设施总体而言仅能满足基本需求，品质较低，人性化和精细化设计不够，同时管理水平不高，有待完善的空间较大。

3. 到访节点

森林公园旅游时间相对较长，以两日为宜。天门山和大峡谷游览时间半日较为合适。中心区多数人文景区规模偏小，看点不多，一般半小时到 1 小时为宜。森林公园以自然观光为主，但体验感较弱，且景观差异不大。天门山兼具体验与观光，参与性较强，各景点之间差异较大，交通便利，给人印象深刻。大峡谷玻璃桥名副其实，其余景点特征各异，总体体验感较为丰富。黄龙洞视觉震撼，观光和体验感均较好，同时生态广场的空间环境亦吸引人。宝峰湖则较为单一，看点少，无参与性。目前，人文类景区依然以参观为主，体验较少，花费时间相对于自然观光类景区差别较大，因此，多点串游人文景区较为可行，但自然景区的多点串游等则会令人身心俱疲，降低旅游品质。

第九节　小　结

本章在理论框架、解析方法的基础上，选择张家界作为实证研究范围，分别基于时间利用、空间选择和时空路径，采用不同的聚类方法对多源数据支撑、多维变量视角的旅游者行为进行聚类研究，并对三类聚类结果进行关联分析和聚类集成。在此基础上，初步探讨了利用 GPS 数据支持的 VGI 时空轨迹实现从行为研究的汇总到非汇总过程的扩展。

通过旅游者规则性时空游走模型构建旅游者旅游情景，对时间利用变量进行聚类，发现存在天门山导向型、纯观光型、森林公园导向型和观光休闲型 4 类旅游者行为，进一步概括为短期专注型和长期分散型，且夜间旅游尚未形成，其中建立在统计数据、专家访谈和经验观察基础上的旅游情景构建虽然具有一定的主观性，但结果与张家界旅游者的实际表征基本一致；通过旅游者向量时空路径模型，运用 DTW 算法测算旅游者时空路径之间的相似度，利用 DBSCAN 对时空路径聚类，充分保留了路径长度、形态和节点位置等关键信息，结合定性分析得出 12 类旅游者行为，其中基于实际地理空间位置的路径形态特征中涵盖了节点序列特征；通过 Fast unfolding 对空间选择维度下的旅游者行为进行聚类和节点中心度分析，揭示了基于选择偏好的 5 类旅游者社区"簇"。

　　在此基础上通过聚类关联分析证明时间利用、空间选择两个变量与时空路径聚类结果两两之间分别存在较强的一致型，同时结果之间相互补充、相互印证，进一步强化了某些方面的旅游者时空特征。对上述三个基聚类结果进行基于遗传算法的聚类集成，得到中心区单点短时聚游、区域内多点长时串游、目的地单点快捷遍游、主地域多点紧凑混游和次地域单点舒缓偏游 5 类时间和空间方面差异较为显著的行为时空特征，与游览总时间、月收入、遗憾、旅游满意度和客源地存在显著相关。基于行为时空特征实施 VGI 时空轨迹模拟，归纳微观层面各类别和各单项的选择与制约反馈信息，补充简化时空路径和基于简化时空路径聚类分析的不足。

　　集成聚类的实证结果还表明，旅游者住宿地与其行为活动的选择相关，总体上住在中心区的旅游者其活动范围更大，时间安排更紧凑、高效，住在武陵源的旅游者其活动范围较小，时间安排较为舒缓，活动目标性和就近性更为突出。

第六章　张家界旅游者行为的时空模式构建

在旅游者行为的时空特征聚类分析基础上，本章进一步从时空互现和时空分配两方面对张家界旅游者行为的时空结构进行解析，在此基础上归纳行为的时空模式。其中，时空互现从空间集聚和时段波动两方面进行解析，通过功能单元格的划分和时段划分赋予手机信令数据表征的特定时空内涵，分析旅游者在特定空间中的活动节律和在特定时间内的空间集聚特征。时空分配分析中依据旅游者的相对时间与绝对空间，通过问卷数据对旅游者在张家界旅游的第一、第二和第三日活动情况做数理统计分析，得出张家界旅游者的时空选择与分配规律。在时空结构特征分析的基础上，结合 VGI 过程感知和时空制约分析，从外在表征和内在机制两方面构建旅游者行为时空模式。

第一节　张家界旅游者行为的时空结构表征：空间集聚

本书通过获取研究范围内某通信运营商连续一周（2019 年 6 月 12 日至2019 年 6 月 18 日）的脱敏脱密手机信令数据，对每日 24 小时（早上 7：30 至8：30 为 8 点，8：30 至 9：30 为 9 点，以此类推）内的手机服务数据进行统计，将手机服务数据空间化至 250 米 × 250 米的栅格中。按该栅格尺度把研究范围划分成总共 9353 个手机信令数据栅格单元，确保每个栅格均有连续一周内人口热力数据，从而形成手机用户位置信息与功能单元的信息关联。

一、功能单元格划分

用于区分旅游者群体活动的功能单元格划分包括确定划分依据和 POI 类别

的调整合并两个基本步骤，再根据 POI 的赋值和单元格评定确定划分结果，具体过程如下。

（一）功能单元格的划分依据

旅游者功能单元格的划分基础是甄别单元格所划出的土地承担的主要功能活动。依据相关研究成果，本书依据土地上 POI 兴趣点的实际分布，采取相应的方法定量评定功能单元格的主导功能，在此基础上结合现状用地功能、旅游景区边界和其他用地权属等三方面的定性因素最终综合确定功能单元格的功能归属。四类划分依据的来源和处理说明如下。

1. 高德 POI

选取高德地图，通过 Python 编程抓取研究范围内 POI，共抓取到高德 POI 点 22381 条。每条 POI 数据包含地理实体名称、地址、所属类型、经纬度、行政区等属性信息，涵盖了餐饮、购物、住宿和公司等共 16 个大类，每一大类下又细分为若干个中类、小类。

2. 用地功能

由于近年来张家界市快速发展，城市建设用地范围在不断调整，因此依据最新版《张家界市城市总体规划（2007—2030）》（2018 年修改）中的中心区和武陵源的用地现状图，同时在 LocaSpace Viewer4 中对照张家界市影像图中的用地实际类型进行适当修正。

3. 景区边界

森林公园、杨家界、天子山、十里画廊、大峡谷、宝峰湖、黄龙洞、天门山等八大景区的边界数据主要来自张家界市自然资源和规划管理部门以及林业部门。将杨家界、天子山、十里画廊三个二级景区合并到森林公园，由此得到森林公园、天门山、宝峰湖、黄龙洞和大峡谷五个景区。

4. 用地权属

对研究范围内用地开展实地观察，并对相关单位进行实地调查走访，核实相关用地权属边界，参考权属边界线进行适当修正。

（二）POI 类别的调整合并

基于研究内容，采用 python 编程进行网络爬取，爬取到的张家界中心区和武陵源的高德 POI 共有 16 大类。参照林鉴宇、郑梦雷、池娇等人关于以 POI 静态数据为依据进行城市功能识别的研究成果，根据研究目的和旅游者行为活动特征，将这 16 大类 POI 进一步做适当的整理和归并，得到住宿类 POI、休闲类 POI、商务类 POI、景区类 POI 和居住类 POI 共 5 类，对应于 5 类功能单元格，每一类涵盖的 POI 大类如表 6-1 所示。

表6-1　高德地图爬取的POI及其在本研究中的归类

高德 POI	POI 归类
风景名胜	景区
酒店、民宿、客栈	住宿
酒吧、演艺、城市公园广场	休闲
居住小区	居住
公司企业、产业园、行政办公、餐饮、购物、金融、商业街、步行街	商务

（三）功能单元格的划分

1.POI 类别的权重赋值

在 POI 调整合并的基础上，依据频数密度和类型比例两个指标确定功能单元格的评定标准，以此得出功能单元格的划分结果。首先参照赵卫锋等人利用 POI 提取分层地标中 POI 影响因素的归纳，选取 POI 数据的公众认知、空间分布和个体特征三个特性进行权重赋值，结合张家界旅游者行为的时空特征，提出张家界旅游者行为研究 POI 数据分类及权重如表 6-2 所示。

表6-2　研究范围内POI类别及权重赋值

序号	用地功能	POI 类别及权重
1	景区功能单元格	风景名胜（0.8245）
2	住宿功能单元格	酒店（0.3057）、民宿（0.3057）、客栈（0.3057）
3	休闲活动单元格	酒吧（0.3057）、演艺（0.3057）、城市公园广场（0.6548）
4	居住功能单元格	居住小区（0.3057）
5	商务功能单元格	公司企业（0.3057）、产业园（0.8245）、行政办公（0.3057）、餐饮（0.5562）、购物（0.8146）、金融（0.3057）、商业街（0.3057）、步行街（0.3057）

2. 功能单元格的评定

依据式（4-15）、式（4-16）计算得出 5 类 POI 的频数密度和类型比例。根据相关研究成果，确定以类型比例 C_i 超过 50% 作为功能单元格性质的判定标准，见表 6-3。

表6-3　功能单元格类别的判定标准

类型比例 C_i 占比（%）	功能单元格类型
50 ~ 100	单一功能单元格
0 ~ 50	混合功能单元格
0	非建设用地单元格

当功能单元格内某一 POI 类型比例达到 50% 及以上，判定该功能单元格为"单一功能区"；当功能单元格内所有 POI 的类型比例均小于 50% 且不全为 0 时，判定该功能单元格为"混合功能区"；当功能单元格内不存在 POI 数据时，判定为"非建设用地区"。最终得到单一功能区、混合功能区和非建设用地区三种类型，其中单一功能区指的是景区功能单元、住宿功能单元、休闲活

动单元、居住功能单元和商务功能单元。

3. 功能单元格的划分结果

依据以上划分步骤等，得出初始的功能单元格划分结果，再结合《张家界市城市总体规划（2007—2030）》（2018 年修改）用地现状、用地权属以及景区管理边界等定性分析，最终划分 9353 个栅格单元所代表的功能单元格结果如表 6-4 所示。需要指出的是，景区功能单元格在划分时与一般管理意义上的景区范围不同。依据功能划分单元格的目的是通过空间功能来识别旅游者行为活动的类型。张家界观光景区大致可分为有人活动和无人活动的区域。此次划分中将有人活动的区域划为景区功能单元格，而将景区内无人活动的区域仍然划分为非建设功能单元格。因此，划分的景区功能单元格比实际的景区范围要小。

表6-4　研究范围内功能单元格划分结构

序号	功能单元格类型	栅格数量	占比（%）
1	景区功能单元格	1410	15.08
2	住宿功能单元格	190	2.03
3	晚间活动单元格	273	2.92
4	居住功能单元格	315	3.37
5	商务功能单元格	554	5.92
6	混合功能单元格	1707	18.25
7	非建设功能单元格	4904	52.43
	合计	9353	100

依据式（4-17-a）、式（4-17-b）、式（4-17-c）、式（4-17-d）可计算每类功能单元格在不同时段内的人群活动总量。基于 Arc GIS 软件的核密度空间分析方法，可分析旅游者在由景区功能单元格组成的景区、住宿功能单元格组成的住宿区和由晚间休闲功能单元格组成的休闲区等主要功能空间中的空间集聚分布特征。

二、景区空间集聚

总体上看，核密度分析结果反映出景区在四个典型时段的累时空间集聚，即旅游者空间集聚呈现出明显的时间节律性特征，这种节律性与旅游者行为活动习惯和景区开放时间高度相关。

上午时段中，集聚热力最高的区域位于黄龙洞，其次是天门山，这两个景区面积不大，人群活动范围相对比较集中，因此出现小范围的高值热力区；森林公园因人群活动范围较大，因而热力区域比较分散，大部分为中值热力区，其中以黄石寨、袁家界和十里画廊所在位置其热力值较高，仅在南门附近出现局部高值热力区，这也印证了南门是旅游者进入森林公园的主要通道。相比前三个景区，大峡谷人群集聚热力值不显著，宝峰湖最低。

下午时段中，各景区之间的空间集聚对比关系与上午相比无显著变化，但黄龙洞、天门山和大峡谷三个景区内部的热力集聚有所增强，且范围稍有扩大，尤其是黄龙洞景区呈现更大的高值热力区。森林公园和宝峰湖上下午活动热力区无显著变化。

晚间时段为景的非开放时间，旅游者空间集聚度较日间上、下午显著降低，仅在天门山北、黄龙洞和森林公园南门附近有小范围中高值热力区。天门山北部的天门狐仙和位于黄龙洞景区内的烟雨张家界，晚间 8 点至 10 点为演出时间，是旅游者晚间休闲活动的重要选择。在随后的夜间时段中，旅游者在上述各景区均未出现空间集聚。

三、休闲区空间集聚

从休闲区在四个典型时段的累时空间集聚可以看出，总体上休闲区各时段的空间集聚变化不如景区显著，呈现出集聚热力区空间集中，上午、下午和晚间的集聚热力值逐渐增强，集聚热力区围绕集中点扩大的趋势。

上午、下午和晚间三时段中，旅游者休闲活动集聚热力的高值区域未出现显著改变，均分布在武陵源索溪河两岸、中心区官黎坪组团国际旅游商业城片区和永定组团文昌阁片区。

随着时间的推移，下午较上午，晚间较下午的聚集热力区有所扩大，热力强度有所增强，如晚间协和乡出现集聚热度不高的条形集聚区域，这与乡村民宿中旅游者开展晚间活动有关。

部分高值热力区出现在大型居住区周边，这说明休闲区本身的社会群体包容度比较大，使得该类区域呈现出不太明显的时间特征。

夜间休闲区的整体集聚热力值非常低，且集聚空间较晚间有大幅收缩，说明张家界的夜间旅游尚未形成。目前，旅游者仅在晚餐后小规模地顺便开展简单的观赏演艺、酒吧娱乐等休闲活动，缺乏体验类的夜间购物、餐饮、观影等空间。

四、住宿区空间集聚

从住宿区内旅游者在四个典型时段的累时空间集聚可以看出，总体上呈现与张家界旅游者日间外出、夜间住宿的行为特征高度吻合的时空变化规律。

住宿区的空间集聚分布总体上与张家界旅游者住宿节点聚类结果叠加图大体一致。武陵源主要分布在军地坪的武陵路与高云路片区，以及武陵源与中心区之间的碧桂园凤凰酒店，中心区则主要分布在官黎坪组团大庸路沿线和永定组团子午路沿线，以及西溪坪组团的永定大道南北两侧，三官寺主要集中在禾田居度假酒店、路上度假酒店和三官寺集镇。

住宿区的高值热力区首先显著集中于夜间时段，其次是晚间时段，这个时段未开展休闲活动的旅游者大多已回到住宿区休息。日间上下午多为低值和中值热力区，尤其是下午时段热力强度最弱，这与旅游者日间多开展观光游览的作息规律有关，局部高值区与部分酒店与密集居住区混杂有关。

值得注意的是，手机信令数据反映出的住宿区大多为空间上较为集中成片的酒店片区，而张家界近年来兴起的民宿、客栈甚至是家庭小旅馆等则未能反映出来。其原因可能是中湖乡政府附近民宿密集，而梓山漫居作为张家界民宿中规模较大者集聚度较高，也容易在手机信令数据中体现；武陵源锣鼓塔、协和乡沿武陵山大道两侧的抗金岩村、插旗峪村等多处民宿则因其空间上分散、规模上偏小而无法体现出来。实地走访还发现，五号山谷等民宿因位于高山深谷间，虽规模较大，但其通信信号较弱，也是手机信令数据捕捉不到的原因之一。

五、小　结

通过空间集聚特征结果分析可知，基于 250 米 × 250 米的栅格划分的功能单元格在识别大尺度的区域如景区旅游者空间集聚时具有良好的效果；在识别休闲区和住宿区时，结果依规模的差异而不同，规模小、分布散的功能单元格往往不易被识别，而规模大、分布密集的功能单元格的识别效果则较好。同时，休闲功能单元格天然具有的人群包容性也增加了识别难度，使得休闲区的日间与夜间节律性特征差异不显著，这在人群态势波动里也有所反映。而酒店与居住的混合也导致了住宿功能单元格的日间与夜间变化幅度与旅游者的活动节律差异存在小幅度错位。总体上手机信令数据和基于 POI 的功能单元格划分是宏观整体层面捕捉旅游者时空活动集聚分布特征的良好选择，能够大致反映旅游者群体的行为活动时空关系特征，较好地说明行为的时空结构特征。

第二节　张家界旅游者行为的时空结构表征：时段波动

通过对手机信令数据进行人群识别，依据手机信令数据活动强度分析的时段划分和式（4-18），统计相应功能区平均日每时段的人群活动强度，得到图 6-1 各功能区 24 小时时段旅游者波动态势图。

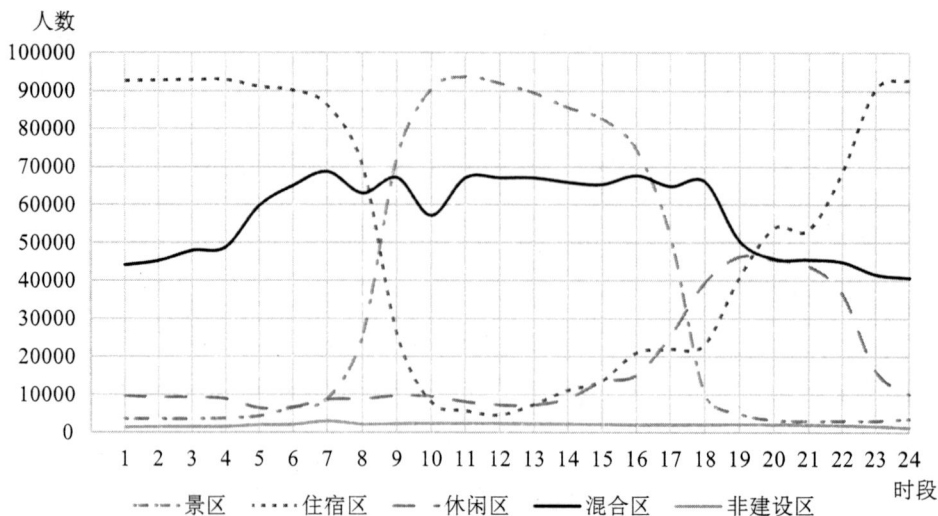

图 6-1　景区、住宿区和休闲区 24 小时时段旅游者波动态势

一、景区时段波动

从图 6-1 时段波动图中看出，景区时段波动整体上呈现出倒"U"形趋势，可表述为经过缓慢上升、急剧上升和短时平稳阶段后，再缓慢下降、急剧下降的过程。各景区从 6 点至 7 点，旅游者活动量开始缓慢增加，7 点至 10 点旅游者活动急剧增加，至 11 点达到最高值，之后开始缓慢下降，16 点至 18 点活动量急剧下降，18 点活动量达到最低，与夜间基本持平，整体波动情况与景区开放时间基本一致。旅游者在相对集中的时段进入和离开主要景区，事实上呈现旅游者在短时间内时空高度集中和全天之内时空分布失衡的特征，给以观光为主的张家界自然景区和景区周边的交通带来一定压力。

二、住宿区时段波动

住宿区的波动态势与景区大致相反，呈现不规则的"U"形趋势，"U"形右侧即下午、晚间和夜间时段分 3 次阶梯状上升。景区旅游者上升的过程恰恰也是住宿区旅游者下降的过程，至中午 12 点降至最低，之后开始缓慢回升，说明部分旅游者上午游览之后下午选择在住宿地休息；18 点至 20 点和 21 点至 23 点相继出现两次显著增加，20 点至 21 点较为平缓，前一段增加说明旅游者晚餐后回到住宿地，后一段则是休闲活动之后回到住宿地；夜间 24 点之后至次日 7 点是住宿区旅游者最为集中的休息时段，手机信令数据与相应基站之间的定时交互揭示了这一特征。住宿区上午 7 点至 10 点下降幅度非常明显且未出现明显波动，印证了旅游者在旅游城市地域内空间行为的指向性特征和节律性特征是非常突出的。

三、休闲区时段波动

休闲区的旅游者活动量在 14 点之前一直处于低值比较平缓，14 点至 16 点开始逐步上升，16 点以后明显上升，至 19 点达到高峰，19 点至 21 点比较稳定，之后开始逐步下降，至 24 点达到最低值。这一变化特征揭示了张家界休闲区主要是下午和晚间比较活跃。下午人群活动量的少量增加主要还是由于部分开展休闲活动的居民未能通过功能单元格划分法很好地与旅游者区分开来，这与休闲类空间的人群面向比较多元化有关；根据实地调查与观察，旅游者的休闲活动仍然集中在晚间，使得晚间的人群活动量处于峰值，但 22 点之后显著下降说明夜间活跃度较弱，再次表明张家界的夜间旅游尚未形成。

四、小　结

时段波动态势图同样还揭示了居民的日常生活特征。如图 6-2 所示，居住区的波动高峰时段为 24 点至次日 3 点，从早 4 点开始下降，上午 6 点至 8 点快速下降，这段时间为大多数居民上班高峰时段，8 点到 9 点继续下降，9 点至 11 点有小幅波动，11 点至 12 点有小幅上升，部分居民中午下班回家；12 点至 14 点较为平缓，14 点以后开始显著下降，16 点达到最低值，部分居民这个时段开始休闲活动；16 点以后开始显著上升一直持续到 21 点，这个时段居民陆续回家。

人数

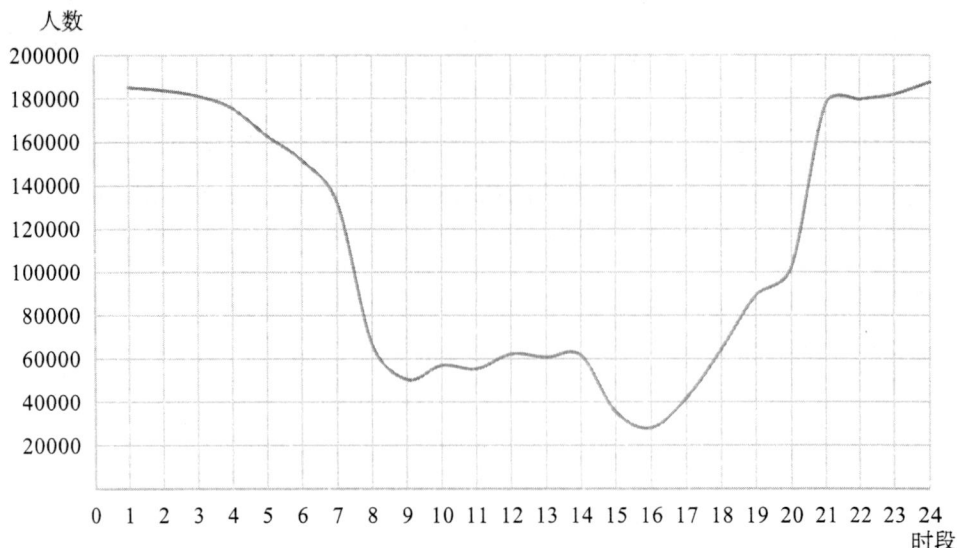

图 6-2　居住区 24 小时时段波动态势

人数

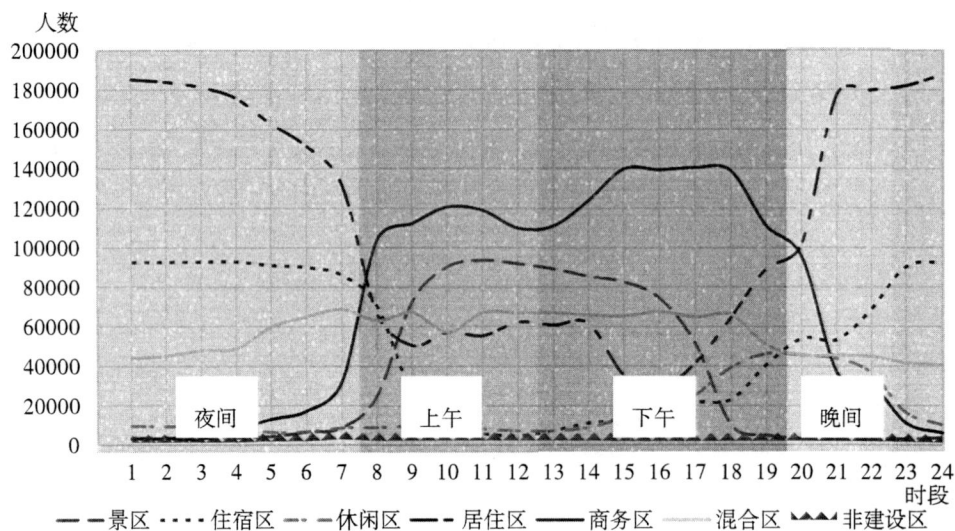

——景区　·····住宿区　-·-休闲区　--居住区　——商务区　——混合区　▲▲▲非建设区

图 6-3　各功能区 24 小时时段总的波动态势

　　从图 6-3 各功能区的综合态势来看，日间上下午除本地居民就业为主的商务区外，旅游者主要在景区活动；晚间和夜间除居住区以外，旅游者主要集中在住宿区。休闲区无论在日间、晚间还是夜间其时段波动幅度均不大，未成为主要活动空间。

功能单元格的 24 小时时段波动图一定程度上能够客观反映旅游者行为的节律性，通过时空互现验证了旅游者在特定的时空间内开展相应类型活动的旅游情景假设，同时说明基于 POI 等要素的功能单元格划分法是比较合理的。总体来看，基于功能单元格划分的手机信令数据变化能够比较客观、真实地区分旅游者与居民行为活动，在整体层面揭示其他数据源难以揭示的时空互现特征，为进一步认识旅游者行为时空结构提供了启示，也揭示了张家界现状旅游空间布局中存在的问题，暗示了优化的方向。同时，手机信令数据应结合实地调查、问卷调查等多源数据，通过科学合理的分析得出接近或符合客观实际的结果。

第三节　张家界旅游者行为的时空结构表征：时空分配

一、游览时间

旅游者在张家界旅游目的地的游览总时间统计如图 6-4 所示。

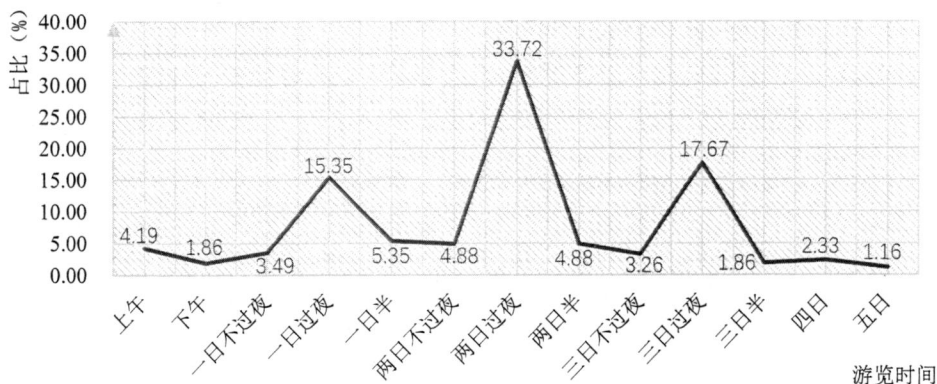

图 6-4　张家界旅游者游览总时间占比统计

总体上，旅游者游览总时间占比差异显著，呈现一个主高峰和两个次高峰。三个高峰均出现在过夜，即一日，两日和三日过夜明显高于相应的不过夜。其中两日过夜占比 33.72% 最高。前三日中，半日下午占比最低仅 1.86%，除此以外半日上午和一、二、三日不过夜及当日半占比均在约 3% ~ 5%；与此形成鲜明对比的是，一日、二日和三日过夜占比分别为 15.35%、33.72% 和 17.67%。过夜与不过夜的显著差异揭示了观光型旅游者的时间安排特征，结合时空互现和时空特征中反映出的张家界旅游者夜间旅游活动稀少这一特征，可推知旅游者选择过夜可能更多出于行程疲累的被动而非夜间旅游节点的吸引。

半日中以上午居多，其占比约为下午的 2.2 倍。将不过夜、过夜和当日半三种情况均包括在内算作当日时间，则两日占比共计 43.49%，其次为一日，占比共计 24.19%，再次为三日，占比共计 22.79%，一日、二日、三日占比共计 90.46%。

三日半及四日、五日占比均处于低位，说明张家界旅游者在张家界停留时间多为三日以下，以两日为主。结合森林公园的大规模空间范围和联票制发现，张家界旅游者的停留时间偏短，而时间利用分析也揭示了旅游者专注度低的普遍特征，结合旅游者对旅游的综合评价，认为主要还是由于同类型观光景区削减了旅游者时间花费更多的决策。

二、空间到访

张家界旅游者游览时间统计结果表明，前三日占比高达 90.46%，是大多数旅游者在张家界停留的时间选择。因此，将前三日作为时空分配统计的时间范围。其中，住宿节点分酒店、民宿和客栈三类来表示，不再区分各个具体不同的地点。以下图表数据均来源于问卷调查的统计。

（一）游览节点

游览节点选择占比统计如图 6-5、图 6-6 和图 6-7 所示。

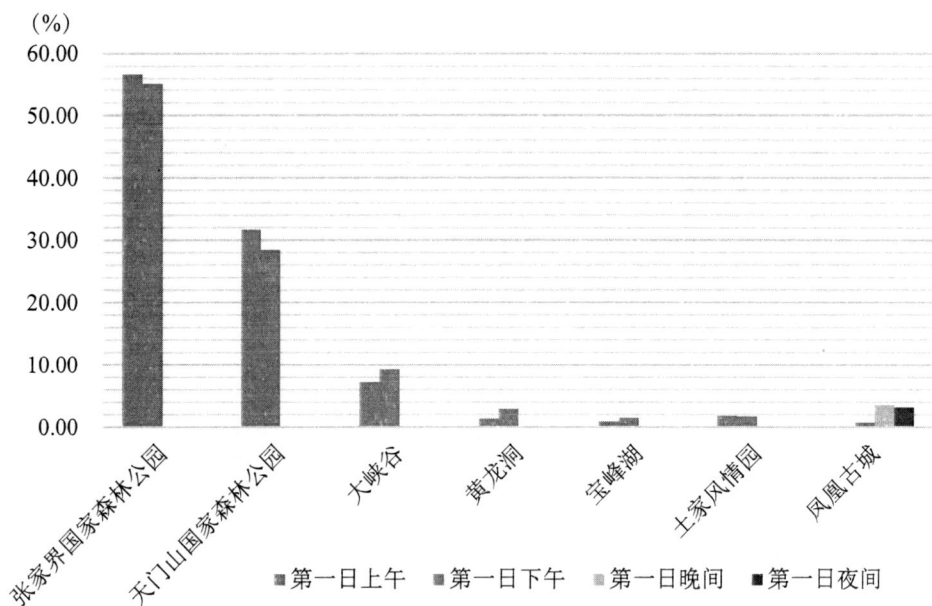

图 6-5　张家界旅游者第一日游览节点选择占比统计

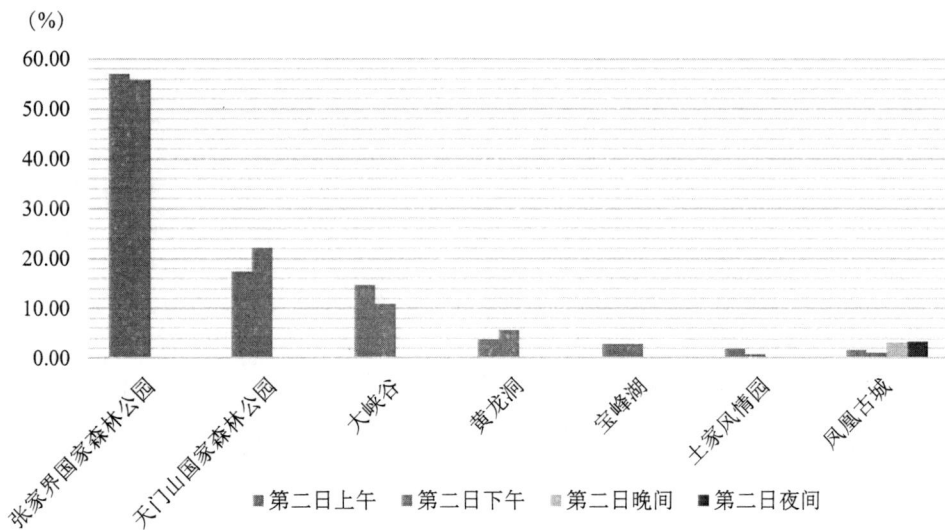

图 6-6　张家界旅游者第二日游览节点选择占比统计

(%)

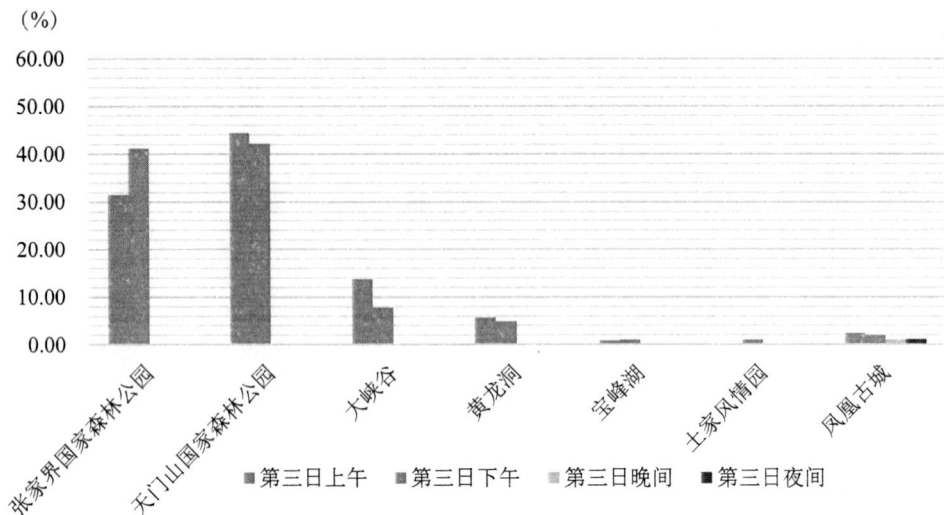

图 6-7 张家界旅游者第三日游览节点选择占比统计

张家界国家森林公园、天门山国家森林公园、大峡谷、黄龙洞代表了旅游者在张家界市停留期间日间游览节点的主要选择，但节点内部的选择差异较大，同时中心区与武陵源的节点分布也存在一定的不均衡。森林公园在第一日、第二日日间平均占比 56.15%，远高于其他节点，且无大幅度波动，仅第三日占比少于天门山，但平均占比仍高达 34.68%。黄龙洞占比在三日内渐次略有升高，大峡谷和占比三日内存在小幅波动，第二日比第一日占比略有增高，第三日比第二日出现小幅下降，在 6 个时段中平均占比 10.46%，虽占比较森林公园和天门山相差悬殊，但仍然是除两者以外的主要选择。宝峰湖、土家风情园的游览量无论在哪个时段均处于低位。土家风情园位于中心城区，规模较小，是张家界市为数不多的人文景点之一，多与中心城区其他节点共同作为天门山的配套景点。张家界文化旅游广电体育局公布的数据显示，2018 年土家风情园和宝峰湖分别接待游客 116.25 万人和 78.59 万人，远小于森林公园、天门山、大峡谷、黄龙洞，也从侧面印证了旅游者时空分配中的统计结果。

（二）休闲节点

休闲节点选择占比统计如图 6-8、图 6-9 和图 6-10 所示。

(%)

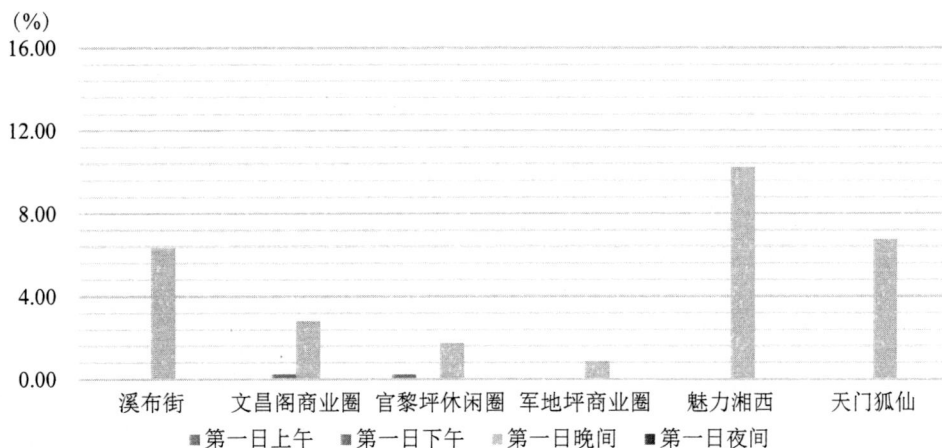

图 6-8 张家界旅游者第一日休闲节点选择占比统计

(%)

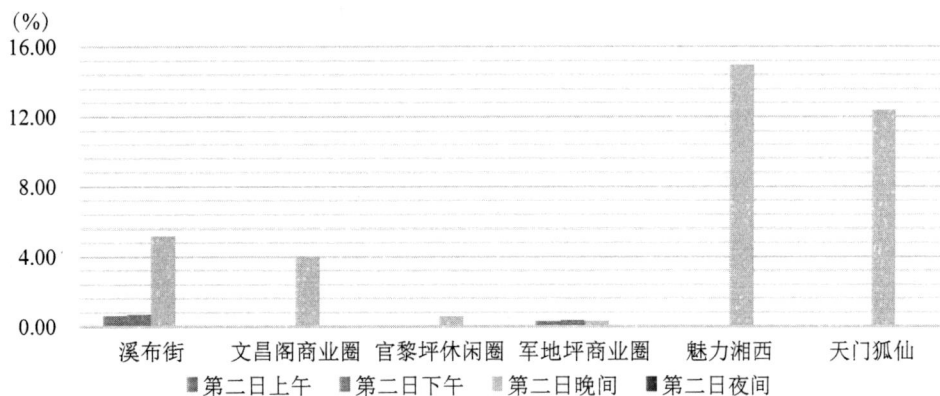

图 6-9 张家界旅游者第二日休闲节点选择占比统计

(%)

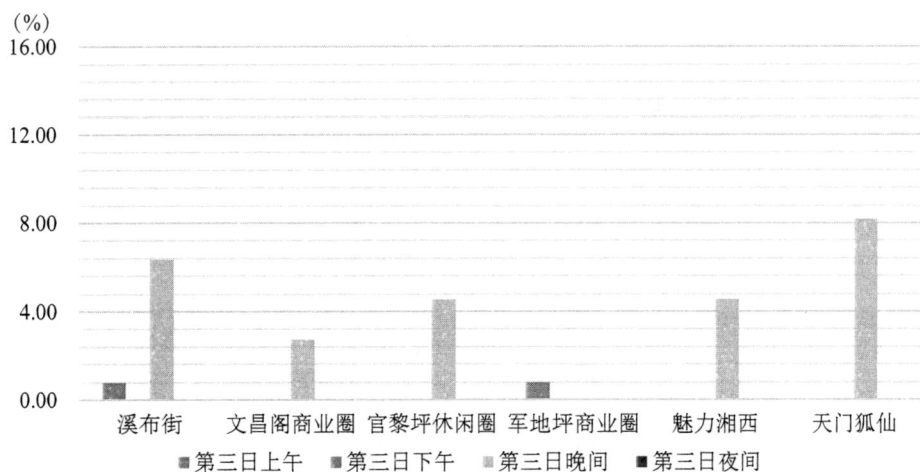

图 6-10 张家界旅游者第三日休闲节点选择占比统计

总体上看，休闲节点在上午、下午和夜间时段的选择占比极少甚至没有，仅出现在晚间时段，且占比仍在 15% 以下。晚间休闲活动仍然以演艺为主，第一日和第二日占比最高的是魅力湘西，分别为 10.24% 和 14.99%，其次是天门狐仙；第三日天门狐仙比重最高，其次为溪布街。官方统计数据显示，2018年魅力湘西和天门狐仙的旅游者访问量分别为 125.83 万人和 44.51 万人。溪布街是旅游者晚间活动选择较多的地方，第一日、第二日、第三日占比分别为6.32%、5.19% 和 6.36%。溪布街位于武陵源索溪北岸，距离森林公园、宝峰湖、黄龙洞等景区均较近，沿溪有各类特色餐厅以及小型客栈等，能够较大程度地满足旅游者休闲娱乐的需求。除了溪布街，文昌阁商业圈、官黎坪休闲圈也是晚间活动的主要空间，其占比较溪布街略低。这与手机信令数据分析得出的晚间空间集聚结果基本一致。其中，魅力湘西第一日晚间和第二日晚间的占比均高于天门狐仙，第三日晚间天门狐仙高于魅力湘西，这与第三日日间天门山到访占比高于森林公园有关。

（三）住宿节点

住宿节点选择占比统计如图 6-11、图 6-12 和图 6-13 所示。

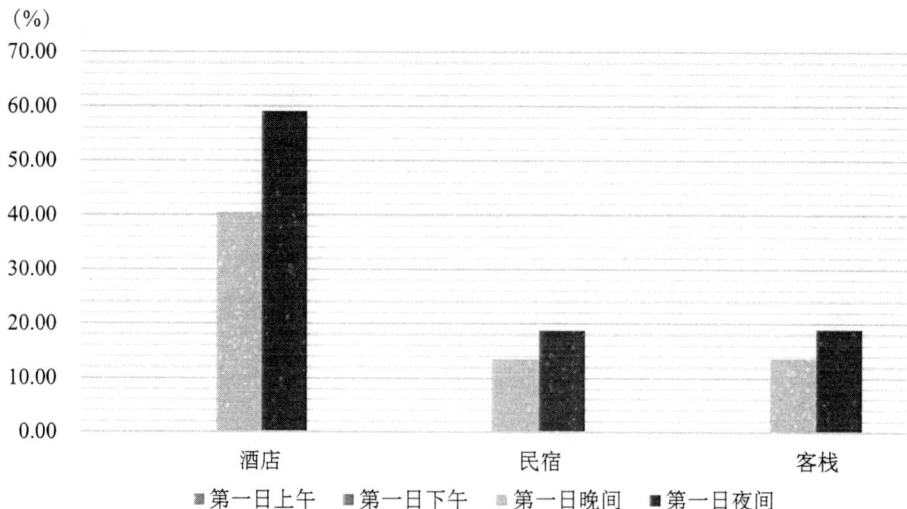

图 6-11　张家界旅游者第一日住宿节点选择占比统计

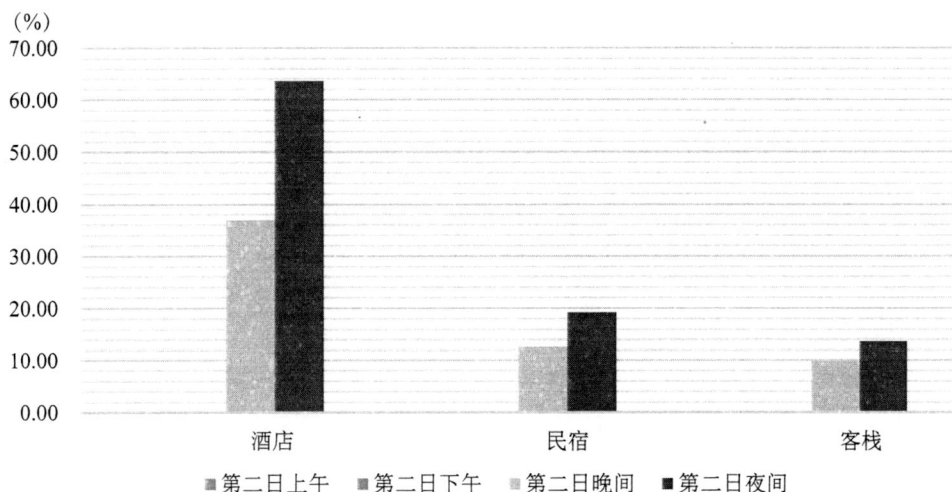

图 6-12 张家界旅游者第二日住宿节点选择占比统计

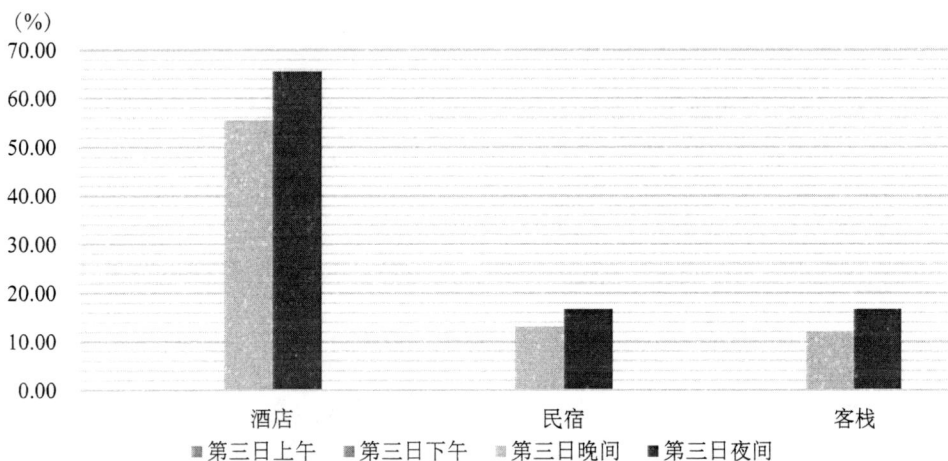

图 6-13 张家界旅游者第三日住宿节点选择占比统计

　　无论是第一日、第二日还是第三日，在酒店、民宿和客栈三类住宿中，旅游者夜间选择酒店的平均占比高达 62.87%，远高于民宿和客栈占比。酒店的房间规模和容量更大，目前张家界市的民宿和客栈规模容量总体上偏小，与酒店相比数量上也无优势，这是制约旅行者选择民宿和客栈的主要原因。调查发现，在选择民宿和客栈的旅游者中，晚间约有 76.33% 在民宿和客栈内进行休闲活动，而选择酒店的旅游者，约 46.72% 选择在外开展休闲活动。这表明民宿和客栈开始承担有限的乡村旅游功能，但日间活动仍然很少。

（四）城市节点

凤凰古城作为旅游者在张家界旅游期间的目的地之一，总体上晚间和夜间时段较日间占比较多。部分旅游者偏好日间在张家界观光自然风景，晚间在凤凰古城沱江河畔体验多样化休闲活动，夜间在凤凰古城感受历史文化氛围。其中，第一日和第二日的晚间和夜间时段到访凤凰古城的旅游者占比分别为6.66%和6.50%，更多旅游者是将凤凰古城作为在张家界旅游过程中的休闲节点。凤凰古城在张家界旅游者的整体行程中占有重要地位，表明旅游者将凤凰古城作为张家界旅游中的人文景点，反映了旅游者对多样化体验的诉求。

（五）小结

无论是日间还是晚间、夜间时段，张家界城市中的街巷、公园、滨河带、商业圈等空间节点都较少被旅游者到访，土家族传统建筑风貌、大庸城人文历史与风土人情等对旅游者而言尚未形成吸引力。事实上，通过观察与经验，大部分旅游者来张家界都少与城市关联，多在景区、酒店和交通门户之间往返。武陵源在承担游览、休闲与住宿等功能方面比较齐全，而中心区则主要承担的是住宿、餐饮和交通等旅游服务功能。

三、时空分配

（一）总体特征

张家界旅游者时空分配总体上反映出明显的功能特征，呈现"日出而游，日落而息"的传统旅游节律特征，即日间时段主要选择景区开展观光，商业和休闲活动极少，上下午时空分配无显著变化；晚间时段多在酒店、民宿和客栈休息，外出休闲活动占比较低；夜间绝大多数选择住宿休息，且仍然以传统的酒店选择居多，夜间活动几乎没有。这在客观上揭示了张家界旅游发展功能的单一化和阶段的初级化，如图6-14、图6-15、图6-16所示。

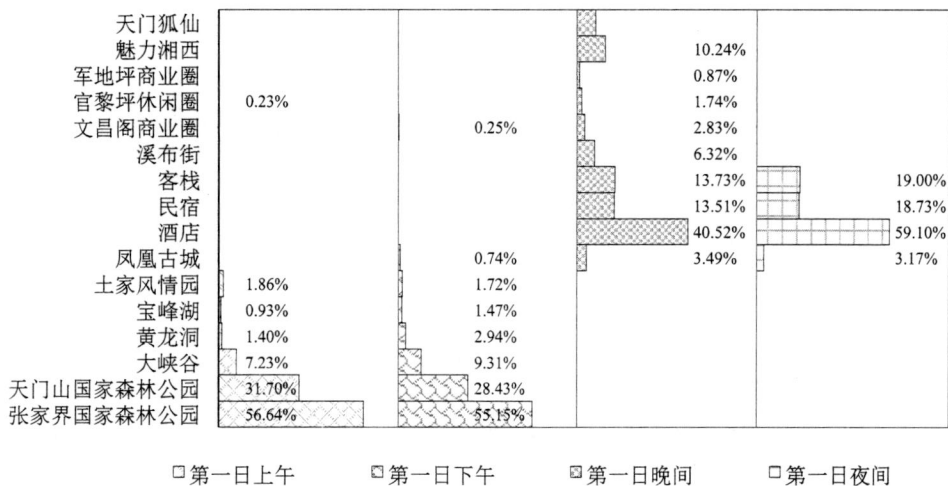

图 6-14　张家界旅游者第一日时空分配统计

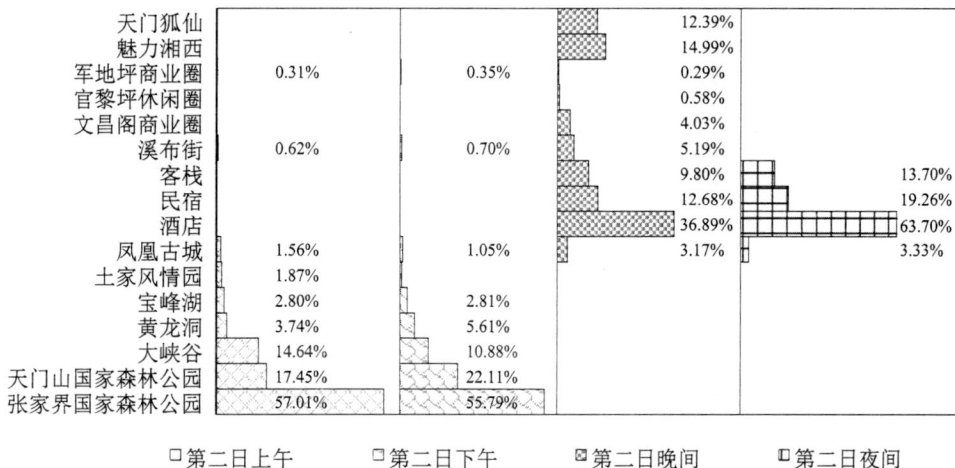

图 6-15　张家界旅游者第二日时空分配统计

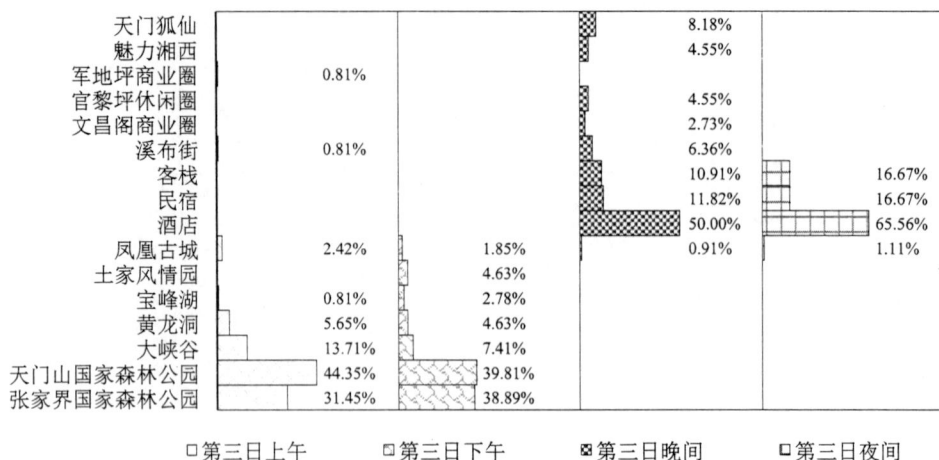

图 6-16　张家界旅游者第三日时空分配统计

（二）日间特征

旅游者三日的日间时空分配总体上差异不大。在日间到访的空间节点中，95%以上为自然类景区，人文景区中仅土家风情园、溪布街和凤凰古城等显示出可忽略不计的占比；商业圈、休闲圈等亦几乎未有涉及，说明张家界旅游者日间选择的单一性非常突出。

第一日日间，旅游者上下午时空分配类似，超过一半的旅游者将森林公园作为在张家界市旅游的第一站；其次为天门山和大峡谷，但三者占比彼此相差悬殊；再次为黄龙洞和土家风情园。天门山和森林公园下午占比比上午有所下降，而黄龙洞和大峡谷占比有所上升。

第二日日间，到访黄龙洞、宝峰湖的旅游者占比略有增加，森林公园占比与第一日相比变化不大，表明前两日游览森林公园的旅游者较为稳定，但天门山占比有所下降，大峡谷占比有所增加。森林公园和大峡谷下午占比比上午有所下降，与此同时天门山、黄龙洞和宝峰湖占比有所上升。

第三日日间，森林公园旅游者占比较前两日显著下降，这与森林公园的游览时间多为两日有关。天门山占比较前两日尤其是第二日显著增加，说明旅游者将天门山作为最后一站的情况比较普遍，这与天门山靠近张家界机场、汽车站和火车站以及长张高速入口等交通便利的因素有关。黄龙洞和宝峰湖到访占比继续以微弱幅度增长。

（三）晚间和夜间特征

第一日、第二日、第三日晚间在住宿地的旅游者分别占比 67.76%，59.37% 和 72.73%，夜间在住宿地的旅游者分别占比 96.83%、96.67% 和 98.90%，其一致的高占比特征表明旅游者晚间尤其是夜间休闲活动普遍缺失。在晚间时段中，魅力湘西、天门狐仙、溪布街、文昌阁商业圈和官黎坪休闲圈主要承担了占比较低的旅游者活动。其中，天门狐仙在旅游者第一日、第二日晚间占比均显著低于魅力湘西，但第三日占比上升显著高于前者，可能与旅游者将天门狐仙作为行程尾端有关。夜间住宿选择仍然以酒店为主。

旅游者第一日、第二日、第三日的晚间和夜间的时空分配揭示了旅游者晚间、夜间活动的单一性，夜间休闲旅游尚未发展起来。仅有的节点承担的休闲活动功能空间亦十分有限，在此现实下，寻求多元选择的旅游者将凤凰古城作为自然观光类旅游的补充。

第四节 张家界旅游者行为的时空结构特征

一、张家界旅游者行为的时空结构

旅游者行为的时空结构是时空行为在整体层面的汇总，是客体时空作用于行为结果的时空关系特征。张家界旅游者时空互现和时空分配的实证分析揭示了行为时空结构中时空高度不均衡以及由此带来的部分节点极化，其中的不均衡主要体现在行为时间和行为空间的不均衡。

（一）旅游者行为时间不均衡

行为时间不均衡体现在旅游者时空活动集中在日间，晚间和夜间除了休息睡眠，休闲娱乐和商业购物活动稀少。从张家界旅游者第一日游览节点选择占比统计图（图 6-5）中可以发现晚间和夜间时段波动的高值主要集中于除居住区以外的住宿区；时空分配中，晚间和夜间占比的高值比集中于住宿区，集中于休闲区的占比比住宿区低，说明张家界旅游者活动时间上的不均衡与夜间旅游的缺失。

（二）旅游者行为空间不均衡

首先，行为空间不均衡首先体现类型失衡，即在一日的同一时段中，不同类型空间节点被旅游者选择的差异悬殊，如时空分配统计揭示日间上下午95%的旅游者选择在少数自然景区，而商业圈、休闲圈和人文类景区则较少被选择；晚间和夜间则集中于住宿区，休闲、商业和演艺类占比有限且不均。时段波动也显示日间活动主要集中于景区，夜间则主要集中于住宿区。因此，张家界旅游整体上呈现出自然主题普遍而人文主题缺失。

其次，行为空间不均衡体现在节点失衡，即同类型空间内部，同一时段中旅游者集聚在少数空间节点，如空间集聚热力图表明四个典型时段中，景区上下午旅游者大部分均集中于黄龙洞、森林公园和天门山，休闲区晚间集中于文昌阁和军地坪，住宿区夜间集中于军地坪和官黎坪，这两个片区以酒店为主。

（三）旅游者行为的分类型时空结构

1. 游览节点的时空结构

张家界旅游者选择的主要游览节点不多，且高度集中，呈现以森林公园为目标选择，以天门山为重要选择，以大峡谷和黄龙洞为就近选择，以宝峰湖、土家风情园等为备用选择；森林公园耗时两日左右，其他节点半日以内，上下午选择无明显差异的时空结构。张家界官方统计数据显示，2018年全年森林公园、天门山、大峡谷和黄龙洞接待旅游者分别为408.68万人、428.35万人、318.64万人和149.26万人，成为张家界旅游者的主要选择景区，与游览节点的时空结构分布一致。

2. 住宿节点的时空结构

张家界旅游者住宿节点的选择呈现类型集中和空间集中的特征，以团簇状酒店为主，散点式民宿与客栈为辅，晚间和夜间利用率高的时空结构。旅游者选择的酒店成团成簇集中在军地坪、永定、官黎坪和三官寺四个片区的沿路局部地段，民宿则分散在武陵源城区外围的中湖、协和两乡为主，客栈在各景区和民宿周边均有广泛散点分布。

3. 休闲节点的时空结构

张家界旅游者选择休闲节点具有空间局部集中、整体分散，晚间短时集聚的特征。旅游者休闲多选择军地坪索溪北岸和永定组团文昌阁，其次为官黎坪组团市民广场片区，凤凰古城也是部分旅游者的选择，天门狐仙、烟雨张家界作为演艺类空间有一定集聚但因缺少周边配套而无法形成主要空间。

二、张家界旅游者行为的时空结构制约分析

旅游者行为的时空结构是行为主客体相互作用结果的时空关系体现，在反映主客体相互作用的同时，重点揭示了行为客体时空间作用于主体的宏观汇总特征。依据时间地理学的制约理论，分别从能力制约、组合制约和权威制约三方面出发分析时空结构相关表征背后的原因。

如表6-5所示，制约分析主要围绕时空结构特征中行为时间失衡和行为空间失衡展开，其中行为空间失衡分为类型失衡和节点失衡，节点失衡分别针对游览、住宿和休闲进行深入分析。为清晰表述各类制约因素对行为的作用，表中三种制约分开论述，但在旅游者行为活动中，三种制约不仅同时存在且相互作用，同时，客体制约与主体选择本是时空行为的两个方面，制约发生的同时意味着主体对客体相应的取舍选择。因此，通过时空结构的制约分析，实际上可以在宏观整体层面理解行为特征背后的影响机制——行为主客体相互作用的过程。制约分析可在时空结构表征基础上深层次透视行为总体规律。

表6-5　张家界旅游者行为时空间失衡制约分析

结构特征	制约分析
时间失衡	①能力制约：观光行程易致疲累，睡眠和休息生理制约更为明显。 ②组合制约：景区日间开放、夜间关闭的时间制约；符合旅游者预期的休闲娱乐、人文历史类场所空间缺失。 ③权威制约：自然景区的知名度极高，人文历史特征却不被认知

续表

结构 特征		制约分析
空间 失衡	类型失衡	①能力制约：武陵源核心景区与中心城区相隔一定距离，景区本身空间范围广，旅游者无法进行便捷的交通切换。 ②组合制约：符合需求的休闲、商业和文化类场所缺失。 ③权威制约：普遍认知和旅游目的是森林公园等知名景区
	节点失衡 游览节点	①能力制约：森林公园耗费体力，之后不去或只去周边小规模景区。 ②组合制约：各景区开放和关闭时间基本相同。 ③权威制约：部分景区在资源类型上与森林公园重叠，品质不及森林公园
	住宿节点	①能力制约：旅游者时间及体力有限，倾向于选择交通便利的区位。 ②组合制约：民宿、客栈等设施规模有限。 ③权威制约：民宿价位普遍相对更高
	休闲节点	①能力制约：观光游之后旅游者体力消耗巨大。 ②组合制约：符合旅游者多元需求的休闲体验设施空间缺失。 ③权威制约：溪布街功能较为完善，且区位便利；其他节点与之差异较大

第五节　张家界旅游者行为的时空模式

旅游者行为时空模式是时空模式化的旅游者时空行为，具有持续性、整体性和稳定性特征。行为的时空特征和时空结构，即时空双重属性和时空关联属性是时空模式的外在表征，分别从个体和整体两个层面揭示了旅游者行为时空模式的基本规律。时空模式的构建需要在时空特征和时空结构的表征内容的基础上，融贯时空结构中的制约分析与 VGI 时空轨迹所揭示的细节感知意识以及差异分析，采用定量与定性相结合的方法，综合归纳得出旅游者行为时空模式。其中提炼、融贯现象与机制的过程通过归纳张家界旅游者行为的时空基础共性实现。

一、张家界旅游者行为的时空基础共性

时空基础共性叠合了时空特征、时空结构以及时空特征和时空结构背后的影响因素与机制，是旅游者行为时空模式的基础。实证归纳得出张家界旅游者行为时空基础共性包括游览节点趋同、城市旅游缺失、活动分布集中、住宿选择多样，见表6-6。

表6-6　张家界旅游者行为的时空基础共性

时空共性	分项解释
游览节点趋同	表征：集中于森林公园和天门山，两者导向特征显著，对其他节点带动不足。 机制：知名度与认同度差异、地方旅游规划思路偏颇、异质资源开发压力
城市旅游缺失	表征：缺少城市人文气息，文旅项目缺失，休闲活动偏少，夜间旅游空白。 机制：地域与民族特色鲜明但缺少理性表达与恰当载体，与现代生活融入不够
活动分布集中	表征：主要集中于中心区、武陵源和三官寺，行政辖区内的周边乡村地域很少。 机制：开发与配套过于集中，符合都市人闲暇放松的寻常资源提质未必重视
住宿选择多样	表征：乡村民宿不断涌现，品质参差不齐，分担了传统酒店部分住宿功能。 机制：乡村较城市本真的自然与民族味道吸引，乡村精英的逐步觉醒

二、张家界旅游者行为的时空模式

归纳时空特征、时空结构所揭示的旅游者行为外在规律，分析影响行为的内在机制可知，张家界旅游者行为所承载的时空逻辑是：张家界旅游者行为具有强的目标节点导向性，旅游者可支配行为中的个别目标游览节点决定住宿节点和游览时间，住宿节点决定其他游览节点和维护性行为如休闲、餐饮、购物、出行等。其体现在时空特征和时空结构中森林公园和天门山的强导向性，以及与这种强导向性关联密切的住宿节点所在区域和旅游者的行为活动范围。

实证发现，以张家界国家森林公园为目标节点的旅游者多选择住在武陵源，其活动范围为武陵源内部、武陵源和三官寺；以天门山为唯一目标节点的旅游者多选择住在中心区，其活动范围只集中在中心区；以张家界国家森林公

园和天门山国家森林公园为共同目标节点的旅游者，也多选择住在中心区，但其活动范围比前两类要广，一般遍布张家界旅游目的地内中心区、武陵源和三官寺。该规律揭示的是目标游览节点和住宿节点是张家界旅游者行为的主要影响因素；其他节点的选择受前者支配，表现在旅游者依据就近、多样和便捷等原则，与客体时空间之间发生选择与制约作用。

在上述规律认知的基础上，结合前文实证研究结论，张家界旅游者行为的时空模式可提炼抽象为三类，即单级聚焦放射型、双心联动点轴型和多点均衡条链型，具体见表6-7。

表6-7　张家界旅游者行为时空模式一览

分项	单级聚焦放射型		双心联动点轴型	多点均衡条链型
	天门山导向	森林公园导向		
游览节点	天门山	森林公园	天门山—森林公园	张家界及周边区域
住宿片区	中心区	武陵源	中心区	中心区
休闲片区	中心区	武陵源	中心区—武陵源	中心区—武陵源
活动范围	中心区	武陵源—三官寺	中心区—武陵源—三官寺	中心区—武陵源—三官寺
停留时间	一日	两日	一至两日	两至三日
专注程度	高度	高度	高度、低度	低度
活动节奏	紧凑	舒缓	紧凑	紧凑
路径形态	以天门山索道站为中心，维护性行为空间和其他游览节点分散在中心周边，与天门山连线呈现放射型	以森林公园南门和东门为中心，维护性行为空间和其他游览节点分散在中心周边，可放射远至大峡谷	天门山和森林公园作为双中心，在两者之间沿武陵山大道往返，维护性行为空间分散在武陵源和中心区	串联天门山、森林公园、大峡谷等三个重要节点及其周边多个不同类型节点，部分延伸至凤凰古城、永顺等

分项	单级聚焦放射型		双心联动点轴型	多点均衡条链型
	天门山导向	森林公园导向		
时空制约	行程过短而紧张	节点类型重叠	出行往返耗时	行程冗长容易疲累
行为选择	目标明确且专一		旅游效率最大化	多元选择／差异体验

（一）单级聚焦放射型

1. 天门山

休闲节点主要分布在文昌阁商业圈、官黎坪休闲圈以及天门狐仙，住宿节点主要分布在官黎坪组团和永定组团，此外也有部分自助游旅游者选择南郊双峡村的客栈与民宿。因天门山充分带动了小众游览节点如军声画院、普光禅寺、土家风情园和茅岩河，中心区同时作为旅游目的地和服务基地。

2. 森林公园

小憩节点主要包括索溪、标志门广场、魅力湘西广场和黄龙洞生态广场等；休闲节点主要包括溪布街、黄龙洞生态广场、张家界千古情等。其中功能多元、体验丰富的溪布街是旅游者在武陵源晚间休闲活动的主要空间。住宿节点除集中于军地坪片区的酒店外，中湖乡和协和乡带有浓厚淳朴风格的乡村民宿也占有一定比例。旅游者选择森林公园的同时比较就近选择烟雨张家界、宝峰湖和张家界千古情等。

（二）双心联动点轴型

旅游者在中心区和武陵源之间往返多在 2 次以上，武陵源和三官寺之间往返也较为频繁，交通耗时较多。休闲节点以文昌阁、官黎坪和溪布街为主。住宿主要集中于永定组团、西溪坪组团和南郊双峡村。其他游览节点包括大峡谷、龙王洞、黄龙洞、土家风情园等。

（三）多点均衡条链型

晚间休闲活动较多，主要在溪布街、魅力湘西和天门狐仙等，演艺类和休闲圈等选择占比 80% 以上。旅游者跨片区的流动现象普遍，"多点"既有传统景区，也有未开发和正在开发的新兴节点，如石堰坪、红岩岭和朝阳地缝等，还有部分乡村旅游业逐渐兴起，如马儿山、禾田居、清风峡等。官方统计数据显示，2018 年清风峡、宝峰山、马儿山和禾田居分别接待旅游者约 5.26 万人、4.3 万人、22.79 万人和 33.59 万人。部分旅游者选择去凤凰古城、永顺等不同于张家界自然风光的人文节点。

三、张家界旅游者行为时空模式中的时空制约

旅游者行为的复杂性意味着影响旅游者行为时空模式的因素也是多元的。结合旅游者综合评价，以及融贯了时空特征和时空结构影响因素的时空基础共性机制，进一步从旅游和城市两方面，分析提炼出张家界旅游者行为三种不同时空模式所揭示的典型时空制约因素，如表 6-8 所示。

表6-8　张家界旅游者行为时空模式中的典型时空制约

	旅游制约	城市制约
单级聚焦放射型	①景区门票较贵； ②部分欺诈性购物消费； ③旅行社过度和虚假宣传	①旅游配套设施和服务有待提升； ②休闲节点的功能缺少人群针对性； ③城市风貌无特色，山水格局被高层建筑破坏
双心联动点轴型	①天门山与森林公园之间交通路线单一，旅游与城市交通混行； ②景区人多导致旅游品质降低； ③交通门户追客赶客现象较常见； ④景区类型单一，体验有限	①自然遗产地资源与环境保护要求； ②项目散点开发，类型区分和特色建设不足； ③休闲节点缺少多元化和体验化； ④未充分感受当地历史和民族特色； ⑤缺少精致化的空间场所

续表

	旅游制约	城市制约
多点均衡 条链型	①森林公园等景区外围自驾车停车场地狭小，管理不规范； ②少数景区排队等候时间长； ③体验性和参与性项目缺失； ④景区夜间不开放限制选择； ⑤景区开放时间重叠，在有限游览时间内难以兼顾	①城市文化旅游、社区旅游等缺失； ②空间缺少精准定位和精心营造； ③夜间活动可选择少，体验活动少； ④小憩节点稀少且可达性一般； ⑤城市中停车难

通过以上典型因素列举可知，在张家界旅游者行为时空模式制约中，与旅游本身和城市环境有关的内容，集中体现在空间节点布局、人文资源挖掘、空间环境品质、旅游配套设施、旅游经营与管理、城市交通和自然遗产保护等方面，与旅游者心理预期存在偏差，在一定程度上限制了主观行为选择，同时制约了旅游目的地本身的发展。从整体层面上看，则是旅游目的地未能真正切合旅游现代化和旅游者个性化与多样化并存的偏好、旅游者向城市空间渗透有限，其背后暴露的是旅游项目开发缺乏统一协同，城市功能部署与旅游城市定位部分错位等系统性问题和结构性矛盾。而这也恰恰为行为角度的旅游城市地域空间优化提供了依据和思路。

第六节　小　结

本章在旅游者行为时空特征实证研究基础上，进一步以手机信令和调查问卷为数据源，分别运用 GIS 空间分析和 SPSS 统计分析研究整体层面旅游者的时空互现与时空分配特征，目的是运用时间地理学制约理论和行为主客体相互作用原理，揭示时空结构所反映的行为时空关系特征背后的内在形成机制。实证结果显示，张家界旅游者行为的时空结构呈现时间与空间的双重不均衡，在分类型时空结构特征中均得到充分体现，其所揭示的制约因素是理解行为表征的关键。

　　通过统合时空特征、时空结构及其背后的机制作用，归纳旅游者时空基础共性，提取旅游者行为时空逻辑和时空规律。其中，时空基础共性包括游览节点趋同、城市旅游缺失、活动分布集中、住宿选择多样。时空逻辑即行为中的强目标节点导向性，以及强目标节点对其他旅游行为活动的支配作用。时空规律即行为节点在决策中的层次差异性，以及就近、多样和便捷的行为选择准则在主客体相互作用中起到了主导作用。

　　在此基础上提出张家界旅游者行为的三类时空模式，即单级聚焦放射型、双心联动点轴型和多点均衡条链型，每一类模式在空间节点、活动范围、时间利用、路径形态、时空制约和行为选择方面均存在显著差异，涵盖了张家界旅游者行为中主要的时空规律。对行为时空模式背后与旅游和城市有关的典型制约因素进行提炼分析，认为其暴露出的系统性和结构性问题为将模式研究应用于空间优化提供了启示。

第七章 张家界旅游者行为的时空模式应用

在对张家界旅游者行为的时空特征和时空结构进行实证分析得出行为时空逻辑、时空规律和时空模式的基础上，本章将上述结论应用于张家界城市地域空间的优化，在分析三大时空模式所揭示的行为选择与时空制约基础上，通过行政管辖和空间发展演变的梳理，得出旅游者行为角度的张家界空间生长逻辑，结合近年来张家界旅游发展战略和城市总体规划评述，归纳张家界城市规划对旅游者行为的干预机制。在此基础上，从结构、节点和交通三方面提出旅游空间优化的策略，提出张家界城市地域空间优化策略，归纳旅游行为视角的张家界旅游空间优化应用实践路径。

第一节 张家界城市地域空间的生长逻辑

一、行政管辖

张家界原名大庸，地处洞庭湖西部，武陵山腹地，湘西北边陲，素有"洞庭之锁钥，入川之门户"之称。公元前 221 年开始建立郡县制，张家界一带隶属于黔中郡；公元 124 年设立县建制；1934 年成为湘鄂川黔革命根据地首府所在地。中华人民共和国成立以后，属永顺专区管辖，后来划归湘西土家族苗族自治州管辖。20 世纪 70 年代末，因武陵源砂岩峰林自然奇观被发现，于 1982 年建立中国第一个国家森林公园，1985 国务院批准撤销大庸县，建立县级大庸市，1988 年国务院批准将大庸市升级为地级市，辖永定区、武陵源区、慈利县和桑植县。1994 年大庸市更名为张家界市。

二、空间演变

据考证，早在新石器时代，张家界澧水两岸就已有人类活动。自清朝至民国时期，大庸老城区主要位于澧水河北岸的永定镇，其范围大致为南门口至大庸府城片区。20 世纪 40 年代，主要形成西溪坪、官黎坪和永定镇三片发展格局；20 世纪 80 年代随着旅游交通条件的初步改善，西溪坪因张家界火车站（今张家界火车北站）的建成而进一步发展。20 世纪 90 年代随着张家界荷花机场的通航，在三片基础上，荷花、连接荷花与永定之间的大庸桥和连接官黎坪与永定之间的南庄坪片区发展开始启动。2000 年以后随着长张高速的建成，阳湖坪片区建立张家界经济技术开发区。2008 年以后，张家界火车新站的建成推动了官黎坪、南庄坪的进一步发展，同 2007 年贯通的市区子午路一起共同带动了大庸桥片区和且住岗片区的发展。2013 年张花高速的开通又为张家界城区以西的枫香岗、尹家溪等带来了发展的契机。而 2019 年 12 月，黔张常铁路建成通车，落户于张家界市中心区沙堤片区的张家界西站将从根本上改变张家界沿澧水两岸延展的空间发展模式。

三、演变发展小结

从上述发展过程的梳理中可以看出，张家界从早先的依河而建，到后来随着交通设施的逐步改善带来的城市空间不断拓展的演变规律。无论是行政区划调整还是空间发展演变，其根本原因还是张家界因水系山峰等生态自然资源带来旅游大交通的逐步改善，旅游大交通进而催生城市大空间的形成。建市时间不长的张家界如今迈入了增量扩展与存量提升并举的时代。2014 版城市总体规划将沙堤片区纳入城市功能组团，同时澧水河两岸各功能组团尚有不以少私房民宅等为主的老旧城区亟须更新改造。在这个增量与存量交织，城市塑形未定的成长阶段，城市旅游空间的优化更应顺应旅游城市地域空间的发展演变规律。

四、旅游者行为角度的张家界空间生长逻辑

空间是行为的载体。被大量行为主体反复和长期作用的旅游城市地域空间打上了旅游者行为及其时空模式的烙印。结合张家界旅游者行为及其模式与空间发展演变进行分析，可知张家界的空间生长客观上受到旅游者很大程度的作用。基于前文关于旅游者行为的实证分析，笔者认为可用"一主一辅，零星散点、双城互补"概括张家界目前旅游空间的现状格局。"一主"即森林公园，"一辅"为天门山，"零星散点"为目前正在开发的旅游者到访较少的小众节点空间，"双城"即张家界与凤凰古城。

张家界以旅游立市，因旅游兴市。无论是武陵源还是中心区，张家界旅游城市地域的空间生长从以峰林地貌为突出特征的自然景区和生态斑块作为主要目标空间出发，经过整体层面和长期阶段的旅游者行为主观选择，逐渐形成了"城即依景而生、城未因人而新"的空间形态。从制约机制出发做城市角度的自检，张家界旅游和城市空间的现状格局揭示的是 30 余年的旅游城市发展在围绕核心景区铺开基本配套设施和功能布局的同时，缺少面向旅游者多样化需求的精准开发，现代化生活的适时调整，将自身资源优势囿于风景与生态，重物质形态而轻人文氛围，重数量堆积而轻质量提升，由此出现现实中粗放、单一和失衡的系统性问题。

与此同时，旅游者行为时空模式及其涵盖的制约与评价也揭示了张家界除峰林观景价值和自然生态价值之外的安闲舒适价值和乡土民俗价值。依据旅游者主客体相互作用原理，这些价值被旅游者识别，从而由旅游者行为赋予旅游空间以差异化的效用，是旅游者行为发生的根源。从这个角度而言，张家界空间生长依据旅游者行为的动态发展特征做出适当调整是势在必行的选择。

第二节 张家界城市规划对旅游者行为的干预机制

一、张家界旅游发展战略及实施概述

（一）张家界旅游发展战略

张家界因旅游而建、因旅游而兴，被誉为中国旅游业发展的"张家界样本"。近年来张家界市委、市政府围绕努力发挥张家界市在"锦绣潇湘"全域旅游基地建设中的龙头作用，深入实施"对标提质，旅游强市"的发展战略，提出了"双核、三级、多点"的旅游总体结构以及"三星拱月，月照三星"的全域旅游线路格局。其中"双核"即武陵源核心风景区和市中心区核心服务区，"三级"即天门山旅游文化先导区增长极、张家界大峡谷国际旅游经济区增长极和茅岩河风光增长极，"多点"即旅游景点、特色旅游村镇及乡村旅游服务基地；"三星拱月"的"月"即武陵源核心景区，"三星"则包括以大峡谷为代表的东线旅游、以九天峰峦和洪家关贺龙纪念馆为代表的西线旅游和以天门山为代表的南线旅游。

（二）旅游发展战略评述

作为国际知名的旅游城市，自建市之初张家界积极响应国家政策方针，在谋划旅游发展格局、积极推进旅游发展方面做出了多层次和全方位的努力，旅游发展态势总体上积极向好，成绩斐然，极大地带动了区域经济发展与空间格局优化。2016年张家界市旅游发展综合质量指数（TQZ指数）为80.94%，评价结论为"非常满意"。基于多源数据的旅游者行为时空模式结果表明，目前旅游者在张家界的行为活动主要分布在"双核"，其中中心区在承担核心服务的同时，因天门山的带动和周围多个小众节点的参与，也承担了部分游览功能；"三级"呈现出显著的层次差异，目前旅游者到访茅岩河占比较小，对张家界大峡谷与天门山的选择偏好相对较为明显。"多点"中目前仍然以主要景区周边新开发的部分旅游景点为主，突破了纯观光类型，开始出现体验参与、民俗文化等主题，但以广大村镇为依托的节点仍然少见。"三线"的形成总体上尚处于初步阶段，三线之间也存在差异，天门山虽然是旅游者主要到访节点，但天门山周边的天门山镇和部分景区并未得到充分发展，天门山先导区的建设与发展比较缓慢；大峡谷在张家界旅游者的空间选择网络中占有重要位置，但在东线的形成中仍然多以单点出现，对周边基础设施和其他节点的带动有限；西线目前较少被旅游者认知和选择，旅游者在张家界市内的分布仍然以中心区、武陵源和三官寺为主。

二、张家界城市总体规划及实施评述

（一）张家界城市总体规划

《张家界城市总体规划（2007—2030）》（2018年修改）是目前张家界城乡规划编制、建设与管理的法定依据。该总规将城市规划区的整体空间结构确定为"一心三翼、两轴四带"，其中"一心"为中心城区，"三翼"分别为武陵源风景名胜区、茅岩河风景名胜区和天门山风景名胜区，"两轴"为东西向的城市发展轴和南北向的旅游发展轴，"四带"分别为沿城市发展轴向西延伸的澧水旅游发展带和向东延伸的澧水城市职能拓展带，以及沿旅游发展轴的茅溪河和沙堤旅游发展带，如图7-1所示。

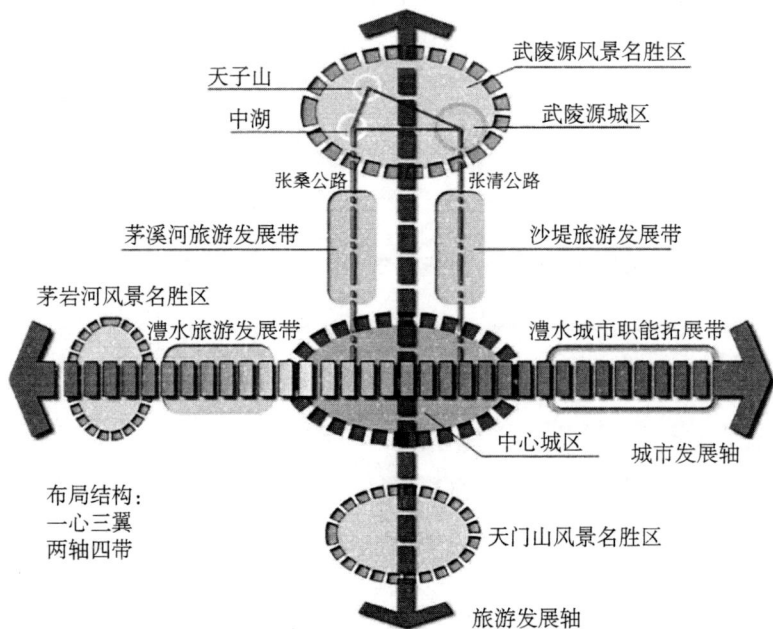

图 7-1 张家界总体规划（2018年版）城市规划区空间布局结构

该总规还提出中心区城区按照"旅游西优、城市东拓、轴带发展、组团布局"的空间发展策略，即以澧水河为发展轴带，向东为城市职能拓展轴，向西为旅游职能拓展轴，形成八个组团和一个城市功能新区的空间布局结构。武陵源城区则形成军地坪、高云、野猫峪、沙坪、文丰和岩门等六个不同功能的组团。

（二）城市总体规划实施评述

目前，张家界城市规划区空间结构与张家界市域旅游发展战略布局一脉相传，前者在后者基础上继续深化，将旅游产业发展与城市空间布局较好地结合，在市区高度突出了中心区城区的主体地位，将茅岩河、天门山和武陵源放在三翼同等地位，强化了纵横两轴的空间组织以及轴线两厢四条发展带的形成，有利于通过强化优质资源开发，统筹引领城市系统布局。

实证研究结果表明，张家界旅游者行为活动范围集中于中心区、武陵源和三官寺，茅岩河与中心城区相距一定距离，定位为中心城区的三翼之一尚缺乏充足的旅游现实支撑与城市发展基础；两轴的确定未能突破现有城市空间沿澧水带状发展的格局，事实上高铁站落户沙堤后，该片区未来在武陵源和中心区之间具有重要转乘作用，城市整体形态也从东、西条"飘带状"开始向东、西、北"风车状"演变；同时，多源实证分析发现，索溪在旅游者时空间的转换中起到了重要的纽带作用，索溪北岸的部分节点成为旅游者小憩的主要空间；总体规划中对于中心城区和武陵源城区各组团的定位与其在旅游者行为时空模式中承担的实际功能存在一定的偏差。

三、张家界城市规划对旅游者行为的干预机制

（一）旅游者行为的时空模式中揭示的问题与城市规划的对应

通过实证得出的时空特征、时空结构和时空模式中所揭示的问题实质上暴露了城市规划与建设中相应方面存在的问题，通过归纳可集中在整体架构、交通流动、节点赋能、组团布局、设施支撑和环境营建六个方面，为行为视角的城市空间优化进一步指明了方向，见表7-1。

表7-1　旅游者行为的时空模式中揭示的部分问题与城市规划的对应

分类	时空特征	时空结构	时空模式		
			单级	双心	多点
整体架构	时空路径和空间选择中茅岩河到访率极低	时空互现中天门山日间和晚间集聚热度较高	天门山空间集聚显著	沿线节点缺失	节点开发薄弱及节点之间缺乏联动
交通流动	问卷访谈中反映的景区之间交通不畅；VGI可视化中的往返线路单一	时空分配中凤凰古城成为张家界旅游者重要的晚间选择和穿插选择	天门山索道站外与市区交通混杂	武陵源与中心区之间交通联系单一	节点之间的交通联系不便
节点赋能	时间利用中小众节点微弱的专注度，以及空间选择与时空路径中的节点差异透射出旅游者的偏好发现	时空互现中休闲片区无显著的时空变化；时空分配中过于集中于自然类节点，以及凤凰古城的高占比	天门山带动的有限的小众节点规模小、体验差	过于偏于自然类型节点，其他类型鲜有涉及	永顺、凤凰古城的人文旅游穿插在旅游过程中
组团布局	时空路径中多数非游览节点位于官黎坪和永定组团	时空互现中休闲和住宿节点多位于官黎坪、永定和军地坪组团	集中在官黎坪、永定组团和军地坪组团，其他少涉及	集聚组团有限，其他组团功能未实现	分散分布，未反映出职能显著的服务组团
设施支撑	时空路径中三官寺极少作为晚间休闲空间；VGI反馈景区周边设施缺乏	时空互现和时空分配中晚间和夜间集中区域较为显著	设施比较齐全、便捷，但品质和多样性有待提升	维护性设施分散，未发现较集中的服务中心	设施分布参差不齐，但普遍缺乏体验感
环境营建	问卷和游记中旅游者评价反映出的城市空间品质饱受诟病；VGI反馈中对城市风貌的评价	时空互现、时空分配中反映出夜间旅游和城市旅游的严重缺失	中心区山水格局被遮挡；武陵山城区过度商业化	城市整体空间缺乏自然格局支撑，建筑风貌较杂乱	乡村自然环境优美，但建筑缺乏管控和设计

（二）张家界城市规划对旅游者行为干预的目的和路径

通过分析旅游发展战略、城市总体规划等，结合张家界地域空间布局现状和旅游者行为时空模式规律，归纳得出城市规划干预旅游者行为的目的在于从提升张家界在全省乃至全国旅游地位、进一步扩大其知名度和影响力的初衷出发，希望逐步实现以旅游带动区域均衡发展、自然遗产保护纯化和城市用地的适度扩张等宏观目标；但通过旅游者行为的时空模式分析可以看出，现阶段的特征尚存在小部分偏差。同时结合现实发现，城市规划干预旅游者行为的路径仍然是以单个项目投资撬动，这些项目多为文旅类和居住类，缺乏系统科学的整体格局设计和严肃的规划管控，因而实施后形成的旅游质量和空间品质与理想预期存在一定偏差。

（三）张家界城市规划对旅游者行为干预的要点

总体而言，旅游资源的挖掘和开发主导张家界城市规划中的空间布局、城市性质、城市规模等重要内容。张家界城市地域空间是自下而上的旅游者现实行为选择与自上而下的历版城市规划共同作用的复杂结果。在明确张家界旅游者行为时空特征、结构和模式与规划对应的要点基础上，反过来从这六大要点来审视规划对行为的干预，即如何引导和影响旅游者行为的时空特征和时空模式塑造，客观上促进或制约旅游者行为决策，详见表7-2。

表7-2　张家界城市规划干预旅游者行为六大要点

分类	干预达成或促进	干预缺失或制约
整体架构	沙堤旅游发展带连接武陵源与中心区，并规划相应的文旅体验板块，顺应了旅游者需求	①茅岩河风景名胜区发展缓慢； ②澧水未成为吸引旅游者的品质空间； ③天门山周边区域旅游集聚效应自发形成
交通流动	黔张常铁路提升区域可达性；武陵山大道使旅游者在武陵源和中心区往返便捷	①三个片区之间交通联系单一，交通易拥堵； ②市内交通未成网络，节点之间流通不畅； ③区域交通方面张家界尚处于夹心地带
节点赋能	天门山、黄龙洞和大峡谷等节点的开发极大地丰富了旅游者选择，分散森林公园容量压力	①城市小众景点、社区空间未被重视； ②周边乡村价值和特色有待进一步挖掘
组团布局	官黎坪、永定旅游服务功能突出，具有一定的旅游集聚功能	①且住岗功能定位偏离； ②荷花旅游集聚功能不显著； ③乡村民宿缺乏统一规划与供地政策支撑
设施支撑	住宿类型多样、品质良好	①景区周边和城市社会停车场缺失； ②餐饮、旅游产品等业态科学布局未被重视

续表

分类	干预达成或促进	干预缺失或制约
环境营建	景区自然空间的独特性与生态型保护良好	①缺乏保护山水格局的系统框架与战略；②缺少总体和重点地段城市设计

第三节　张家界城市地域空间优化

张家界旅游者行为时空模式揭示出的旅游者行为的选择偏好和制约机制为问题导向的张家界城市地域空间优化提供了重要启示。其中，单级聚焦放射型时空模式侧重揭示了张家界旅游节点开发中存在的非均衡问题，其表现并不在于天门山或森林公园受旅游者认可和选择的程度高，事实上两者具有强大的极化和带动效应对张家界而言是具有重要意义的，但问题主要在于被其带动的其他节点与这两者在选择频率、集聚规模、停留时间等方面的巨大差异，换言之，其他小众节点对其具有强依附性，未能真正成为独立且具有丰富旅游价值的节点；双心联动点轴型则主要暴露出武陵源与中心区之间交通联系的单一性与两区之间频繁往来对交通多样性诉求之间的矛盾，由此增加旅游者不必要的交通通行时耗，降低了旅游体验品质；多点均衡条链型则从深层次反映出张家界地域空间结构中存在的系统性问题，如节点层次不清、相关配套不足和部分线路冗长等。

目标导向的张家界城市地域空间优化则应该在维持主要特色价值的前提下，尊重规律、解决问题和顺应趋势，即通过行为制约分析中发现旅游者行为时空规律和城市空间规划建设中存在的问题，在维持张家界地方峰林观景特色和自然生态价值的前提下，适应现代旅游多样化选择和注重体验的趋势，适当地做出空间优化调整。在问题与目标的双导向下，结合城市规划对旅游者行为干预机制提出的六个要点，经过综合归纳后从结构、节点和交通三方面提出旅游空间优化的策略与建议。

一、张家界地域空间结构

城市地域空间是规划导向的空间发展和行为导向的空间生长共同作用的结果。旅游者行为模式研究结果揭示的现状特征与规划结构存在一定的偏差，为旅游者行为导向的结构优化调整提供了启发。

结合《张家界市城市总体规划（2007—2030）》（2018 年修改），提出在城镇开发边界的严格管控下，中心区主要采取"集聚"和"优化"策略，持续加强旅游服务设施建设和城市空间品质提升；武陵源主要采取"控制"和"纯化"策略，坚持生态优先导向，用减法思维严格控制建设强度，弱化城市职能，纯化其遗产地保护及游览组织功能。

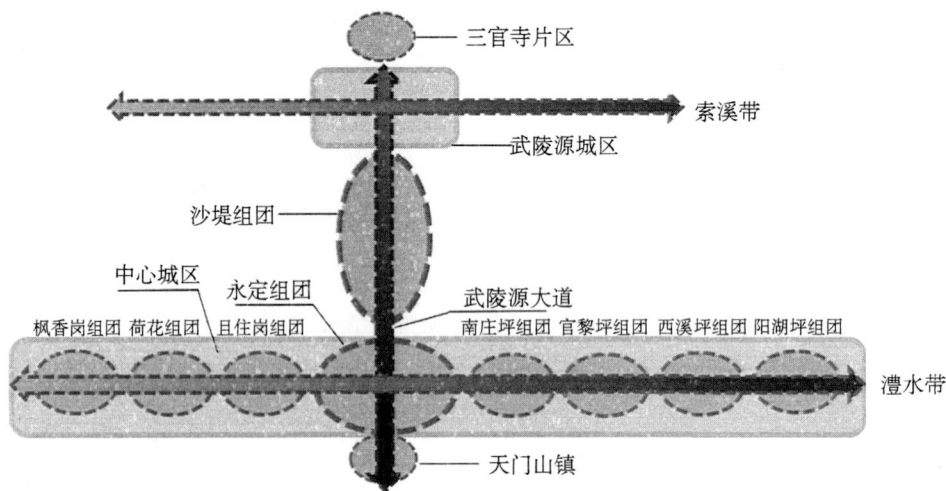

图 7-2　张家界城市地域空间结构

如图 7-2 所示，依据旅游者现状旅游空间格局，结合城市规划区空间结构规划进一步拉开城市空间框架，提出张家界城市地域空间结构为"一轴、两带、两区、多组团"。其中"一轴"为武陵山大道发展轴，作为市域整体层面旅游者行为活动和张家界城市发展的主导轴线，"两带"包括澧水带和索溪带，分别作为主线引导中心区、武陵源的空间布局，"两区"为中心区和武陵源。

如表 7-3 所示，多组团布局中，在延续中心区和武陵源现状基础格局的前提下适当增加天门山镇、三官寺片区，从目前单纯的景区提升为具有一定旅游集散和旅游服务功能的城市组团。各组团规模适宜，组团间留出绿色通廊。中心区和武陵源的建设用地规划设计应以澧水带和索溪带作为重要的开敞轴线参照，沿河设置亲水休闲空间，保证内部必要的通透。利用组团资源特征，合理确定主导功能，化整为零地创造混合多元空间和弹性预留空间，将旅游者真正引入城市，发展城市旅游，构建旅游城市地域空间的大格局、多组团和小场景。

表7-3　张家界各组团主要功能

片区	组团	主要功能	旅游者行为空间
中心区	永定	商业金融、休闲娱乐、居住生活、教育医疗、旅游服务	娱乐游憩、社区场景、休闲购物、住宿餐饮、滨水休闲
	沙堤	商业金融、交通门户、休闲娱乐、康养度假、教育医疗	交通转换、娱乐游憩、度假养生、休闲购物
	南庄坪	行政办公、居住生活	社区场景、街巷空间、滨水休闲
	荷花	交通门户、会展商务、文旅综合	交通转换、开会参展、乡村民宿
	官黎坪	交通门户、旅游服务、休闲娱乐、文旅综合	交通转换、住宿餐饮、娱乐游憩、乡村民宿、社区场景
	且住岗	居住生活、旅游服务	住宿餐饮、郊野公园
	西溪坪	行政办公、居住生活	住宿餐饮、滨水休闲、体育公园
	阳湖坪	交通门户、产业园区	交通转换
	枫香岗	康养度假、休闲农业、文旅综合、弹性预留	度假养生、农事体验、文创空间
	天门山镇	康养度假、旅游服务、文旅综合、弹性预留	度假养生、住宿餐饮、文创空间、乡村民宿
武陵源	军地坪	商业金融、旅游服务、行政办公、教育医疗	休闲购物、住宿餐饮、游憩观光
	高云	旅游服务、休闲娱乐	住宿餐饮、游憩观演
	岩门	行政办公、居住生活	社区场景
	文丰	休闲娱乐、研学修学	游憩观演、研究修身
	沙坪	居住生活、文旅综合	文创民宿、社区场景
	野猫峪	居住生活、商业金融	住宿餐饮

片区	组团	主要功能	旅游者行为空间
三官寺	张地坪	旅游服务、康养度假、休闲农业、研学修学、弹性预留	住宿餐饮、乡村休闲、农事体验、研学修身
	三官寺集镇	旅游服务、文旅综合、休闲农业、弹性预留	住宿餐饮、乡村休闲、农事体验、文创空间

在此基础上，建议张家界城市规划区空间结构由"一心三翼、两轴四带"调整为"一轴、三带、两区、多组团"，如图 7-3 所示。"一轴"为武陵山大道，"三带"为澧水带、茅岩河带和索溪带，"两区"为中心城区和武陵源城区，"多组团"为不包括三官寺在内的多个职能不同的组团。该结构统筹了包括旅游职能在内的诸多城市发展因素，突出了茅岩河水资源在城市空间规划与设计中的重要地位，沙堤因其位于中心城区与武陵源城区之间的重要区位应被赋予更综合的职能，因此作为城市组团之一而不是独立的旅游带。

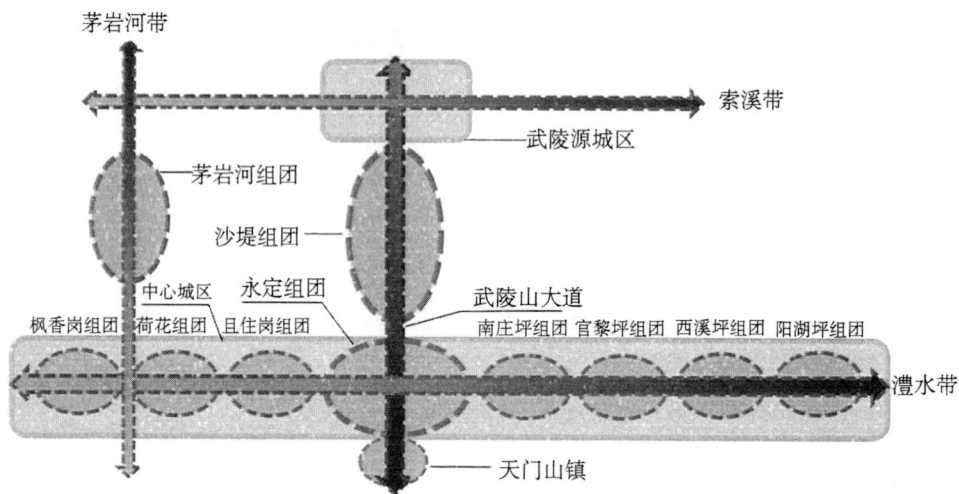

图 7-3 张家界城市规划区空间结构

二、张家界旅游空间结构

张家界旅游者行为主观选择集中遵循就近、多样和便捷的准则，在时空客观制约下形成行为的三类时空模式。无论是单级聚焦放射型，还是双心联动点轴型和多点均衡条链型，张家界旅游者行为时空模式都尚处于以局部散点和短轴带动的初级阶段，点与点之间缺少完善的道路交通连接和空间流动关联，空间选择中即使是同一社区内部，节点与节点之间的联系仍然较弱，未形成成熟的网络化组织；同时，近年来，天门山虽作为主要节点分散了森林公园过于饱和的人口承载压力，形成了天门山导向的旅游者偏好，但就景区知名度和影响力、旅游者专注度和天门山导向型特征的占比等方面而言，森林公园仍然具有得天独厚的优势。而从自然遗产保护和武陵源未来空间发展策略来看，持续降低核心景区的人口压力也意味着更多游览节点的共同承担。基于以上考虑，结合张家界旅游发展战略，建议按照"一核、双心、多点、多带"的网络化格局构建张家界旅游空间结构。

"一核"即森林公园，"双心"为天门山和大峡谷，"多点"为其余已开发、未开发和正在开发的各种形态和业态的游览节点，如乡村民宿、文创空间、自然景区、主题公园、滨水空间、商业购物、文化展示和休憩交往等；"多带"为连接"核""心""点"之间，以及"核""心""点"与相应配套设施之间的多级、多类道路构成的内外通达的交通网络，通过网络化交通组织将分散的各点连点成线、织线成网，以便利的交通和设施引导张家界旅游者真正从单级、双心的固有行为模式中解放出来，在选择包括周边乡村民俗、探险体验、户外休闲等多种类型的旅游项目时尽可能少受设施制约、时间制约和交通制约等。

三、旅游交通

张家界旅游者行为实证研究结果表明，张家界旅游交通普遍存在的问题可集中归纳为景区交通联系不便、景区之间交通线路单一、停车难等。为此提出依据可达性、连通性、多样性和系统性原则来构建张家界旅游交通体系，分对外交通和内部交通两部分论述。

（一）外部交通

张家界交通区位正在日益改善，黔张常铁路已实现张家界至长沙段通车，贯穿大湘西地区多个风景名胜区和文化古城的张吉怀高铁也已通车并接入沪昆高铁，为张家界融入全国铁路交通网络创造良好条件。航空方面，张家界机场持续扩容，但公路交通方面面临的制约较多。张家界目前处于东西向沪渝、沪昆交通廊道的夹心地带，基本处于区域交通的尾部末端。仅有东西向常长高速和张花高速实现市域对外联系，南北向的张桑高速仅为市域内部服务。近年来，张家界自驾游群体日益增多，建议未来依托周边区域的三横两纵高速公路网络，其中"三横"为桑龙、常张—张花、张桃高速，"两纵"为桑鹤—张桑—张官高速、炉慈—慈牛高速，以及高速铁路如张吉怀、黔张常安张衡等，构建具有良好通达性的对外交通网络，积极融入南北两大区域交通干线，并加强与成渝城镇群等的联系；依托305省道加强桑植与慈利之间的联系，构建中心区与慈利、桑植、武陵源之间的便捷道路交通，为旅游的全域带动和城乡真正融合创造良好的交通基础设施条件。

（二）内部交通

旅游者问卷调查结果显示，认为景区之间交通衔接不便的旅游者占比32.84%。无论是"单级""双心"还是"多点"，均有赖于便利的交通网络连接。目前，中心区和武陵源之间仅有武陵山大道连接，无法满足高峰车流通行。建议在已有基础上建设中心区快速环线，减少穿越老城交通量；依托长张高速、张桑高速、桑慈高速和规划的阳江高速等，构建环武陵源风景区旅游环线；在此基础上，构建一核双心与多点以及多点与多点之间的末端道路微循环系统；同时注重道路交通的多样性和系统性，可依据永久基本农田控制线、生态红线、河流两岸和组团之间的绿色廊道等形成绿色脉络和景观地画，打造安全便捷的骑行道与游步道。通过上述旅游交通网络和生态景观网络串联起各节点空间，实现良好的通达和宜人的环境，构建网络化的旅游者行为时空间系统。

观察发现，作为旅游交通换乘枢纽，地处官黎坪城市建筑与人口密集地段的汽车站、火车站、天门山索道站等交通集散节点与城市内部交通存在局部冲突与矛盾。空间优化中应通过外环路、立体交通和快速直达的公共交通等多种方式合理区分旅游、生活和产业交通流，确保旅游者顺利便捷到达目标节点，以及城市内部日常交通的顺畅。

四、功能节点

对应于旅游者行为分类和实证中以住宿和休闲作为维护性行为典型，在模式的应用中，可以将与旅游者行为有关的功能节点分为游览节点、住宿节点和休闲节点三类，依据实证研究结果和相关规划建设思路，分别论述其优化建议与措施。

（一）游览节点

依据旅游者行为时空模式揭示的游览诉求和制约因素，提出在持续发挥自然景区特色优势的基础上，面向全要素地域空间，培育多样化人文旅游。建议张家界未来充分联动景区、城区、社区和乡村全域空间，在观光基础上注重休闲、体验和参与，重点发展自然观光、研学科考、户外山地和乡村民俗四大主题旅游。未来一段时期内张家界将仍然以景区观光旅游和乡村民俗旅游为主要吸引点，城区体验旅游和社区参与旅游的职能主要在于旅游配套服务和响应旅游者多元化选择诉求。建议地方政府可以自上而下引导形成系统化的全域旅游格局，在规划、政策、资金与设施等方面统筹谋划、统一建设。具体可参考表 7-4。

表7-4　游览节点位置和建设重点

类型	主要位置	旅游主题	建设或管控
景区旅游	森林公园、大峡谷、天门山、崇山等	研学、观光	控制、均衡
乡村旅游	中湖、协和、王家坪、尹家溪、天门山镇、慈利、桑植等	户外、乡村	交通路网、品质提升、特色凝练
城区旅游	游憩商业区	休闲、体验	环境整治、功能植入、高度集聚
社区旅游	永定、官黎坪、南庄坪	休闲、参与	文化挖掘、街区建设、场景营造

1. 景区观光旅游

景区观光旅游仍然且一直将是张家界旅游的根本所在。森林公园作为旅游核心独一无二,天门山与大峡谷则作为南北双中心与森林公园共同构成张家界旅游空间的主线。现有五大景区中,森林公园、黄龙洞和宝峰湖位于武陵源区,在保护制约下,应严格控制景区容量和周边建设开发强度,适度引导以均衡景区之间的旅游者规模;大峡谷与玻璃桥景点的定位需未雨绸缪,重新审视,可结合周边已有户外运动资源挖掘市场;天门山继续满足旅游者观光与体验需求的同时,应带动周边地区形成游览集群。目前,除上述传统景区外,七星山、崇山以及慈利朝阳地缝、桑植茅岩河景区等正在开发,方兴未艾。张家界城市地域及其周边的新兴景区节点的科学引导和培育亦是疏散景区容量,平衡保护与发展的重要选择。

2. 乡村民俗旅游

在全球化和现代化的背景下,真正的张家界乡土民俗价值直到今天并未被丢弃,而是隐匿于乡野民间。在全国各地乡村旅游如雨后春笋般涌现的背景下,可以立足民族与地域特色,将民俗旅游通过乡村空间载体呈现出来,为乡村旅游赋予民俗主题。同时,还应将范围扩大到张家界全域空间,可结合已有民宿基础、传统村落和新兴节点,围绕显著特色形成一村一题,村与村之间主题差异而互补,重点发展形成多点并存的多元格局。

3. 城区休闲旅游

建议将中心区大庸路、迎宾路、子午路围合的范围作为游憩商业区。这一片集中了老大庸历史遗迹、传统街巷和澧水滨河廊道等,以及多个人文类游览节点,商业购物和休闲娱乐活动丰富多彩,酒店、餐饮等服务业集中,充满城市活力。但该片区私房较多,需在综合整治基础上打造多元化、小体量的特色文创、街巷和休闲等空间,以功能注入发展夜经济,满足旅游者吃、住、游、购、娱的需求。

武陵源资源与环境保护要求严格,在提升、纯化的前提下,用减法思维严控建设强度。保留住宿、餐饮和休闲等基本的旅游服务功能,将过剩的商业和居住功能逐步转移到中心区与三官寺,打造静谧、闲适和生态的核心景区外围空间。

4.社区参与旅游

社区是城市的基本细胞，是城市文化基因和生活形态的空间载体。张家界城市旅游缺失，培育并引导城市旅游向社区延伸，优化提升南庄坪、官黎坪、永定组团老旧小区，营造社区场景，培育混合功能，构建社区旅游线路，并以此为依据构建和完善社区服务功能与设施配置。

（二）住宿节点

关于住宿问题，可以依托已有资源，旅游者行为选择，以及组团功能定位，在中心区和武陵源建成集聚区培育具有规模差异的酒店，在中心区和武陵源景区外围低密度建设地区，依已有基础和发展空间分别培育乡村民宿与乡村客栈，形成各类型集聚发展，相得益彰，如表7-5所示。

表7-5 住宿节点位置和建设重点

类型	主要位置	建设重点
酒店	高云路、武陵路、大庸路、子午路、滨河路、木龙潭路、旅游商业城、沙堤板坪村、三官寺张地坪	停车场地、周边环境、景观品质
民宿	中湖、协和龙尾巴村、抗金岩村、锣鼓塔、官黎坪白羊坡村、枫香岗	道路交通、商业服务、路标指示、休憩设施
客栈	溪布街、天子山镇区、三官寺集镇、官黎坪双峡村	周边餐饮、日常购物、停车场地、空间环境、建筑密度

（三）休闲节点

将武陵源区驼峰路至溪布街东侧的索溪南北两岸打造为"沉浸式流空间"，在自然生态驳岸的基础上选择合适的位置打造若干小型亲水平台、码头和便捷的步行道，使沿溪功能空间成为动态流动的景观空间。北岸在现有溪布街餐饮、客栈、酒吧基础上植入户外休憩与交往空间，注重景区外围地段的建设开发强度与建筑风貌控制；南岸主要包括索溪与朝阳路、香樟路之间的空间，主要形成滨水绿地休闲公园。

中心区东至西溪坪，西抵且住岗的澧水南北两岸滨水步道已基本贯通，休闲节点的提质与开发可结合澧水岸线资源，在住宿、餐饮等基本功能基础上，拓展面向不同人群的空间，如亲子互动、老年康养、青年运动、商务交流等。同时，对老旧街区街巷环境整治、设施配套和文创等功能植入亦能使休闲功能多样化，催生夜间旅游。

三官寺需结合集镇索溪段原生态的乡村自然环境，可以针对追求户外运动的青年群体，着力培育科技创作、艺术创作和运动健身类的休闲节点。结合休闲节点的开发，提升片区旅游配套服务设施建设与空间环境品质，如表7-6所示。

表7-6　休闲节点位置和功能

	主要位置	节点功能
武陵源	索溪南北两岸、标志门广场、魅力湘西广场等	集散、交流、艺创
中心区	南门口、文昌阁、官黎坪、社区街巷	健身、交流、文创、研学、康养、展示
三官寺	索溪北岸	科创、艺创、健身

第四节　旅游者行为时空模式的优化应用实践路径

张家界长期以来城市建设围绕自然生态资源开发，逐渐形成了功能单一、散点开发、景区过载、发展参差等系统布局问题。如何真正从长远和整体层面提升城市品质、调整城市功能而不仅仅是在短期和局部层面对景区及周边进行修补建设，是生态文明时期关系到城市健康存续发展的痛点和难点。基于旅游者行为时空模式的城市地域空间优化本质上是人本导向下以旅游者时空行为作为依据，为空间创造和增加价值的过程，其基本思路是顺应空间生长逻辑对空间要素进行适度而持续的调整。通过实证分析和优化应用，归纳总结基于旅游者行为时空模式的空间优化应用实践路径，如图7-4所示。从旅游者行为时空模式中总结偏好选择与时空制约，从行政管辖和空间发展中寻找地域空间演变规律，从旅游者行为视角总结空间生长逻辑，归纳城市规划对旅游者行为的干预机制，在此基础上依次围绕结构、交通及节点提出城市地域的空间布局与空间优化建议。

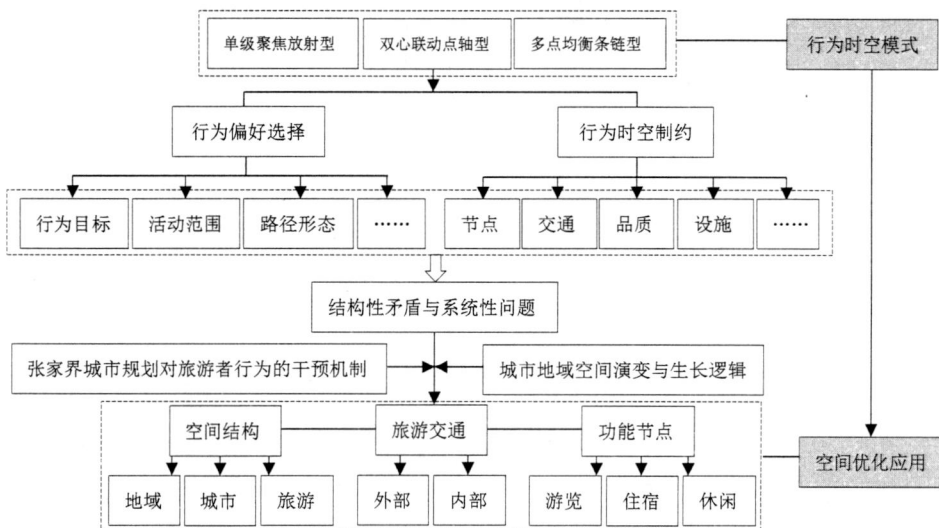

图 7-4　张家界旅游者行为时空模式的空间优化应用实践路径

第八章　结论与展望

第一节　研究的主要结论

本书针对旅游城市的空间规划中普遍存在的非人本面向和群体划分缺失问题，切入旅游者行为这一交叉研究领域，在梳理一系列相关概念的基础上，以建构城市中观层面的旅游者行为时空模式为研究目标，以典型旅游城市张家界为实证对象，提出旅游者行为时空模式的基础理论框架和量化解析方法，进一步补充和丰富现有城市空间理论体系，对于旅游城市建设实践具有现实意义。本书做出以下 7 点研究结论。

第一，为客观揭示中观城市层面的旅游者行为活动规律，研究首先需突破游览行为而扩大到旅游者在旅游目的地内的住宿、休闲等行为，即以旅游者在旅游目的地的全部行为时空路径为基础。旅游者行为主客体相互作用原理是隐藏在行为背后的基本运行规律，能够从行为主观选择与时空间客观制约两方面认知行为活动外在特征，分析特征背后的内在作用机制，对不同的行为予以较好的解释。从主客体相互作用原理出发，构建的旅游者行为时空模式框架能够分别从个体与整体层面、时空属性与时空关系角度全面揭示中观城市层面的旅游者行为活动规律和作用机制。

第二，依据时间地理学中的时空路径理论，构建的旅游者规则性时空游走模型与向量时空模型是揭示旅游者在旅游目的地内完整行为活动的基础，其个体面向的数据源统计决定了问卷调查的不可替代性与基于问卷建立的简化时空路径的局限性。但 VGI 时空轨迹模拟能够从过程感知上补充简化时空路径的不足，是从汇总到非汇总的一次初步探索。基于多维变量的行为聚类能够从不同侧面揭示旅游者行为时空特征，而聚类集成可实现多个基聚类结果的稳定性和泛化性，但如何集成不同方法和不同数据格式的基聚类结果仍然值得继续探索。

第三，实证显示，在线问卷、网络游记和手机信令等多源数据通过恰当的解析方法呈现较好的互补与自洽，在行为时空模式复杂内涵的揭示中起到了不同的关键作用。网络游记能够捕捉到细微的偏好节点，调查问卷则是构建旅游情景和带有序列特征的时空路径的良好选择，且能够提供旅游者个体属性和综合评价信息，为行为背后的制约分析提供不可或缺的数据支撑，在目前比较可行的技术手段下具有显著优势；网络游记和调查问卷的聚类结果呈现较好的关联，VGI 时空轨迹数据则可对问卷数据形成有益补充。结合基于 POI 的城市人群划分，手机信令数据能够充分应用于反映较大尺度和单一化功能空间的时空整体动态变化特征。

第四，集成结果客观而全面地概括了张家界旅游者行为时空特征，即中心区单点短时聚游、区域内多点长时串游、目的地单点快捷遍游、主地域多点紧凑混游和次地域单点舒缓偏游五类。其中区域内多点长时串游占比 57.68%，为最高，其他 4 类与之相差悬殊，表明了大部分旅游者维护性行为的中心区偏好，可支配行为中注重丰富旅游类型以及效率导向特征。集成结果的差异性分析表明，区域内多点长时串游和主地域多点紧凑混游以两至三日为主，分别占比 81.5% 和 67.7%；中心区单点短时聚游和次地域单点舒缓偏游以一至两日为主，分别占比 86.4% 和 94.8%；目的地单点快捷遍游以一日为主，占比 53.6%；五类时空特征的游览时间具有显著差异。不同收入水平的旅游者其时空特征可能存在差异，大致存在中高收入者的长时多点的效率和品质两种导向，以及中低收入者的单一目标效率导向；游览时间和空间集聚差异显著是造成旅游者遗憾的主要原因；主地域多点紧凑混游型旅游者满意度最高，可能与游览节点多样、休闲活动丰富等有关；华东和华中地区旅游者最多，分别占比 36.2% 和 20.3%。实证结果还证实了维护性行为尤其是住宿行为的区位与旅游者行为时空特征相关，总体上住在中心区较住在武陵源的旅游者其活动范围更大，活动类型更丰富。

第五，时空结构的实证结果进一步印证了旅游者行为时空分布的非均衡特征，表明了夜间旅游和城市旅游的缺失，总体上游览节点呈层次性选择，住宿节点呈类型和空间集中，休闲节点呈现局部集中、整体分散和短时集聚。综合归纳外在表征和内在机制，得出张家界旅游者行为具有强的目标节点导向性，即可支配行为中的个别目标游览节点决定了住宿节点和游览时间的选择，住宿节点决定其他游览节点和其他维护性节点的选择。

第六，实证得出张家界旅游者行为的时空基础共性可归纳为游览节点趋同、城市旅游缺失、活动分布集中和住宿选择多样，其揭示的影响机制涉及历史认知、资源开发、规划建设和供需调节等。张家界旅游者行为的时空模式主要有单级聚焦放射型、双心联动点轴型和多点均衡条链型三类，在活动范围、时间安排、路径形态、时空制约和行为选择等方面均存在显著差异，整体上处于局部散点和短轴带动的初级阶段，比较全面和客观地映射出张家界旅游发展的现实状况。模式背后围绕旅游与城市方面的制约分析结果集中在空间节点布局与环境品质、旅游配套设施和城市道路交通等方面，进一步暴露了张家界旅游项目开发缺乏统一协同，城市功能布局与旅游城市定位部分错位等系统性问题和结构性矛盾。

第七，实证得出张家界"城即依景而生、城未因人而新"的空间发展现状，揭示了张家界将自身资源优势囿于风景与生态，重物质形态而轻人文氛围，重数量堆积而轻质量提升，缺少面向旅游者多样化需求进行动态调整的事实，以及由此产生的粗放、单一和失衡的系统性问题。从模式的选择与制约中提炼出被旅游者识别的安闲舒适价值和乡土民俗价值，并将其融汇到优化策略与布局中，结合张家界历版城市规划对旅游者行为干预机制，提出"一轴、两带、两区、多组团"的城市地域空间结构，"一轴、三带、两区、多组团"的城市规划区空间结构，以及"一核、双心、多点、多带"网络化格局的旅游空间结构；提出以景区观光旅游和乡村民俗旅游为主要吸引点，城区体验旅游和社区参与旅游为旅游配套服务，响应旅游者多元化选择诉求的游览功能格局，并对旅游交通、住宿节点、休闲节点等分别提出优化建议与措施。

第二节　研究难点与创新点

一、研究难点

行为研究是一项综合和复杂的新兴领域，旅游者行为不同于现有文献研究中较为常见的居民行为，有其自身的规律和特征。旅游者行为时空模式研究要求从统合旅游者的行为与时空间要素及其相互关系出发，基于严密的逻辑关系和科学的研究方法对其进行全面解析，在理论建构、方法运用和数据选择等方面均存在一定的挑战。具体到本次研究，比较突出的难点集中在以下3个方面。

第一，旅游者行为时空模式属于跨学科和跨专业的综合性研究，目前已有的文献鲜有涉及城市中观层面，其研究是一项艰巨、耗时的挑战。

第二，城市中观层面是将旅游者行为与城市规划结合的良好切入点，但城市中观层面的旅游者行为其构成和影响因素比区域宏观和景区微观更为复杂，仅仅考虑游览行为不足以把握旅游者行为活动规律，而应当拓展到时空全行为。

第三，鉴于旅游者行为的复杂性和综合性，任何单一维度的刻画并不足以全面反映旅游者行为规律及其模式，因此需基于一定的逻辑关系构建行为在多要素和多维度中的表征，以及多要素和多维度特征之间的融贯。

鉴于以上难点，笔者从高等数学的思维方法、计算机领域的相关算法中去寻找灵感、建构模型，同时从不同数据源的特征和可用性等方面分析其适用范围，选择合适的数据源用于不同维度和变量的解析，再将这些解析结果通过一定的算法进行集成。该研究领域跨越社会学、地理学、心理学、行为学、生理学和计算机技术等多学科，在这个浩瀚而深奥的新兴领域中，本书的研究只是作为基础铺垫抛砖引玉，笔者的知识积累和知识水平今后亦需要大力充实和及时提高。

二、研究创新点

总体而言，本书聚焦于中观城市层面的旅游者行为，采用多源数据、多维变量、多级尺度和多种方法，从个体与整体、主观选择与客观制约、外在表征和内在机制等多方面建构旅游者行为时空模式，是将旅游者行为的研究成果应用于城市空间规划的一次初步探索，在以下方面具有创新见解。

第一，依据时间地理学理论，揭示了旅游者行为的主客体相互作用原理；在此基础上提出了旅游者行为时空模式的构建框架，由基于行为属性的时空特征和基于时空关系的时空结构递进构成，时空特征与时空结构分别是个体和整体层面的时空模式外在表征，与其背后的内在机制共同构成了行为时空模式的双重内涵。

第二，依据多源数据特征以及数据的应用目标，提出基于多维变量的旅游者行为聚类及基于遗传算法的聚类集成解析方法，包括 K-means 数值聚类、DBSCAN 空间聚类和 Fast unfolding 图聚类，针对不同聚类方法得出的不同数据格式，尝试性地应用遗传算法的组合优化来解决基聚类结果之间的融合集成问题，在此基础上基于集成结果构建 VGI 时空轨迹，提炼过程感知信息，实现从汇总到非汇总的初步探索。

第三，基于多学科融合的理论与实证研究，在尊重规律、解决问题和顺应趋势的应用目标导向下，提出了旅游者行为视角的旅游城市空间优化的实践路径，为人本主义在旅游规划创新中的应用提供思路。从旅游者行为视角总结旅游城市空间生长逻辑，从模式所揭示的选择与制约中提炼潜在价值，从空间结构、旅游交通和功能节点等方面提出旅游城市地域的空间布局与优化建议。

第三节　研究不足与下一步研究构想

由于笔者的教育背景为城乡规划专业，执业背景为城乡规划专业教师，受阅历、精力和时间等限制，在对旅游者行为的探索中，虽兴趣浓厚但有时仍感部分功底较为薄弱。量化与质性结合是行为研究的必备方法，今后在多源数据的挖掘、算法分析的应用以及质性分析的严密等方面，尚有待进一步深入钻研。

采集佩戴 GPS 设备的旅游者在旅游目的地停留期间的全部时空间移动轨迹是理想化的时空路径获取渠道，但存在全程隐私暴露和个体信息缺失两个难以克服的问题。因此，本书采取的是通过问卷调查获取旅游者简化时空路径。其带来的不足主要在于其样本数量不及相关大数据丰富，以及作为 DTW 距离构建基础的是节点之间的经纬度直线距离而非真实距离。但通过多源数据和多种方法的运用，以及 VGI 时空轨迹的细节补充，结果仍然能较为客观揭示张家界旅游者行为特征和特征背后的影响因素。

依据旅游者行为主客体相互作用原理，旅游者行为主体在对客体时空的主观选择作用中，其固化和重构是长期和持续的。虽然本书已论证了长期与短期的辩证关系，尝试从某个时间断面捕获和研究旅游者行为特征与规律，但经年累月的缓慢变化与微妙影响仍有待采用更为科学的方法进行研究。

本书采用多源数据，运用多维变量、多级尺度和多种方法的目的正是希望从多角度尽可能客观地揭示其面貌，接近其本质，为相关后续研究抛砖引玉，做一点铺垫。

旅游者行为时空模式研究及其应用自带了旅游城市对于旅游者的尊重。旅游者是旅游城市中重要的社会群体，旅游者行为是旅游城市中生动的城市图景。目前，针对旅游城市旅游者行为的相关研究较为缺乏。在"以人为本"的基本共识和信息时代互联网平台与大数据的支持下，应从旅游者行为角度对旅游城市现状空间进行评估和优化，对全域范围内的各类旅游空间资源要素进行系统整合，对城市整体空间和旅游空间进行科学重构。

本书聚焦于城市中观层面，其实证研究成果主要还是围绕总体规划策略层面提出的，未来一方面可在旅游者行为应用的实施层面进行更加细微和深入的微观技术研究，另一方面可依据年龄、职业等细分人群，开展针对特定旅游者群体行为的研究；同时还可对其他旅游城市进行对比研究。在这个过程中，新兴数据和算法分析的适度介入和科学应用是揭示行为特征规律与影响机制的关键保障，如未来可通过运用某种技术在不侵犯旅游者隐私的前提下，海量捕捉融合个人属性与评价信息的 GPS 真实轨迹，构建更加逼近于旅游真实情景的时空路径。

参考文献

[1] 陈健昌，保继刚.旅游者的行为研究及其实践意义 [J].地理研究，1988，7（3）：44-51.

[2] 周一星，史育龙.建立中国城市的实体地域概念 [J].地理学报，1995，50（4）：289-301.

[3] 陈为邦."行政区城市"和"实体城市" [J].现代城市，2020，15（3）：1-5.

[4] 柴彦威.行为地理学研究的方法论问题 [J].地域研究与开发，2005，24（2）：1-5.

[5] International Recommendations for Tourism Statistics 2008. 2008 Tourism satellite account：Recommended methodological framework[R]. New York：United Nations，2008.

[6] 徐菊凤.关于旅游学科基本概念的共识性问题 [J].旅游学刊，2011，26（10）：21-30.

[7] 杨振之.再论旅游的本质 [J].旅游学刊，2014，29（3）：13-21.

[8] 张凌云.非惯常环境：旅游核心概念的再研究——建构旅游学研究框架的一种尝试 [J].旅游学刊，2009，24（7）：12-17.

[9] 李伟，刘海杰.旅游目的地系统与城镇化耦合及空间分异：以河南省为例 [J].江苏农业科学，2020，48（16）：315-323.

[10] BUHALIS D. Marketing the competitive destination of the future[J]. Tourism Management，2000，21（1）：97-116.

[11] JAKLE J，BRUNN S D，ROSEMAN C. Human spatial behavior：A social geography[J]. North Scituate，MA：uxbury Press，1976：28.

[12] MILLER H J. A measurement theory for time geography[J]. Geographical Analysis，2005，37（1）：17-45.

[13] 柴彦威，谭一洺，申悦，等.空间：行为互动理论构建的基本思路 [J].地理研究，2017，36（10）：1959-1970.

[14] 柴彦威，赵莹. 时间地理学研究最新进展 [J]. 地理科学，2009，29（4）：593-600.

[15] 张雪，柴彦威. 北京不同住房来源居民活动：移动模式的社会分异 [J]. 城市发展研究，2019，26（12）：2，17-27.

[16] 梁嘉祺，姜珊，陶犁. 基于网络游记语义分析和 GIS 可视化的游客时空行为与情绪关系实证研究：以北京市为例 [J]. 人文地理，2020，35（2）：152-160.

[17] 赫维人，潘玉君. 新人文地理学 [M]. 北京：中国社会科学出版社，2002.

[18] 戈列奇，斯廷森. 空间行为的地理学 [M]. 柴彦威，曹小曙，龙韬，等译. 北京：商务印书馆，2013.

[19] HÄGERSTRAND T. What about people in regional science[J]. Papers and proceedings of the regional science a ssociation，1970（24）：7-21.

[20] 柴彦威，申悦，肖作鹏，等. 时空间行为研究动态及其实践应用前景 [J]. 地理科学进展，2012，31（6）：667-675.

[21] 刘瑜，肖昱，高松，等. 基于位置感知设备的人类移动研究综述 [J]. 地理与地理信息科学，2011，27（4）：8-13.

[22] KWAN M P. GIS methods in time-geographic research: Geocomputation and geovisualization of human activity patterns[J]. Geografi ska Annaler: Series B Human Geography，2004，86（4）：267-280.

[23] 罗智德. 基于时间地理学的个体时空信息的表达与分析 [D]. 北京：清华大学，2014.

[24] 柴彦威，刘志林，李峥嵘，等. 中国城市的时空间结构 [M]. 北京：北京大学出版社，2002.

[25] 钟士恩，章锦河，张捷，等. 南京大学旅游地理学的历史回顾与研究展望 [J]. 人文地理，2012，27（3）：156-160.

[26] ZOLTAN J，MCKERCHER B. Analysing intra-destination movements and activity participation of tourists through destination card consumption[J]. Tourism Geographies，2015，17（1）：19-35.

[27] 保继刚，楚义芳. 旅游地理学 [M].3 版. 北京：高等教育出版社，2012.

[28] 李渊，郑伟民，王德. 景区旅游者空间行为研究综述 [J]. 旅游学刊，2018，33（4）：103-112.

[29] 黄潇婷. 时间地理学与旅游规划 [J]. 国际城市规划，2010，25（6）：40-44.

[30] 李祖芬，于雷，高永，等. 基于手机信令定位数据的居民出行时空分布特

征提取方法 [J]. 交通运输研究，2016，2（1）：51-57.

[31] 高硕，王铭扬，鲁旭，等.基于大数据的城市居民职住锚点计算方法研究 [J]. 西部人居环境学刊，2017，32（1）：31-37.

[32] 刘耀林，陈龙，安子豪，等.基于公交刷卡数据的武汉市职住通勤特征研究 [J]. 经济地理，2019，39（2）：93-102.

[33] 马昕琳，柴彦威，张艳.基于 GPS 数据的北京郊区就业者工作与通勤行为特征研究：以上地信息产业园为例 [J]. 人文地理，2018，33（2）：60-67.

[34] LOSADA N，ALEN E，COTOS-YANEZ T R，et al. Spatial heterogeneity in Spain for senior travel behavior[J]. Tourism Management，2019，70：444-452.

[35] 李渊，刘嘉伟，严泽幸，等.基于卫星定位导航数据的景区旅游者空间行为模式研究：以鼓浪屿为例 [J]. 中国园林，2019，35（1）：73-77.

[36] 黄潇婷.基于时间地理学的景区旅游者时空行为模式研究：以北京颐和园为例 [J]. 旅游学刊，2009，24（6）：82-87.

[37] SMALLWOOD C B，BECKLEY L E，MOORE S A. An analysis of visitor movement patterns using travel networks in a large marine park，north-western Australia[J]. Tourism Management，2012，33（3）：517-528.

[38] DOUGLAS J. Spatial and temporal patterns of demand for hotel accomodation：Time series analysis in Yorkshire and Humberside，UK[J]. Tourism Management，1985，6（1）：8-22.

[39] PAULINO I，PRATS L，SCHOFIELD P. Tourist hub consumption systems：Convenient flexibility versus administrative constraint[J]. Journal of Hospitality and Tourism Management，2019，41：69-79.

[40] 陈至立.辞海：典藏本 [M].6 版.上海：上海辞书出版社，2011.

[41] 中国社会科学院语言研究所词典编辑室.现代汉语词典 [M].7 版.北京：商务印书馆，2016.

[42] 杨新军，牛栋，吴必虎.旅游行为空间模式及其评价 [J]. 经济地理，2000，20（4）：105-108，117.

[43] 郎月华，李仁杰，傅学庆.基于 GPS 轨迹栅格化的旅游行为空间模式分析 [J]. 旅游学刊，2019，34（6）：48-57.

[44] 郑伯红，杨靖.人本视角下旅游城市的社会群体需求差异及其规划响应 [J]. 求索，2019（5）：112-119.

[45] 柴宏博，冯健.基于家庭生命历程的北京郊区居民行为空间研究 [J]. 地理科

学进展，2016，35（12）：1506-1516.

[46] 城乡规划学名词审定委员会. 城乡规划学名词 [M]. 北京：科学出版社，2021.

[47] 谢彦君. 旅游本质的认识及其认识方法：从学科自觉的角度看 [J]. 旅游学刊，2010，25（1）：26-31.

[48] 陈海波. 旅游的本质及旅游学的学科逻辑新探 [J]. 旅游学刊，2019，34（11）：124-135.

[49] 威廉斯，刘德龄. 旅游地理学：地域、空间和体验的批判性解读 [M]. 张凌云，译 .3 版 . 北京：商务印书馆，2018.

[50] 徐菊凤. 论旅游的边界与层次 [J]. 旅游学刊，2016，31（8）：16-28.

[51] 陈海波. 非惯常环境及其体验：旅游核心概念的再探讨 [J]. 旅游学刊，2017，32（2）：22-31.

[52] 陈琴，周欣雨. 地理学与行为学的交叉研究 [J]. 重庆师范大学学报（自然科学版），2016，33（3）：150-155.

[53] 吕伟成，任昕竺. 中国旅游地理 [M]. 北京：北京师范大学出版社，2008.

[54] 康勇卫，刘春燕. 旅游地理学 [M]. 武汉：华中科技大学出版社，2019.

[55] 张艳，柴彦威.“新”时间地理学：瑞典 Kajsa 团队的创新研究 [J]. 人文地理，2016，31（5）：19-24.

[56] 褚冬竹，马可，魏书祥.“行为—空间 / 时间”研究动态探略：兼议城市设计精细化趋向 [J]. 新建筑，2016（3）：92-98.

[57] 王兰，杜怡锐. 建成环境对体力活动的影响研究进展 [J]. 科技导报，2020，38（7）：53-60.

[58] 胡一可，李晶. 基于旅游者和日常访问者人群行为的城市型景区"共处"空间研究 [J]. 中国园林，2019，35（6）：61-66.

[59] 申悦，塔娜，柴彦威. 基于生活空间与活动空间视角的郊区空间研究框架 [J]. 人文地理，2017，32（4）：1-6.

[60] 周涛，韩筱璞，闫小勇，等. 人类行为时空特性的统计力学 [J]. 电子科技大学学报，2013，42（4）：481-540.

[61] 丁小辉，张树清，陈祥葱，等. 时空对象行为分类与形式化表达 [J]. 地球信息科学学报，2017，19（9）：1195-1200.

[62] 杨倍倍，曲英杰，王金鑫. 基于移动数据和时间地理学的大学生行为模式构建与分析 [J]. 地理信息世界，2018，25（1）：77-81.

[63] 柴彦威，申悦，塔娜 . 基于时空间行为研究的智慧出行应用 [J]. 城市规划，2014，38（3）：85-91.

[64] 吴健生，李博，黄秀兰 . 小城市居民出行行为时空动态及驱动机制研究 [J]. 地球信息科学学报，2017，19（2）：176-184.

[65] 蒋金亮，刘志超 . 时空间行为分析支撑的乡村规划设计方法 [J]. 现代城市研究，2019（11）：61-67.

[66] 翁阳 . 基于时空行为适应性的城市设计方案评价研究：以北京怀柔科学城总体城市设计为例 [J]. 城市规划，2020，44（3）：102-114，138.

[67] 杨悦 . 基于时空间行为特征的哈尔滨社区公园适老化策略研究 [D]. 哈尔滨：哈尔滨工业大学，2019.

[68] 乔雅楠 . 时空行为视角下西安市既有居住地段休闲活动空间全龄共享策略研究 [D]. 西安：西安建筑科技大学，2020.

[69] 杨杰 . 基于时空轨迹大数据的群体行为模式挖掘分析关键技术 [D]. 南京：东南大学，2015.

[70] 申悦，柴彦威 . 基于 GPS 数据的城市居民通勤弹性研究：以北京市郊区巨型社区为例 [J]. 地理学报，2012，67（6）：733-744.

[71] 黄潇婷，张晓珊，赵莹 . 大陆游客境外旅游景区内时空行为模式研究：以香港海洋公园为例 [J]. 资源科学，2015，37（11）：2140-2150.

[72] 何保红，梁丽婷，何明卫，等 . 基于时间地理学的居民活动空间测度方法研究 [J]. 交通运输系统工程与信息，2020，20（4）：113-118.

[73] 陈洁，陆锋，翟瀚，等 . 面向活动地点推荐的个人时空可达性方法 [J]. 地理学报，2015，70（6）：931-940.

[74] 刘学，甄峰，王波，等 . 时空制约对南京城市居民网上购物频率的影响研究 [J]. 世界地理研究，2016，25（5）：92-100.

[75] 郭森 . 基于家庭的出行者日常活动 – 出行决策行为研究 [D]. 昆明：昆明理工大学，2019.

[76] 古杰，齐兰兰，周素红，等 . 国内外城市时空间结构研究的渊源及述评 [J]. 世界地理研究，2016，25（3）：69-79.

[77] 柴彦威 . 时空间行为研究前沿 [M]. 南京：东南大学出版社，2014.

[78] 丁亮，钮心毅，宋小冬 . 利用手机数据识别上海中心城的通勤区 [J]. 城市规划，2015，39（9）：100-106.

[79] 方玲梅 . 休闲购物者购物行为的时空特征：以苏州为例 [J]. 资源开发与市场，2014，30（10）：1252-1255，1277.

[80] 周艳，李妍羲，黄悦莹，等.基于社交媒体数据的城市人群分类与活动特征分析 [J].地球信息科学学报，2017，19（9）：1238-1244.

[81] 钟炜菁，王德.基于居民行为周期特征的城市空间研究 [J].地理科学进展，2018，37（8）：1106-1118.

[82] 何诗，柴彦威，郭文伯，等.基于整日尺度的城市女性休闲满意度及其影响因素：以西宁市为例 [J].经济地理，2019，39（2）：224-231.

[83] 郭瑞斌.西安市新城市贫困阶层微观行为时空结构研究 [D].西安：陕西师范大学，2015.

[84] 翁时秀，保继刚.中国旅游地理学学术实践的代际差异与学科转型 [J].地理研究，2017，36（5）：824-836.

[85] HANNAM K，BUTLER G，PARIS C M. Developments and key issues in tourism mobilities[J]. Annals of Tourism Research，2014，44（1）：171-185.

[86] 曾斌丹，何银春.日本旅游地理研究回顾与进展 [J].世界地理研究，2018，27（1）：159-166.

[87] 黄潇婷.旅游时间规划概念框架研究 [J].旅游学刊，2014，29（11）：73-79.

[88] 丁新军，吴佳雨，粟丽娟，等.国际基于时间地理学的旅游者行为研究探索与实践 [J].经济地理，2016，36（8）：183-188.

[89] 王丹丹，张景秋，孙蕊.北京城市办公空间通达性感知研究 [J].地理科学进展，2014，33（12）：1676-1683.

[90] 李晶晶，梁秋生，刘巨.北京外溢人口通勤特征 [J].城市发展研究，2016，23（9）：119-124.

[91] 田金玲，王德，谢栋灿，等.上海市典型就业区的通勤特征分析与模式总结：张江、金桥和陆家嘴的案例比较 [J].地理研究，2017，36（1）：134-148.

[92] 宋小冬，杨钰颖，钮心毅.上海典型产业园区职工居住地、通勤距离的变化及影响机制 [J].城市发展研究，2019，26（12）：53-61.

[93] 李想，刘承良.城市居民通勤行为与感知的空间特征研究：以福州市主城区为例 [J].世界地理研究，2018，27（4）：66-76.

[94] 程梦.武汉市典型区域居民出行时空特征与影响因子研究 [D].武汉：华中科技大学，2017.

[95] 刘定惠，朱超洪，杨永春.西部大城市居民通勤特征及其与城市空间结构的关系研究：以成都市为例 [J].人文地理，2014，29（2）：61-68.

[96] 刘灿齐，史楠楠，诸立超.城市不同空间通勤行为可转移性研究 [J].交通运输系统工程与信息，2017，17（3）：205-212.

[97] 付鑫，孙茂棚，孙皓 . 基于 GPS 数据的出租车通勤识别及时空特征分析 [J].
中国公路学报，2017，30（7）：134–143.

[98] 谭一洺，柴彦威，王小梅 . 时间地理学视角下西宁城市回族居民时空间行
为分析 [J]. 地域研究与开发，2017，36（5）：164–168，174.

[99] 赵雪雁，李东泽，李巍，等 . 西北地区农村儿童日常生活时空间特征研究 [J].
人文地理，2018，33（3）：78–88.

[100] 黄建中，张芮琪，胡刚钰 . 基于时空间行为的老年人日常生活圈研究：空
间识别与特征分析 [J]. 城市规划学刊，2019（3）：87–95.

[101] 徐怡珊，周典，刘柯琵 . 老年人时空间行为可视化与社区健康宜居环境研
究 [J]. 建筑学报，2019（1）：90–95.

[102] 侯学英，吴巩胜 . 低收入住区居民通勤行为特征及影响因素：昆明案例分
析 [J]. 城市规划，2019，43（3）：104–111.

[103] 马昕琳，柴彦威，张艳 . 郊区配建社区的居住混合与行为分异：以北京美
和园社区为例 [J]. 城市发展研究，2020，27（3）：55–62，76.

[104] 任瑜艳，陈琼，刘峰贵，等 . 欠发达地区城市传统单位社区居民通勤特征分析:
以西宁城区为例 [J]. 地域研究与开发，2016，35（6）：71–76.

[105] 任瑜艳，程财，陈琼，等 . 西宁市不同区位社区居民购物行为时空间特征 [J].
地域研究与开发，2017，36（5）：175–180.

[106] 黄莘绒，李红波，胡昊宇 . 乡村居民消费空间的特征及其影响机制: 以南京"五
朵金花"为例 [J]. 地域研究与开发，2018，37（4）：162–167.

[107] 谢亚文 . 长沙市居民消费空间与消费行为感知研究 [D]. 长沙: 湖南师范大学，
2019.

[108] 韩会然，杨成凤，宋金平 . 芜湖市居民购物出行空间的等级结构演变特征
及驱动机制 [J]. 地理研究，2014，33（1）：107–118.

[109] 韩会然，宋金平 . 芜湖市居民购物行为时空间特征研究 [J]. 经济地理，
2013，33（4）：82–100.

[110] 赵鹏军，于昭，贾雨田 . 我国小城镇居民购物出行范围及其影响因素 [J]. 经
济地理，2019，39（12）：70–79.

[111] 傅辰昊，周素红，闫小培，等 . 广州市零售商业中心的居民消费时空行为
及其机制 [J]. 地理学报，2017，72（4）：603–617.

[112] 包美霞 . 基于 POI 数据的居民消费行为空间特征分析 [D]. 呼和浩特: 内蒙
古师范大学，2017.

[113] 金探花，杨俊宴，王桥，等 . 基于多源大数据的传统商业中心区动静特征

与规律解析：以广州上下九商业区为例 [J]. 南方建筑，2019（3）：114-120.

[114] 王德，农耘之，朱玮. 王府井大街的消费者行为与商业空间结构研究 [J]. 城市规划，2011，35（7）：43-60.

[115] 许尊，王德. 商业空间消费者行为与规划：以上海新天地为例 [J]. 规划师，2012，28（1）：23-28.

[116] 王德，李光德，朱玮，等. 苏州观前商业街区消费者行为模型构建与应用 [J]. 城市规划，2013，37（9）：28-66.

[117] 王益澄，马仁锋，孙东波，等. 宁波城市老年人的购物行为及其空间特征 [J]. 经济地理，2015，35（3）：120-126.

[118] 曹根榕，卓健. 城市老年人步行购物对商业设施选择的空间影响因素分析：基于上海中心城区 3 个典型居住区的实证研究 [J]. 上海城市规划，2017（4）：101-106.

[119] 李瑞瑞. 江汉平原农户消费行为时空演变及其驱动机制研究 [D]. 武汉：华中师范大学，2019.

[120] 周东进. 深港跨境消费人群活动时空间特征分析 [D]. 深圳：深圳大学，2018.

[121] 王丽艳，贾宾，翟婧彤. 我国城市居民通勤方式选择及影响因素研究：以天津市为例 [J]. 城市发展研究，2016，23（7）：108-115.

[122] 吴丹贤，周素红. 基于日常购物行为的广州社区居住 – 商业空间匹配关系 [J]. 地理科学，2017，37（2）：228-235.

[123] 林梅花，甄峰，朱寿佳. 南京城市居民活动多样性特征及其影响因素 [J]. 热带地理，2017，37（3）：400-408.

[124] 刘耀林，方飞国，王一恒. 基于手机数据的城市内部就业人口流动特征及形成机制分析：以武汉市为例 [J]. 武汉大学学报（信息科学版），2018，43（12）：2212-2224.

[125] 赵菁，刘耀林，刘格格，等. 不同年龄段居民居住偏好对其通勤特征的影响：以武汉都市发展区为例 [J]. 城市问题，2018（6）：67-72.

[126] 陈梓烽，柴彦威. 通勤时空弹性对居民通勤出发时间决策的影响：以北京上地—清河地区为例 [J]. 城市发展研究，2014，21（12）：65-76.

[127] JENS K. How design shapes space choice behaviors in public urban and shared indoor spaces–A review[J]. Sustainable Cities and Society，2020，65（10）：102592.

[128] TEIXEIRA C. Green space configuration and its impact on human behavior and URBAN environments–ScienceDirect[J]. Urban Climate，2021，35：100746.

[129] 黄潇婷，李玟璇，张海平，等. 基于 GPS 数据的旅游时空行为评价研究 [J]. 旅游学刊，2016，31（9）：40–49.

[130] AFSHARDOOST M，ESHAGHI M S. Destination image and tourist behavioural intentions：A meta–analysis–ScienceDirect[J]. Tourism Management，2020，81：104154.

[131] MCKERCHER B，TOLKACH D，NI M，et al. Individual tourism systems[J]. Tourism Management，2021，82：104187.

[132] MCKERCHER B，TOLKACH D，MAHADEWI N M E，et al. The relationship between motive and in–destination behaviour[J]. Journal of Hospitality and Tourism Management，2021，46：432–439.

[133] 郭旸，胡雅静，林玥. 基于手机信令和网络游记数据的游客时空行为分析：以上海迪士尼乐园外地游客为例 [J]. 旅游论坛，2020，13（1）：13–22.

[134] 黄潇婷. 基于时空路径的旅游情感体验过程研究：以香港海洋公园为例 [J]. 旅游学刊，2015，30（6）：39–45.

[135] 刘萌. 基于时空路径的旅游情感体验研究 [D]. 石家庄：河北师范大学，2020.

[136] 朱明，史春云，杨晓星. 基于旅行模式的目的地集群空间特征研究：以云南省为例 [J]. 旅游研究，2014，6（4）：40–45.

[137] 陆林，汤云云. 珠江三角洲都市圈国内旅游者空间行为模式研究 [J]. 地理科学，2014，34（1）：10–18.

[138] 吴建伟. 基于数字足迹的旅新疆游客空间行为模式研究 [D]. 青岛：青岛大学，2017.

[139] 祖武，李渊，王绍森. 空间行为特征与商业业态分析：以厦门鼓浪屿龙头路为例 [J]. 华中建筑，2019，37（9）：88–93.

[140] 朱玮，魏晓阳，傅云新. 基于时间效用模型的大型展会游客时空行为模式研究：以 2014 青岛世园会为例 [J]. 旅游学刊，2019，34（1）：73–81.

[141] 张珍珍. 基于多源数据的华山景区游客时空行为研究 [D]. 西安：陕西师范大学，2016.

[142] XI Y L，WU B，FANG W，et al. Overseas tourist movement patterns in Beijing：The impact of the olympic games[J]. International Journal of Tourism Research，2016，14（5）：469–484.

[143] YIP L, PRATT S. The evolution of chinese mainland visitors to hong kong from international visitors to domestic visitors[J]. Journal of China Tourism Research, 2018, 14（3）: 354-369.

[144] 吉慧 . 黄山市自驾车旅游者空间行为研究 [D]. 合肥: 安徽师范大学, 2011.

[145] 刘梦圆, 赵媛, 李亚兵 . 徐州市旅游者空间行为路径分析及旅游发展对策 [J]. 干旱区资源与环境, 2017, 31（1）: 203-208.

[146] 刘艳平, 保继刚, 黄应淮, 等 . 基于 GPS 数据的自驾车游客时空行为研究: 以西藏为例 [J]. 世界地理研究, 2019, 28（1）: 149-160.

[147] 徐欣, 胡静 . 基于 GPS 数据城市公园游客时空行为研究: 以武汉东湖风景区为例 [J]. 经济地理, 2020, 40（6）: 224-232.

[148] 赵莹, 汪丽, 黄潇婷, 等 . 主题公园演艺项目对旅游者活动空间的影响: 基于时空可达性的分析 [J]. 旅游学刊, 2017, 32（12）: 49-57.

[149] ZHENG W, HUANG X, LI Y. Understanding the tourist mobility using GPS: Where is the next place? [J]. Tourism Management, 2017, 59: 267-280.

[150] VU H Q, LI G, LAW R, et al. Exploring the travel behaviors of inbound tourists to Hong Kong using geotagged photos[J]. Tourism Management, 2015, 46（1）: 222-232.

[151] 张坤, 李春林, 张津沂 . 基于图片大数据的入境游客感知和行为演变研究: 以北京市为例 [J]. 旅游学刊, 2020, 35（8）: 61-70.

[152] 张丽娜, 李仁杰, 张军海, 等 . 位置照片表征的景区游客拍照行为时空模式 [J]. 旅游科学, 2020, 34（1）: 88-103.

[153] 郭雅婷 . 基于旅游数字足迹的访沪国内游客时空行为研究 [D]. 上海: 上海师范大学, 2018.

[154] 刘震, 戴泽钒, 楼嘉军, 等 . 基于数字足迹的城市游憩行为时空特征研究: 以上海为例 [J]. 世界地理研究, 2019, 28（5）: 95-105.

[155] 张鲜鲜, 李婧晗, 左颖, 等 . 基于数字足迹的游客时空行为特征分析: 以南京市为例 [J]. 经济地理, 2018, 38（12）: 226-233.

[156] 买哲 . 基于旅游数字足迹的中国赴意大利游客时空行为分析 [D]. 郑州: 河南大学, 2020.

[157] 张子昂, 黄震方, 靳诚, 等 . 基于微博签到数据的景区旅游活动时空行为特征研究: 以南京钟山风景名胜区为例 [J]. 地理与地理信息科学, 2015, 31（4）: 121-126.

[158] 涂伟，曹劲舟，高琦丽，等. 融合多源时空大数据感知城市动态 [J]. 武汉大学学报（信息科学版），2020，45（12）：1875-1883.

[159] ZHANG X，XU Y，TU W，et al. Do different datasets tell the same story about urban mobility: A comparative study of public transit and taxi usage[J]. Journal of Transport Geography，2018，70：78-90.

[160] 秦萧，甄峰，魏宗财. 未来城市研究范式探讨：数据驱动亦或人本驱动 [J]. 地理科学，2019，39（1）：31-40.

[161] 秦萧，甄峰. 大数据与小数据结合：信息时代城市研究方法探讨 [J]. 地理科学，2017，37（3）：321-330.

[162] 甄峰，秦萧，王波. 大数据时代的人文地理研究与应用实践 [J]. 人文地理，2014，29（3）：1-6.

[163] 赵渺希，王世福，李璐颖. 信息社会的城市空间策略：智慧城市热潮的冷思考 [J]. 城市规划，2014，38（1）：91-96.

[164] 兰宗敏，冯健. 城中村流动人口的时间利用以及生活活动时空间结构：对北京 5 个城中村的调查 [J]. 地理研究，2010，29（6）：1092-1104.

[165] 现代汉语辞海编辑委员会. 现代汉语辞海：第二卷 [M]. 北京：中国书籍出版社，2003.

[166] 段进. 城市空间发展论 [M]. 南京：江苏科学技术出版社，2006.

[167] 柯文前，俞肇元，陈伟，等. 人类时空间行为数据观测体系架构及其关键问题 [J]. 地理研究，2015，34（2）：373-383.

[168] 袁雨果，郑伟民. 追溯技术在旅游者移动行为研究的综述 [J]. 旅游学刊，2019，34（2）：48-59.

[169] 龙瀛，毛其智. 城市规划大数据理论与方法 [M]. 北京：中国建筑工业出版社，2019.

[170] KWAN M P. The uncertain geographic context problem[J]. Annals of the Association of American Geographers，2012，102（5）：958-968.

[171] 赵莹，张朝枝，金钰涵. 基于手机数据可靠性分析的旅游城市功能空间识别研究 [J]. 人文地理，2018，33（3）：137-144.

[172] 李双成，蔡运龙. 地理尺度转换若干问题的初步探讨 [J]. 地理研究，2005，24（1）：11-18.

[173] BAGGIO R，SCAGLIONE M. Strategic visitor flows（SVF）analysis using mobile data[C]// IOS Press：Information and Communication Technologies in Tourism. Netherlands：IOS Press，2017：145-157.

[174] BECKER R A，CACERES R，HANSON K，et al. A tale of one city：Using cellular network data for urban planning[J]. IEEE Pervasive Computing，2011，10（4）：18-26.

[175] 王波，甄峰，张浩.基于签到数据的城市活动时空间动态变化及区划研究 [J]. 地理科学，2015，35（2）：151-160.

[176] 钮心毅，丁亮，宋小冬.基于手机数据识别上海中心城的城市空间结构 [J]. 城市规划学刊，2014（6）：61-67.

[177] 闫晴，李诚固，陈才，等.基于手机信令数据的长春市活动空间特征与社区分异研究 [J]. 人文地理，2018，33（6）：35-43.

[178] VERSICHELE M，DE-GROOTE L，BOUUAERT M C，et al. Pattern mining in tourist attraction visits through association rule learning on Bluetooth tracking data: A case study of Ghent，Belgium[J]. Tourism Management，2014，44（5）：67-81.

[179] THIMM T，SEEPOLD R. Past，present and future of tourist tracking[J]. Journal of Tourism Futures，2016，2（1）：43-55.

[180] VISWANATH S K，YUEN C，KU X，et al. Smart tourist-passive mobility tracking through mobile application[C]// GIAFF REDA R，CAGÁŇOVÁ D，LI Y（eds）. International Internet of Things Summit. New York：Springer-Verlag，2015：183-191.

[181] EAST D，OSBORNE P，KEMP S，et al. Combining GPS & survey data improves understanding of visitor behaviour[J]. Tourism Management，2017，61：307-320.

[182] 张红平，顾学云，熊萍，等.志愿者地理信息研究与应用初探 [J]. 地理信息世界，2012，10（4）：67-71.

[183] JORDAN M I，MITCHELL T M. Machine learning：Trends，perspectives，and prospects[J]. Science，2015，349（6245）：255-260.

[184] JAIN A K. Data clustering：50 years beyond K-means[J]. Pattern recognition letters，2010，31（8）：651-666.

[185] YAN X Y，HAN X P，ZHOU T，et al. Exact solution of the gyration radius of an individual's trajectory for a simplified human regular bobility bodel[J]. Chin Phys Lett，2011，28（12）：120506.

[186] SHAW S L，YU H，BOMBOM L S. A space-time gis approach to exploring large individual-based spatiotemporal datasets[J]. Transactions in Gis，2010，12（4）：425-441.

[187] 杨兴柱，蒋锴，陆林. 南京市游客路径轨迹空间特征研究：以地理标记照片为例 [J]. 经济地理，2014，34（1）：181-187.

[188] LI S, WANG R J, XIAO D, et al. Anomalous trajectory detection using recurrent neural network[C]// ADMA：International Conference on Advanced Data Mining and Applications. Nanjing：ADMA，2018：263-277.

[189] ZHENG Y, ZHOU X F. Computing with spatial trajectories[M]. Berlin，Germany：Springer Publishing Company，Incorporated，2011.

[190] 郭岩，罗珞珈，汪洋，等. 一种基于 DTW 改进的轨迹相似度算法 [J]. 国外电子测量技术，2016，35（9）：66-71.

[191] HU B, RAKTUANMANON T, HAO Y, et al. Using the minimum description length to discover the intrinsic cardinality and dimensionality of time series[J]. Data Mining and knowledge Discovery，2015，29（2）：358-399.

[192] 王见，毛黎明，尹爱军. 结合形状特征及其上下文的多维 DTW[J]. 计算机工程与应用，2020，56（22）：42-47.

[193] 张勇，张建伟，韩云祥. 一种改进的航迹聚类方法 [J]. 现代计算机，2020（18）：11-18.

[194] 孙焘，夏斐，刘洪波. 基于动态规划求解时间序列 DTW 中心 [J]. 计算机科学，2015，42（12）：278-282.

[195] 杨帆，徐建刚，周亮. 基于 DBSCAN 空间聚类的广州市区餐饮集群识别及空间特征分析 [J]. 经济地理，2016，36（10）：110-116.

[196] 高晶. 基于最小熵增原理的遗传算法研究 [D]. 武汉：武汉大学，2019.

[197] 李岩，袁弘宇，于佳乔，等. 遗传算法在优化问题中的应用综述 [J]. 山东工业技术，2019（12）：180，242-243.

[198] 池娇，焦利民，董婷等. 基于 POI 数据的城市功能区定量识别及其可视化 [J]. 测绘地理信息，2016，41（2）：68-73.

[199] 赵卫锋，李清泉，李必军. 利用城市 POI 数据提取分层地标 [J]. 遥感学报，2011，159（5）：973-988.